当代世界经济

DANGDAI SHIJIE JINGJI

主 编 赵景峰

西北大学出版社
·西安·

图书在版编目（CIP）数据

当代世界经济 / 赵景峰主编. —西安：西北大学出版社，2022.8
 ISBN 978-7-5604-4981-4

Ⅰ.①当… Ⅱ.①赵… Ⅲ.①世界经济—经济概况—高等学校—教材 Ⅳ.①F112

中国版本图书馆 CIP 数据核字（2022）第 141599 号

当代世界经济

主编 赵景峰

出版发行 西北大学出版社
（西北大学校内 邮编：710069 电话：029-88303940）
http://nwupress.nwu.edu.cn E-mail: xdpress@nwu.edu.cn

经 销	全国新华书店	
印 刷	西安华新彩印有限责任公司	
开 本	787 毫米×1092 毫米 1/16	
印 张	17.25	
版 次	2022 年 8 月第 1 版	
印 次	2022 年 8 月第 1 次印刷	
字 数	280 千字	
书 号	ISBN 978-7-5604-4981-4	
定 价	50.00 元	

本版图书如有印装质量问题，请拨打电话 029-88302966 予以调换。

目 录

导 论 ·· 1

第一章 工业革命与国际分工的形成和发展 ··· 10

第一节 国际分工概述 ·· 10

第二节 工业革命与国际分工的形成和发展 ·· 12

第三节 基于全球价值链的国际分工与世界经济向纵深发展 ······························ 16

第二章 世界市场的形成和发展 ·· 20

第一节 世界市场的形成 ··· 20

第二节 世界市场的发展 ··· 23

第三章 科技革命对世界经济的影响 ·· 27

第一节 科技进步是世界经济发展的动力源泉 ·· 27

第二节 第三次科技革命与战后世界经济的恢复和发展 ······································ 31

第三节 现代科技革命与世界经济发展 ··· 35

I

第四章 国际贸易及国际贸易体制演变 ········ 40

第一节 国际贸易的产生及发展 ········ 40
第二节 国际贸易政策演变 ········ 47
第三节 国际贸易体制的演变 ········ 53

第五章 国际货币体系演变与金融全球化 ········ 61

第一节 国际货币体系概述 ········ 61
第二节 国际货币体系的演变及改革趋势 ········ 63
第三节 金融全球化 ········ 72

第六章 国际直接投资与跨国公司发展 ········ 79

第一节 国际直接投资及其发展 ········ 79
第二节 国际直接投资理论 ········ 86
第三节 跨国公司及其发展 ········ 92
第四节 中国跨国公司的发展 ········ 97

第七章 经济全球化及其发展趋势 ········ 102

第一节 经济全球化及其发展 ········ 102
第二节 经济全球化的表现形式 ········ 105
第三节 经济全球化的影响及趋势 ········ 109
第四节 逆全球化思潮的发展及根源 ········ 116

第八章 区域经济一体化与经济全球化 ········ 120

第一节 区域经济一体化及其发展动因 ········ 120

第二节 区域经济一体化的形式、特征与实质 ·················· 123

第三节 主要区域经济一体化组织 ································ 128

第四节 区域经济一体化对世界经济发展的影响 ·················· 132

第五节 多边贸易规则与区域经济一体化 ························ 135

第六节 区域经济一体化与经济全球化的关系 ···················· 139

第九章 世界经济周期及其传导机制 ····························· 144

第一节 经济周期的含义及成因 ··································· 144

第二节 世界经济周期的特征与传导机制 ························ 147

第三节 21世纪世界经济周期对中国宏观经济的传导机制 ·········· 155

第十章 人口、贫困、环境、能源问题与经济发展 ················ 160

第一节 世界经济发展与人口问题 ································ 160

第二节 世界经济发展与消除贫困 ································ 164

第三节 世界经济发展与环境代价 ································ 168

第四节 世界经济发展与能源危机 ································ 173

第十一章 世界经济的可持续发展 ································ 178

第一节 可持续发展思想的由来与发展 ···························· 178

第二节 可持续发展的基本原则 ··································· 181

第三节 可持续发展面临的现实问题 ······························ 182

第十二章 国际经济摩擦协调 ···································· 188

第一节 国际经济摩擦 ·· 188

第二节 国际经济协调的形成与发展 ······························ 195

第三节　国际经济协调的内容 ……………………………………… 200

第四节　国际经济协调的效应分析 ………………………………… 206

第十三章　二战后国家经济发展与经济体制模式 ……………… 212

第一节　发达国家的含义与主要经济特征 ………………………… 212

第二节　二战后发达国家的经济发展 ……………………………… 216

第三节　主要发达国家的现代市场经济模式 ……………………… 226

第四节　发展中国家的含义与主要经济特征 ……………………… 232

第五节　发展中国家的经济发展 …………………………………… 238

第十四章　中国的经济改革及中国经济与世界经济的融合 …… 245

第一节　中国经济改革前的发展战略 ……………………………… 245

第二节　中国经济的改革及与世界经济的融合 …………………… 248

第三节　改革开放以来中国国际经济地位的变迁 ………………… 254

第四节　中国对外开放的发展战略 ………………………………… 259

导 论

一、世界经济与世界经济学的含义

世界经济是世界各国与各地区经济在国际分工和世界市场的基础上,通过商品和各种生产要素的国际流动而形成的相互联系、相互依赖的全球经济体系。世界经济的内涵为:

(一)世界经济是各国国民经济相互依存、相互联系而形成的经济整体

它既包括各个不同地区的经济,也包括经济活动的各个领域;既包括不同国家及不同生产方式的经济,也包括各个组成部分之间的相互联系与制约;既包括一定范围和领域内特有的经济规律和现象,也包括全球性的共有经济规律和现象。在世界上发生的一切经济现象和过程都属于世界经济的范畴。

(二)世界经济是一个历史范畴,世界经济从无到有经历了一个不断发展变化的过程

原始社会、奴隶社会和封建社会不存在世界经济。当时的社会生产力水平低下,自然经济占统治地位,真正的国际分工和世界市场还没有建立起来,世界经济自然也就不存在。19世纪中叶资本主义生产方式建立以后,第一个世界性的资本主义经济体系得以形成。俄国十月革命以后,社会主义制度的出现使资本主义一统天下的世界经济体系被打破。东欧剧变后,世界经济体系出现了新的变数。21世纪以来,随着中国特色社会主义的发展,世界经济体系进入了一个新的发展阶段。

(三)世界经济的重要主体是民族国家、跨国公司和国际经济组织

民族国家、跨国公司和国际经济组织的发展与变化,决定着世界经济的微观关系和宏观状态。其中,随着世界经济的不断发展,民族国家的权力和地位在下降,跨国公司和国际经济组织的重要性在不断上升。

世界经济学就是研究世界经济发展规律的科学,它的研究对象为世界范围内的

生产力和生产关系,即世界科学技术的发展及由此引起的生产力的变化,国际生产、交换、分配等经济关系的变化及其运作规律,以及生产要素如何在世界范围内的优化配置及其规律。①

二、世界经济学的建立与发展

对世界经济学的研究起源于马克思在其政治经济学研究中对世界经济问题的相关论述,以及马克思政治经济学研究和写作的"六册计划"。其后,其他一些马克思主义者,如列宁、布哈林等在研究资本主义的新发展时,也对当时的世界经济问题进行了研究。20世纪初,西方国家的一些学者开始将世界经济作为独立的研究对象进行研究。但是,作为一门独立的经济学科,世界经济学主要是在中国形成、发展并逐步完善的。

(一) 马克思主义者对世界经济的研究

马克思主义经典作家并没有建立独立的世界经济学学科,但在他们的著述中已经有大量关于世界经济问题的思想和观点。

19世纪中叶,马克思在研究资本主义经济问题,撰写《资本论》时,就对国际分工、世界市场、世界货币、国际价值规律、世界经济危机等范畴进行了深刻论述。马克思说:"我考察资产阶级经济制度是按照以下的次序:资本、土地所有制、雇佣劳动;国家、对外贸易、世界市场。"②在马克思写作的"六册计划"中,前三册以资本主义社会的生产方式为研究对象,而后三册则突破国家界限来考察各国在世界市场上所形成的经济关系。

世界经济的概念是在19世纪末20世纪初出现的,当时正值资本主义从自由竞争转变到垄断阶段,金融资本以其巨大力量统治了整个世界。随着资本主义从自由竞争转变到垄断阶段,第二次世界大战后,苏联和其他东欧国家的学者主张建立世界经济学,并对世界经济问题进行了多方面的研究。20世纪70年代以来,匈牙利的Y.热拉斯基等学者在世界经济学的研究对象和世界经济的发展规律方面也进行了大量的研究工作。同时期,德国(当时的民主德国)经济学家库钦斯基出版了《资本主义世界经济史研究》,把世界经济作为一个客观存在的体系,进行了历史的论述。③

(二) 西方学者对世界经济学的研究

20世纪初,西方国家的一些学者也将世界经济作为独立的研究对象进行研究,并

---

① 唐任伍:《世界经济大趋势研究》,北京师范大学出版社2001年版,导言,第1页。
② 马克思、恩格斯:《马克思恩格斯全集(第29卷)》,人民出版社1975年版,第553—554页。
③ 李琼:《世界经济学新编》,经济科学出版社2000年版,第3—4页。

进行了创建世界经济学的工作。1912年,德国经济学家E.哈尔姆斯的著作《国民经济与世界经济——世界经济学原理》对世界经济学的建立进行了先导性的工作。第二次世界大战后,世界经济这一概念,无论在东方还是西方,也无论是在学者的著述中还是在报刊的评论和报道中都更加频繁地出现,但是把世界经济作为独立学科进行系统研究的仍不多见。

(三)中国对世界经济的研究及对世界经济学科的创建

世界经济学作为一门独立的经济学科,主要是在中国形成、发展并逐步完善的。[①]

中国对世界经济问题的研究开始于1949年中华人民共和国成立后,20世纪50年代,有关学者在马克思主义政治经济学的指导下对一些重要国家的经济和一些重要的世界经济问题进行了专题性研究,但没有提出建立世界经济学这一学科。60年代初,学术界开始提出建设世界经济学科的问题,并就世界经济学的研究对象、范围及其具体内容、研究方法等问题展开了讨论,提出了很多有益的看法。

20世纪70年代末80年代初,当时的中国社会科学院世界经济与政治研究所所长钱俊瑞,正式提出了建立马克思主义世界经济学的倡议,引起了中国学者的广泛讨论。1979年,全国世界经济学科规划会议提出了要积极"创建和发展世界经济学"。1980年,成立了全国性的学术团体——中国世界经济学会,汇集了全国研究世界经济问题的骨干力量,并编写了《世界经济概论》作为大学教材。20世纪80年代后期,一些学者编著的有关世界经济学的著作相继问世,推动了学科建设的步伐,促进了世界经济学研究水平的提高。

20世纪90年代,世界经济处于一种大转变、大发展的时期,面对世界经济的新发展、新变化、新问题,中国从事世界经济学教学与研究的各主要高校和研究机构都加强了对世界经济的理论研究和应用研究。

进入21世纪,世界经济格局正在发生着深刻的变化,面对世界经济新形势、新问题,特别是在世界面临百年未有之大变局时,中国从事世界经济学教学与研究的各主要高校和研究机构纷纷提出新的观点,对世界经济中的重大问题和变革进行了研究。

三、世界经济的形成发展和格局演变

(一)世界经济的形成发展

1. 世界经济初具雏形

14—15世纪期间,随着农业、手工业生产力的提高及商品货币关系的发展,西欧

[①] 庄宗明:《世界经济学》,科学出版社2003年版,第6页。

的一些地区出现了以工场手工业为主要标志的资本主义生产关系的萌芽。随后,15世纪末至16世纪初,对美洲大陆的发现(即所谓的"地理大发现")使沟通东西方交通的新航路得以开辟,促进了西欧国家国内外贸易的发展和早期世界市场的出现,加速了资本原始积累的完成,推动了工场手工业的发展。

1640年,英国爆发了资产阶级革命。1688年,英国资产阶级革命结束,资本主义制度得以在英国确立。随后,美国在18世纪70年代、法国于18世纪末也分别完成了资产阶级革命。德国在19世纪初、俄国和日本在19世纪60年代也各自开始了从封建社会向资本主义社会的过渡。资产阶级革命的成功,清除了资本主义发展的政治经济障碍,为工业革命的发生奠定了基础。从18世纪60年代开始,在英国最早发生了以纺织机和蒸汽机为标志的第一次工业革命。欧美先进国家工业革命的完成,促进了社会生产力的巨大发展,以应用机器为主体的现代工厂取代了以手工技术为基础的手工工场,标志着资本主义生产方式的最终确立。18世纪60年代到19世纪60年代,是欧美国家相继开展和完成工业革命和资本主义生产方式最终确立的时期,也是资本主义列强在亚洲、非洲、拉丁美洲和大洋洲大肆进行殖民扩张和掠夺的时期,一个以机器大工业的发展作为巨大推动力,以各种商品交易所和证券交易中心提供组织保证,以铁路、轮船、电报等近代交通通信工具为物质基础,以各主要资本主义国家的货币相继过渡到金本位制为标志的世界市场已经建立起来。

在资本主义自由竞争阶段的顶点,一个以国际分工和世界市场为基础、资本主义生产关系占主导的世界经济体系开始形成。但是,由于这时还有相当多的国家和地区尚未被纳入世界经济或资本主义世界经济体系,世界经济体系主要还是以商品的国际流通为基础。

2. 世界经济最终形成

19世纪末20世纪初,欧美先进资本主义国家发生了以电力、炼钢和化工技术为主要标志的第二次工业革命。其结果是促进了生产力的迅猛发展和经济社会的巨大变化。资本主义已经从自由竞争过渡到垄断阶段,即帝国主义阶段。为了获得有利可图的投资场所,发达资本主义国家开始对外进行大规模的资本输出。

19世纪末20世纪初,世界已被瓜分完毕,形成了帝国主义的世界殖民体系,世界上所有国家和地区都被纳入了统一的资本主义世界经济体系。同时,大规模的资本输出极大地推动了资本的国际流动和生产的国际化,并且在世界经济中占有越来越重要的地位。以国际金本位制占主导地位的国际货币金融体系已经建立起来。至此,世界经济最终形成。

(二)世界经济格局的变化

1. 二战前世界经济格局的变迁

(1) 英国取代荷兰成为世界经济中心

在世界经济格局中,第一个称雄世界的是荷兰。荷兰于1602年成立了东印度公司,1621年又成立了西印度公司。在17世纪中叶,荷兰不仅商业繁荣,渔业、海运业和工场手工业也都超过其他国家。然而,依靠商业资本建立起来的经济优势和世界霸权地位是不牢靠的,很快就让位于继起的工业资本强大的英国。

英国在15世纪末16世纪初地理大发现以后,靠着有利的地理位置,依仗强有力的专制王权,对内加速"圈地运动",并于1640—1688年经历了资产阶级革命,建立了由资产阶级统治的君主立宪制政体。革命后依靠新的强有力的政体、强大的海上力量和发达的国内工商业,到19世纪三四十年代,英国基本上完成了工业革命,这不仅使英国成了工业强国,而且成了"世界工厂",在世界工业生产和世界贸易中取得了垄断地位。

(2) 美国取代英国成为新的世界经济中心

在19世纪70年代开始的第二次工业革命中,电力的广泛应用使生产技术的发展进入了一个新阶段。这次工业革命,使美国和德国经济得到了跳跃性的发展,使落后的日本和俄国在19世纪90年代后也迅速发展起来,使奥地利和意大利进入了二流强国的行列,也使发展最早的英国和法国的经济面貌发生了新的变化,从而使世界上出现了群雄崛起但严重不平衡的局面。正是由于群雄崛起和各国经济发展的严重不平衡,导致了第一次世界大战(1914—1918年)的爆发。在此背景下,长期推行中立主义政策的美国,既未受到战争的破坏,又借世界大战对商品和资金的巨大需求及欧洲主要国家暂时退出世界贸易和投资市场竞争的良机,获得了百年难逢的经济扩张机遇,世界经济中心快速向美国转移。

1944年7月,美国以联合国名义在美国布雷顿森林召开了"联合国货币金融会议",通过了以美元为中心的国际货币体系,即美元与黄金挂钩,其他国家货币与美元挂钩,这使得美元拥有了等同于黄金的特权,并成为各国货币定值的标准,树立了美国在国际货币金融领域中的绝对优势地位。由此美国在整个世界经济中的统治地位也得到了加强,全面代替了英国当年的地位,成为新的世界经济中心。

2. 二战后的世界经济格局

(1) 战后初期到20世纪60年代末美国称霸世界经济领域

第二次世界大战不仅使得战败国几乎成了一片废墟,而且战胜国中的英国、法国

也是遍体鳞伤。唯独美国的实力在战争中大大膨胀起来,到1945年,彻底取代欧洲成为世界经济中心,具体表现在以下几个方面:

①国际金融领域建立了以美元为中心的国际货币体系

1944年7月,在美国的新罕布什尔州布雷顿森林召开了有44国参加的国际货币金融会议,通过了《联合国货币金融会议的最后决议书》,以及《国际货币基金协定》和《国际复兴开发银行协定》两个附件,总称"布雷顿森林协定"。"布雷顿森林协定"建立了以美元为中心的国际货币体系,确立了美元在战后资本主义世界金融领域的中心地位。

②国际贸易领域缔结了《关税及贸易总协定》

1947年10月29日,美、英、法等23个国家在日内瓦签署了《关税及贸易总协定》。该协定旨在逐步削减关税及其他贸易障碍,取消国际贸易中的歧视待遇,促进生产、贸易的繁荣。客观上为资本主义世界经济贸易创造了一个自由贸易的环境,从而推动了战后国际贸易和世界经济的发展,同时也为美国对外经济扩张提供了便利,为美国在经济领域谋取全球霸主地位起了巨大的作用。

③美国对欧洲和日本实行援助计划

1947年6月,美国国务卿马歇尔提出了"欧洲复兴方案",即"马歇尔计划"。"马歇尔计划"使大量美国资本和商品打入了西欧市场,加强了美国对西欧国家政治和经济的控制,把西欧纳入美国对苏联冷战的战略轨道。在亚洲,中华人民共和国成立和朝鲜战争爆发以后,美国对日政策从改造转变为扶植,为美国控制日本打下了基础,从而进一步确立了美国的经济领导权。

④推行新殖民主义政策

针对广大亚非拉民族独立国家的情况,1949年1月20日,杜鲁门在其连任就职演说中提出了援助和开发落后地区的"第四点计划"。该计划的实质是在给亚非拉地区的欠发达国家以技术援助和投资的幌子下,加强对外经济扩张,控制欠发达国家中的受援国,其本质是一种新殖民主义政策。

⑤实施两个"安全网"

美国通过多边或双边的共同军事安全条约体系,在向西欧和日本提供"军事安全网"的同时,还建立了"经济安全网",其核心内容是美国向西方国家提供稳定的美元和自由兑换制度,开放的市场和自由贸易制度,以及廉价的石油稳定供应制度。这种做法,既增强了西方盟国的经济安全感,又使西方盟国完全接受美国的领导地位。

⑥对社会主义国家实行经济技术封锁,遏制社会主义的发展

为了遏制二战后社会主义蓬勃发展的势头,1948年6月26日,美国总统杜鲁门宣布对苏联的物资输出进行管制。1951年8月28日,美国国会又通过了《共同防御援助管制法案》,通称"禁运法案",使几乎所有西方国家都对社会主义国家实行封锁禁运。

(2)20世纪70年代后世界经济向多极化方向发展

进入20世纪70年代,由于多种因素的影响,美国在世界经济中的霸主地位大大动摇并逐步丧失,世界经济向多极化方向发展。其主要表现有:

①美国霸主地位的丧失

以美元为中心的国际金融体系在20世纪70年代初受到了巨大冲击,美国丧失了世界经济霸主地位。尼克松政府上台后,开始改变经济政策,于1971年8月和1973年3月两次宣布美元贬值。自此西方各主要国家的货币同美元的比价,由固定汇率制变为浮动汇率制,标志着"布雷顿森林体系"的瓦解。它宣告了战后美国世界经济霸主地位的丧失。德国的马克、日本的日元继美元之后成为国际货币。

②美、欧、日资本主义世界三大经济中心确立

由于资本主义经济发展不平衡规律的作用,在20世纪70年代美国经济相对衰落的同时,西欧国家和日本经济却得到了高速发展,美国称霸的局面开始演变为美、欧、日三足鼎立,资本主义世界三大经济中心确立。1975年举行的第一次西方首脑会议是三足鼎立局面形成的一个重要标志。

③战后苏联经济地位的变化

由于战前社会主义工业化的坚实基础,战后苏联经济得到了较快恢复和发展。到20世纪70年代初,苏联已经成为世界强国之一,尤其在重工业和国防工业方面取得了巨大的成就,形成了美苏战略武器平衡的局面。但是由于社会主义国家长期以来相对封闭,"斯大林模式"的弊端也日益暴露出来,因此到20世纪80年代初,苏联经济陷入了停滞、衰退的境地,1987年其世界第二经济大国的地位被日本所取代。

④新兴工业化国家和地区的崛起

20世纪60年代中期以后,东亚、拉美崛起了一批新兴工业化国家和地区,经济快速发展,成为推动世界经济朝着多极化发展的新兴力量,其中的代表包括有亚洲"四小龙"之称的韩国、新加坡和中国香港、中国台湾,以及拉美的巴西、阿根廷和墨西哥等国家。进入20世纪80年代,由于国际经济环境恶化,加之发展战略失误等原因,大多数发展中国家都陷入了严重的经济困境。中国开始实行全面的改革开放政策,

取得了巨大的经济成就。

(3) 20世纪80年代末以来三大区域经济集团加快发展

20世纪80年代末,世界政治发生剧烈动荡,两极格局瓦解。美、日、欧三大经济中心的激烈竞争,直接推动着北美、亚太、西欧经济区域化的发展,形成三大区域组织相互依赖、相互斗争的新格局。

3. 新时期世界经济格局新调整

冷战结束以后,以贸易和投资自由化为主要内容的经济全球化深入推进,世界经济因此获得了长达近20年的繁荣发展。然而,这一进程却被2008年突如其来的国际金融危机所打断。近年来,"逆全球化"思潮涌动,单边主义、贸易保护主义、霸权主义等不断抬头,而发展中新兴经济体,特别是中国则成为全球化的推动者。全球贸易保护主义升温与2020年新冠肺炎疫情在全球快速蔓延产生叠加影响,全球经济复苏处于极不均衡和不稳定之中。世界经济将面临贸易格局、金融格局、要素格局、产业格局、世界经济利益格局和世界经济协调格局的新调整。

(1) 贸易格局

随着2009年各国先后进入"零利率时代",在政策层面上可能都会以财政政策为主,同时也可能在单个国家爆发严重的贸易保护主义倾向和保守主义倾向。2018年以来,美国特朗普政府对外加强贸易保护主义,中美贸易摩擦持续升级,全球贸易局势持续紧张,其中占全球贸易60%左右的商品贸易下滑幅度较大,特别是2020年新冠肺炎疫情爆发,致使全球商品市场需求和零售急剧减少,工业生产体系停摆,全球产业链和供应链进一步遭到破坏,全球贸易形势急转直下,旅游业、航空业等服务贸易业尤其遭受重创。2020年全球经济下降4.3%。2021年后,新冠肺炎疫情得到初步控制,世界经济呈现复苏态势。

(2) 金融格局

在布雷顿森林体系和牙买加体系之中,美元都是货币体系的唯一核心,而美国次贷危机深刻动摇了美元的货币基础。有学者认为,欧元、英镑或是崛起中的新兴经济体市场货币将取代美元成为新的唯一核心。在现行的国际货币体系下,美国利用美元的国际货币地位,几乎不受限制地向全世界举债,然后通过美元贬值以减轻外债负担。新冠肺炎疫情后的世界主要经济体将继续实施较为宽松的财政政策,但高负债、老龄化、收入差距扩大等问题将继续制约全球经济增长,全球经济总体复苏态势较为温和,增速将缓慢回落。

(3) 要素格局

由于次贷危机和新冠肺炎疫情引起的美元不断贬值,全球要素价格不断上涨,供求格局发生变化,资本的流动方向也会发生一些逆转。如果美国不再是一个安全、回报率高的投资场所,那么这些资本将流向何方?资本市场最根本的作用是配置资源,现在却变成调整收入分配的手段了。资本的流向是一个很值得思考的问题。如果在危机之后,国际游资依然在要素配置上利用投机无限炒作,那么未来国际市场要素配置的格局和要素价格的确定就依然充满不确定性,这种状况对未来的世界经济增长负面影响大而正面促进作用小。

(4) 产业格局

当今世界经济中的格局,有互补,有竞争,中国的产业格局调整发生于2008年美国次贷危机及其后续影响的过程中。当美国新技术在生产领域中的运用也遇到障碍后,美国当前的经常性项目的巨额赤字将难以维持,那么美国不得不进行的国内产业结构调整的方向将会是资源从非贸易部门向贸易部门的转移,美国对全球经济的控制从非物质权力转向物质权力。这将对全球的产业格局产生重要影响。

(5) 世界经济协调格局

国际机构组织协调的困难在于美国的保护主义盛行和在全球经济中的影响力下降。从历史上看,国际经济协调一般是在中心国家地位凸显的时代容易取得成功。审视西方经济循环,人们似乎发现总是美国率先走出低谷。全球经济失衡的主要矛盾在于利益分配的不平衡。实体经济领域的贸易失衡主要靠调节供给与需求达到均衡,而金融领域失衡则需要在全球范围内重新划分利益。新冠肺炎疫情下全球化的逆转意味着政府经济职能的复兴,国际范围内企业的竞争将会让位于政府间的博弈与角力。无论是七国集团(G7)、八国集团(G8)、二十国集团(G20),还是一些人在侈谈的中美两国集团(G2),此次疫情后,国际经济协调的难度增大已经是不可回避的事实,世界经济的复苏将是一个长期的、渐进的过程。目前的救助计划仅够维持全球经济低速发展,全球在进行深层次结构调整的同时,最终能否找到实现新一轮世界经济可持续发展的增长点,这才是世界经济回暖与未来可持续增长的核心问题。

复习思考题

1. 什么是世界经济,它的发展经历过哪几个阶段?
2. 世界经济格局经历了怎样的变化?
3. 怎样理解世界百年未有之大变局?

第一章 工业革命与国际分工的形成和发展

国内社会分工超越国家界限而在生产劳动过程中形成的分工是衍生国与国之间的交换、分配和消费等其他经济活动的基础,也是世界经济形成的最基本前提。而资本主义生产方式的确立和近代自然科学和技术发展所催生的工业革命,则是国际分工形成和发展的主要推动力量。本章所要介绍的工业革命和国际分工的形成和发展过程,是整个世界经济理论体系的逻辑起点。

第一节 国际分工概述

一、国际分工的概念和内涵

分工是人类社会中人与人之间进行劳动协作的基本形式之一,是实现专业化,提高劳动生产率,增加财富的主要途径。国际分工是世界各国生产者之间通过世界市场而形成的劳动联系,即生产的国际专业化。社会分工、地区分工、国际分工是分工随着社会生产力的发展而不断向前推进的一般路径。

二、国际分工形成和发展的条件

影响国际分工的因素有很多,但概括起来国际分工的发生和发展主要取决于两类条件:一类是自然条件,其中包括各国资源、气候、土壤、河流、国土面积的大小等方面的差异,这些因素一般是各个国家先天具有的,因此人们习惯称之为"自然禀赋";另一类是社会经济条件,主要包括各国的科学技术和生产力发展水平的高低、国内市场大小、人口多少和社会经济结构,以及各国在社会经济制度和政策等方面的差异,这些条件多是获得性的,或者说是后天形成的。

三、国际分工的基本类型

根据不同的标准,国际分工可以划分为不同的类型。

(一)按国际分工形成的基础划分

按国际分工形成的基础划分,国际分工有三种主要类型:

第一种类型是由自然禀赋差异形成的农、矿产品之间的分工。这是较低层次的分工。由于每个国家或地区都有其特定的自然资源,包括土地、气候、河流、矿产等,因此必然有其特有或相对丰富拥有的农、矿产品,于是就会形成农、矿产品之间的分工,即初级产品之间的分工。

第二种类型是由发展差异形成的不同要素密集型制成品之间的分工。不同国家所拥有的除自然资源之外的生产要素,如劳动、资本、技术、管理、人才等生产要素的丰裕、稀缺程度是不同的。一般来说,资本和技术丰富的国家会专业化生产并出口资本密集型和技术密集型产品,而劳动丰富的国家会专业化生产并出口劳动密集型的产品,从而形成不同要素密集型产品之间的国际分工。

第三种类型是由协议形成的产业内分工。即便两个或多数国家之间的资本、劳动或其他要素禀赋没有多大差别,工业化水平和经济发展阶段大致相同,即各国均不存在明显比较优势的情况下,只要某些产品通过专业化生产,能够获得规模经济效益,那么同样可以产生国际分工。由于政府协议或跨国公司之间或内部的协议具有易变性,因此这种分工的稳定性很低。

(二)按生产的关联性质划分

按生产的关联性质划分,国际分工可以分为垂直型分工、水平型分工和混合型分工三种类型:

垂直型国际分工主要是指经济发展水平不同的国家之间的分工。它一般指先进国家与后进国家之间的分工,这种分工主要表现为制造业与农、矿业的分工,以及初级产品和工业制成品、劳动密集型产品和资本密集型或技术密集型产品之间的分工。

水平型国际分工主要是指经济发展水平基本相当的国家之间的专业化和协作生产。20世纪70年代中期以来,由于科技进步和工业迅速发展,发达国家之间的水平型分工取得了较大的发展。它不仅包括不同产业之间的分工,还包括相同产业之间的分工,甚至包括产品加工程序的分工。

混合型国际分工,亦称"交叉型国际分工",是指一国在参加国际分工过程中,既有垂直型分工,又有水平型分工。这种情况一般发生在发达国家。

四、国际分工对世界经济形成和发展的意义

国际分工对世界经济形成和发展的意义主要体现在两个方面:

第一个方面体现在国际分工的形成和发展与世界经济的形成和发展之间的密切联系上。社会分工是商品经济的基础,因而也是交换的基础。通过频繁的交换,各个生产者之间和各个地区之间才能建立经常性的市场联系。

另一方面的重要意义则直接体现在国际分工对世界经济发展的推动作用上。国际分工可以在世界范围内实现专业化分工协作,有助于各国发挥比较优势,以提高资源配置效率;国际分工还能通过国际竞争促使各国企业提高技术,改进经营管理,并在产品上推陈出新,以提高生产力和竞争力;国际分工和专业化生产会使各国扩大其优势产业的生产规模,形成规模经济,取得规模经济效益。总之,国际分工的形成和发展对促进世界生产力和世界经济的发展,促进生产现代化和人类社会的进步,有着重要作用。

第二节 工业革命与国际分工的形成和发展

国际分工是国际贸易和世界市场的基础,国际分工的形成和发展大致经历了萌芽、形成发展和深化阶段。

一、地理大发现与国际分工的萌芽

(一)前资本主义时期的国际分工

在前资本主义时期,社会生产力水平低下,商品生产不发达,自然经济占统治地位,各个民族、各个国家的生产方式和生活方式差别较小。与此相适应,只存在不发达的社会分工和地域分工,国内贸易和国际贸易都处于不发达的状态。商品交换带有很强的局部性和偶然性,社会分工还没有越出国界。因此,真正意义上的国际分工并未形成。

(二)地理大发现与国际分工的萌芽

14—15世纪,西欧的一些地区随着农业、手工业生产力的提高以及商品货币关系的发展,出现了以工场手工业为主要标志的资本主义生产关系的萌芽。地理大发现之后,世界市场的萌芽和世界贸易的迅速扩大,极大地促进了工业化国家生产力的发展。这也导致了在相当长的时间里,国际分工秩序一直就由这部分发达国家主导。这一阶段的国际分工还处于国际分工的萌芽阶段,此外,整个世界的分工还未形成体系。

二、工业革命和资本主义生产方式的确立

1640—1688年,英国进行了资产阶级革命,资产阶级最终取得胜利。法国于18世纪末、美国在18世纪70年代也获得了资产阶级革命的成功。随后,德国在19世纪初、俄国和日本在19世纪60年代也开始了从封建社会向资本主义社会的过渡。资产阶级革命的成功,清除了资本主义发展的政治经济障碍,为工业革命的发生奠定了基础。第一次工业革命以纺织机械的革新为起点,以改良蒸汽机的发明为标志,再以蒸汽动力的广泛应用为契机,最终实现了生产技术方式从手工作坊到机械化的转变。在近代自然科学和技术发展的基础上,从19世纪初开始,法国、美国、德国、俄国和日本也相继开始了工业革命。欧美先进国家和日本工业革命的完成,促进了社会生产力的巨大发展,以应用机器为主体的现代工厂取代了以手工技术为基础的手工工场,标志着资本主义生产方式的最终确立。

三、国际分工的形成和发展

(一)国际分工的形成

真正意义上的国际分工形成于18世纪60年代的第一次工业革命。工业革命形成了巨大的社会生产力,使生产能力和生产规模迅速扩大,为国际分工发展奠定了物质基础。从供给角度看,大机器工业源源不断地生产出来的工业产品使国内市场趋于饱和,需要寻找新的销售出路——国际产品市场;从需求角度看,生产的急剧膨胀引起对原料的大量需求,大工业要求开辟丰裕的、廉价的原料来源——国际原料市场。

(二)国际分工的发展

国际分工的发展阶段开始于19世纪70年代的第二次产业革命,终止于第二次世界大战。第二次产业革命标志着人类开始从蒸汽机时代过渡到电力和内燃机时

代,社会生产力又一次获得了飞速的发展。这一时期的国际分工,由于建立在更为强大的物质基础之上,因而具有更强的扩张性。卷入国际分工体系的国家进一步增多,在人类历史上各国的国内市场第一次真正联结成为统一的世界市场,生产的专业化倾向进一步加强。

(三)国际分工的深化

第二次世界大战后,兴起了第三次工业革命,一系列新兴工业部门开始出现,科技在生产中的运用再一次大大解放了生产力。加上这一阶段跨国公司的迅速发展,殖民体系的瓦解,发展中国家的出现,一批社会主义国家的成立,使国际分工进入深化发展阶段。与战前相比,这一时期国际分工的深化发展主要有以下五个方面的表现:

第一,以自然资源为基础的产业间分工不断削弱,而工业部门内部的行业分工得到加强,并进一步发展为以行业内部产品专业化为基础的分工。一系列新兴产业的出现,使国际分工格局日益走向立体化,形成垂直分工和水平分工的立体结合。

第二,在国际分工格局中,发达国家之间的分工开始居于主导地位,发达国家与发展中国家之间,以及发展中国家之间的分工合作发展相对缓慢。

第三,由于社会主义国家和发展中国家更广泛、深入地参与国际分工,改变了国际分工单一的资本主义性质,结束了资本主义生产关系一统国际分工的时代。

第四,跨国公司的发展使跨国公司的内部分工成为一种新的国际分工组织形式。战后跨国公司的普遍发展使国际分工进入了一个新的阶段:跨国公司根据其全球战略进行的由设在不同国家的母公司与子公司之间、子公司与子公司之间的跨国公司内部分工,以及不同跨国公司之间的分工,构成了国际生产分工新的重要组成部分。

第五,产品内国际分工开始出现并逐渐主导了国际生产与贸易的形态。这种新型的国际分工形态将国家间建立在比较优势基础上的分工体系从完整的产品,深入到产品内部的工序和环节,从而引发全球生产与贸易模式的根本性改变。跨国公司作为推动产品内国际分工的主导力量,在此过程中逐渐形成了更有效率的生产和竞争战略,战略核心就是以跨国公司为主体,根据国家或地区间的比较优势差异,将资源配置在同一商品链的不同环节上,从而形成了全球性的生产网络及以此为纽带的垂直一体化生产体系,国际分工格局、经济组织方式、产业结构调整等领域随之发生一系列深刻的变化。全球生产网络突破了原有的国家界限,加深了世界各国的经济联系,强化了彼此间的相互依存度,发展中国家得以更深入地融入世界生产体系,从而更快地实现产业升级的目标。

当前世界产品内国际分工形成了显著的"中心—外围"格局,主要由四个梯队构成:以美国、日本为代表的高端型产品内分工水平长期高于低端型产品内分工的第一梯队;以英国、法国为代表的高、低端型产品内分工不相上下、少数实现高端型产品内分工赶超低端型产品内分工的第二梯队;以新加坡、韩国为代表的虽属发达国家但仍长期以低端型产品内分工为主的第三梯队;由众多发展中国家构成主要从事低端型产品内分工的第四梯队。

四、生产力发展与全球分工

历史实践证实,真正对国际分工的形成和发展起到决定性作用的是生产力发展的水平和科技进步的力量。建立在科技进步基础上的产业革命促成了国际分工,人类科学技术的进步和生产力的提高又必将进一步推动国际分工的发展和深化。这种决定性作用体现在以下三个方面:

(一)全球分工是生产力发展的必然结果

一切分工,包括全球分工,都是社会生产力发展的结果。在自给自足的自然经济条件下分工和交换的范围都十分有限,只有在商品经济不断发展的过程中,分工和交换才会变得越来越发达,并最终突破国家界限形成国际分工。在推动生产力发展的各种因素中,最重要的动力就是科学技术的进步与革命,而拥有绝对的技术储备支撑的国家,可以通过产业转移、技术输出帮助相对落后的国家实现自身价值链的升级,推动区域性分工地位的跃升。

(二)各国的生产力水平决定其在国际分工中的地位

不同时期所形成的国际分工体系,总是以生产力发展水平高的国家为中心运转的。而以中国为代表的新兴经济体积极嵌入全球价值链,通过承接发达国家的外包任务取得分工收益,在经济总量大幅增长的同时,人均收入、技术水平却提升缓慢。

(三)生产力的发展决定着国际分工的内容和形式及其广度和深度

随着生产力的发展,各种经济类型的国家都加入了国际分工之中,国际分工已把各国国民经济紧密结合在一起,形成了世界性的分工;随着生产力的发展,产业结构不断升级,使国际分工的产品越来越转向工业制成品、高科技产品、中间产品和服务类产品,传统国际分工中的农产品和资源类产品的地位明显下降;随着生产力的发展,各国参加国际分工的形式从垂直型向水平型和混合型过渡,出现了多类型、多层次的分工形式。

第三节　基于全球价值链的国际分工与世界经济向纵深发展

随着科学技术和经济全球化的不断深入推进,受各种因素的推动,国际分工格局逐渐演变为由发达国家、新兴工业化国家和其他发展中国家的基于全球价值链的国际分工格局。

一、全球价值链的内涵

经济全球化和国际分工的深化使得经济活动跨越一个或者多个国家,大型跨国公司在全球范围内进行生产布局和资源整合,提供优质高效的产品和服务。经济全球化促使传统的垂直一体化生产模式解体和相互联系的价值链业务的水平集中,国际分工的深化使分工从行业间分工到产品间分工,再到产品内某一环节或者工序的分工,全球价值链应运而生。

全球价值链是指为实现产品或服务价值而将生产、运输、营销和最终回收处理等过程连接的全球性跨企业网络组织,整个过程涉及从原材料采购、运输,到半成品、成品的生产与营销,最后到产品的消费及回收处理,包括整个生产销售等活动的组织、价值及其利润分配活动。分布于全球的处于价值链上的不同企业分别进行着从产品研发、设计、生产制造、运输、营销、交货、消费、售后服务、最终回收处理等各种价值增值活动。

全球价值链的驱动力可以分为生产者驱动、购买者驱动和混合型驱动三种类型。生产者驱动型全球价值链是以生产者投资来推动市场需求,从而形成全球价值链的垂直分工体系。生产者驱动型全球价值链上起主导作用的通常是掌握重要技术的发达国家跨国制造商,生产领域的产业资本作为驱动力,推动全球价值链的发展,支配着价值链上利益分配的格局。购买者驱动型全球价值链是以流通领域的商业资本作为驱动力,通过全球采购或贴牌加工的方式组织全球商品流通网络的价值链垂直分工体系。购买者驱动型全球价值链的主导者,通常是以拥有强大品牌优势的国际品牌制造商或者拥有强大国内销售渠道的国际零售商为代表的组织,它们能够形成强大的市场需求,组织、协调和控制全球价值链的设计、生产、营销等各个环节,且支配着价值链上不同环节利益分配的格局。在购买者驱动型全球价值链中,主要的价值增值环节是流通环节。

二、全球价值链分工地位的测算

全球价值链分工是指在经济全球化快速发展的条件下,一种产品从研发设计、原材料供给、生产制造、运输、销售、售后服务、回收处理等一系列生产环节在全球范围内的分工形式。随着经济全球化的发展,国际分工的领域和范围不断扩大,全球价值链分工成为国际分工呈现出来的新特点。由于全球价值链各个环节所产生的附加值差异很大,因而在价值链分工中的地位不同,也造成了价值链上参与企业的利益差异,或是呈现出不公平分配现象。对于全球价值链分工地位的测算,主要包括从出口产品价格、出口产品技术含量、出口产品贸易附加值等视角来衡量。全球价值链分工的一个重要特征表现为同一产品品质上的垂直化差异。发达国家出口高品质类型的产品,因而产品价格高,处于全球价值链分工的高端;发展中国家出口低品质类型的产品,因而产品价格低,处于全球价值链分工的低端。

三、基于全球价值链的国际分工格局

由于国际分工由产业间向产业内转变,在以全球价值链为基础的国际分工形式下,一个国家或地区的国际分工中的地位,不仅取决于其生产的最终产品,也取决于产品所在的价值链的环节。工业产品可以分为不同的价值链的阶段:初级、半成品、零部件、资本品和消费品。发达国家在中间产品和资本品中具有竞争优势,它们主要生产高科技产品,国际劳动分工中生产出高附加值的零部件和资本品,尽管它们也会受到产品的生命周期影响,在比较优势中,发达国家的高新技术产品和高附加值生产环节的竞争优势有所下降,但发达国家仍处于产业链的上游,起主导作用。新兴工业化国家的优势只是在生产最终消费品上。目前,在国际分工中,新兴工业化国家的竞争力有所提升,但发展是不平衡的,而其他发展中国家的初级产品虽然具有竞争优势,但仍位于全球价值链的最底部。这一时期的国际分工及国际贸易秩序仍然没有改变其不平等性的本质,发达国家始终主导着国际分工格局,国际分工的内在不平等性,导致了价值转移,发达国家都位于国际分工体系的中心,生产交换高附加值的产品,垄断世界经济的规则。并通过各种形式的贸易壁垒和反倾销进行贸易保护,同时压制着新兴工业国家和其他发展中国家,剥削了其他国家的大部分经济利益。在今后很长一段时间内,以全球价值链为基础的国际分工仍是主要形式,发达国家掌控价

值链的上端,在国际分工中居于主导地位。所以他们主导着国际贸易秩序的演变。

当前,在新能源革命推动下,国际经济环境也发生了变化,一些新的问题和现象已经出现,国家界限已经逐渐减弱,而跨国公司已成为世界经济的主要载体。随着经济全球化的深入发展和跨国公司主导的国际产业的转移,基于全球价值链离岸服务外包正在形成。未来,第四次产业革命将发生,其特点是大数据、云计算等新一代信息技术的参与,这将推动全球价值链的分解、整合和创新,各环节的附加价值也将会改变。面对全球价值链的重构,各国面临着机遇和挑战。第四次工业革命带来的科技进步有利于促进发达国家的产业回流,这必然影响到国际分工。此外,在未来,新兴工业国家的国际分工地位将得到改善,跨国公司的内部和外部的分歧也将成为劳动的国际分工的重要组成部分。

四、世界经济向纵深发展

现代科技革命使生产资料发生了根本性的变化,生产工具、生产手段和劳动对象都发生了重大变革。由于各国经济迅速发展,商品国际化、资本国际化和生产国际化程度不断提高,各国之间的经济联系日益密切,各国都越来越深地融入世界经济之中。在科技革命的影响下,国际分工向纵深发展。它主要表现在从传统的工业制成品与初级产品之间的垂直型分工转变为工业制成品之间的水平型分工;从不同经济部门之间的分工转变为部门内部产品、零部件和工艺、工序专业化的分工;从主要是物质生产领域的分工转变为深入到劳务或其他非实物生产和流通领域的分工;从由少数先进国家参与,并强加于落后国家的一种强制性、局部性分工改变为由发达国家与发展中国家积极参与的世界范围的分工。这种由传统的国际分工形式日益向现代国际分工形式的过渡,进一步推动了世界经济的发展。

进入 21 世纪,经济全球化已成为不可逆转的时代大趋势。据世界银行的统计数据显示,自 2004 年以来,世界商品贸易占 GDP 的比重都在 40% 以上,2008 年的峰值更是超过了 50%。相比于商品贸易的发展,国际投资的全球化速度更快,目前,世界金融交易量已远远超过了世界贸易量。世界贸易整合数据库(WITS)的统计显示,随着国家平均收入水平的提高,其对外贸易依存度也会随之提高。经济全球化的进程可谓是势如破竹,各国间的联系愈发紧密。而各国间的紧密联系又促进了全球资源与生产要素的优化配置,推动了资本与产品的全球流动及技术的扩散,有利于欠发达国家和地区的经济追赶,因而经济全球化必然推动世界经济向纵深发展。当然,值得注意的是经济全球化的分工模式在内在价值生成越来越精密化、高效化、增值化的同时,也越来越碎片化、脱链化、风险化,其规模不断增大的同时,治理权却越来越集中于少数跨国公司手中。发展中国家由于自身经济发展水平较低、技术相对落后,在国际市场的竞争中往往处于"微笑曲线"底部,在全球贸易利益分配的过程中无法获取话语权。

复习思考题
1. 简述国际分工的内涵。
2. 简述国际分工的类型与意义。
3. 阐述生产力发展与国际分工的必然性。

第二章 世界市场的形成和发展

随着资本主义国际分工的形成,以及国际商品交换的出现和发展,资本主义世界市场最终形成。在此基础上,以资本主义生产关系为主导的世界经济体系也开始逐渐形成。一般认为,世界经济的形成和发展主要经历了三个阶段,即商品国际化、资本国际化和生产国际化阶段。就世界经济形成和发展的阶段性特征来看,商品国际化标志着世界经济的初步形成;资本国际化是世界经济最终形成的重要标志;而生产国际化则标志着世界经济的纵深发展。本章重点介绍的是世界市场的建立,即商品国际化和世界经济的初步形成阶段。而资本国际化和生产国际化则是第三章的主要内容。

第一节 世界市场的形成

一、世界市场的内涵

世界市场是指世界各国进行商品、资本、劳务等要素交换的机制或场所。它是世界各国在国际分工的基础上,通过国际交换而形成的供求关系,是各国的国民价值转换为国际价值并实现价值增值的重要环节。世界市场是在各国国内市场的基础上形成的。只有当国内市场发展到一定程度,交换关系才会超越国家的界限,扩大到世界范围。

世界市场这一概念包括三个方面的内涵。

第一,就世界市场的"场所"性质而言,世界市场是一个具体的概念,它可以包括所有为跨国交易活动提供服务的具体的商店、集市或交易所等有形的场所;就世界市场的性质而言,它是世界范围内跨越国界的交换过程,反映的是世界各国通过交换而形成的供求关系或者交换机制,包括市场机制和各种非市场机制,其中市场机制是最主要的机制。

第二,狭义的世界市场就是世界商品市场,是指世界各国商品交换关系的总体。广义的世界市场还包括世界劳务市场、世界金融市场、世界技术市场和世界信息市场等,是这些市场有机结合而成的市场体系。这是世界市场的内容随世界经济的发展而不断丰富的必然结果。

第三,世界市场是在各国国内市场的基础上形成的,但又不是各国国内市场的简单加总,因为它还反映了各个国家之间的交换关系。各国国内市场必须具有某种不可分割的联系,才能结合成为世界市场,这种联系的主要纽带就是国际分工和国际贸易。这是其"世界性"的基本要求。

二、世界市场形成的基础条件

世界市场是在资本主义生产及其产生的国际分工的基础上形成和发展起来的。科技越进步,生产越发展,分工越细,交换越频繁,市场就越大。因此,从历史脉络上来看,可以近似地认为,世界市场的形成和发展与国际分工的形成和发展是同步的。作为一种特定的经济现象,世界市场的形成需要具备一定的经济条件,同时也呈现出一些基本标志。

(一)国际分工体系的建立

国际分工、国际交换和世界市场的形成,是同一过程的三个方面,它们相互依赖、相互促进、不可分割,它们的共同作用,促进了资本主义世界经济的形成。可以这样说,到19世纪60年代,资本主义世界市场真正形成时,资本主义世界经济也就形成了。因为,这时世界上的许多国家通过国际分工、国际交换和世界市场已经在经济上紧密地联系在一起。从这个意义上说,有关各国已经在经济上形成了一个整体,形成了世界经济。

(二)机器大工业生产体系的建立

资本主义世界市场是在机器大工业的基础上形成的。关于这一点,马克思和恩格斯有过很多论述。1847年,恩格斯在《共产主义原理》中说:"大工业便把世界各国人民相互联系起来,把所有地方性的小市场联合成为一个世界市场,到处为文明和进步准备好地盘,使各文明国家发生的一切必然影响到其余各国。"恩格斯在《资本论》

第三卷的一个注释中明确地指出了资本主义世界市场真正形成的时间界限。根据历史事实和马克思、恩格斯的有关论述，可以判断，资本主义世界市场形成的时间是在19世纪40年代至60年代。

(三) 资本主义生产方式的建立

资本主义生产方式质的规定性在于以生产社会化达到相当高度为历史起点，以创造剩余价值为生存形式。在资本主义生产方式下，一方面，资本的逐利性和竞争的压力促使资本家不断扩大生产规模以保持自己的优势，任何停滞不前的资本家都有被消灭的危险。另一方面，资本主义生产方式的内在矛盾也使不断开拓国外市场并利用国外市场转嫁矛盾成为维持再生产循环的必要途径。所以，资本主义生产方式的建立成为推动世界市场形成的内在动力。

三、世界市场形成的主要标志

世界市场形成的基础条件在第一次工业革命后已经基本具备，但直到19世纪末20世纪初，在第二次工业革命中，一个统一的世界市场才得以建立，其主要标志有以下五点：

(一) 多边贸易、多边支付体系的形成

在多边贸易、多边支付体系下，贸易国的国际收支平衡并不依靠双向贸易中的收支平衡，而是以对所有贸易伙伴国的综合平衡为基础。英国成为此时多边支付体系的中心，这个体系为所有贸易伙伴国提供购买货物的手段。这一体系反映了世界市场机制的充分发挥。

(二) 帝国主义殖民体系的建立

第二次工业革命后，发达资本主义国家进入垄断阶段，它们纷纷加强了资本输出。为了保证本国产品的销售市场和原料产地，帝国主义组成的垄断同盟在世界范围内掠夺殖民地或划分势力范围。到20世纪初，世界上已经没有什么国家和地区可以脱离世界市场去进行经济活动了。

(三) 世界货币和国际金本位制的出现

当对外贸易得到较大扩展时，一个国家的货币才能发展为世界货币。在世界市场上，商品也必须找到另一种具有独立价值形态的特殊商品并与之交换，这种作为一般等价物的特殊商品就是世界货币。世界货币最早以金银的自然形态出现，其最主要的职能有价值尺度、流通手段、支付手段和储藏手段。

随着国际贸易和世界货币的发展，逐步形成了适合资本主义生产方式在全世界

推行所需要的国际货币体系。英国于1821年率先从金银复本位制过渡到金本位制。后来,其他主要资本主义国家相继实行了这种过渡。各国货币的金平价使货币汇率相当稳定,从而使世界市场的价格水平趋于一致。这就为国际贸易和资本输出创造了条件,并加深了价值规律在世界市场上的作用,对资本主义世界经济的形成和发展起到了促进作用。

(四)资本主义各种经济规律对世界市场发展的制约

资本主义社会中各种固有的规律,诸如基本经济规律、经济发展不平衡规律、价值规律等在世界市场上居于主导地位,制约着世界市场的发展。

这里需要指出的是,统一的世界市场是全世界所有国家的国内市场、地区市场,以及区域集团市场在各种经济规律的作用下有机结合在一起形成的。其中,联结世界市场最基础的力量就是市场机制或市场经济规律。由于第二次世界大战后世界上长期存在着资本主义国家市场和社会主义国家市场两种不同性质的市场(前者实行的是市场经济体制,而后者则以计划经济为基础),因此,严格地讲,直到20世纪80年代末,世界市场都很不统一,甚至是割裂的。直到20世纪90年代初,冷战结束,两个平行市场的对立消失,才为在全球范围内形成统一的世界市场,即市场全球化创造了条件。

(五)比较健全的固定的销售渠道的形成

大型的、固定的商品交易所,国际拍卖市场、博览会的形成,航运、保险、银行和各种专业机构的建立健全,以及比较固定的航线、港口的建立,使世界市场有机地结合在一起。

此外,这一时期发达国家经济周期的长度和变化规律的一致性,反映出各国国民经济通过世界市场已经紧密地联系在一起,世界市场的传导机制已充分发挥作用。

第二节 世界市场的发展

世界市场的概念是一个动态的和发展的概念,它的雏形是从区域性国际市场演变而来的,世界市场在资本主义生产方式确立时期得到了空前的发展。从18世纪60年代到19世纪中叶,随着英国、法国等国家先后完成了工业革命,建立起大机器大工业生产,各国日益卷入世界市场,从而使资本主义制度日益具有国际性质。世界市场的形成和发展贯穿着整个世界经济的形成和发展过程。世界市场的形成大致经历了三个主要阶段,即区域性国际市场阶段、早期的世界市场阶段和世界市场的最终形成阶段。

一、区域性国际市场

世界市场的形成,是从国别市场发展到区域性国际市场,最终形成统一的世界市场的过程。

早在人类社会的中古时期,跨越国家和民族界限的贸易活动就已经存在。早期的运输工具主要以人力、畜力和风力为动力,无法保障长途运输的安全性。因此,在当时的经济发展水平和运输条件下,国际贸易中流通的商品仅仅是为数不多的、体积小和重量轻的奢侈品;贸易范围也相当小,一般主要限于相邻国家之间。中世纪西欧城市兴起之后,手工业和商业开始得到发展,推动了欧洲商品货币关系的发展。而欧洲国家之间贸易的增长,形成了一些固定的国际性集市,又吸引了其他国家和地区的参与,从而推动了更大范围的区域性贸易的发展,并且在此基础上促进了洲与洲之间的贸易发展。区域性市场的发展为统一的世界市场的形成奠定了基础。

二、早期的世界市场

区域性市场通过两个重要的因素联结成了一个统一的早期世界市场。第一个因素是14世纪资本主义生产方式萌芽的产生及其带来的殖民政策;第二个因素是14世纪以来科学技术的发展,特别是交通运输工具的改进和地理大发现。其中,资本主义生产方式的萌芽是决定性的内因。资本主义生产方式一经萌生,就产生了强烈的原始积累的欲望,资本的原始积累是一个通过暴力强制转化的政治过程,通过资本主义的政治统治、法律强制、经济剥削等来取代原有的不符合资本主义积累逻辑的组织形式。

与区域性国际市场相比,早期的世界市场已经有了显著的变化。首先,国际贸易的规模和范围都扩大了;其次,国际贸易在这一时期与欧洲的资本主义生产方式结合在一起,贸易不再仅仅作为封建贵族满足消费的工具,而是以商人和手工工场主为代表的新兴阶级进行资本原始积累的主要手段;最后,国家开始自觉地参与和干预贸易。贸易被欧洲国家作为发展本国经济的一种重要工具。欧洲国家普遍采用了重商主义政策,追求贸易顺差,保护国内工业,成为日后贸易保护主义的最初形式。

三、世界市场的最终形成

现代意义上的世界市场的形成得益于工业革命的兴起。发生在 18 世纪 60 年代以后的工业革命,从生产力和生产关系两方面推动了统一的世界市场的形成。

从生产力发展这一角度来看,起源于英国的工业革命在工业技术和交通运输工具的进步方面具有划时代的意义。工业技术的变革首先是纺织工具的改进。纺织业采用机器生产带动了造纸、印刷等其他轻工业部门从手工工具生产向机器生产转变,引起了生产工具的革命。工具革命、材料革命、动力革命三者相互补充,构成了英国工业技术革命的历史内容。工业革命大大推动了生产力的进步,为人类创造了前所未有的物质财富。由于工业革命的推进作用,生产力的发展达到一定阶段后,世界市场的形成已经成为必然。随着生产力的发展,社会产品的迅猛增加已超出生产地范围内的相对需要。相对过剩的社会产品要想实现其价值,必然要开拓新的市场。这就是以西欧为中心的区域性市场逐渐扩张成统一的世界市场的原因。

从生产关系适应生产力的角度来看,工业革命对生产关系的影响,同样对统一世界市场的形成起到了推动作用。工业革命前,生产力先进的国家的产业结构是以农业为主体的。随着工业革命的深入,工业的地位大大提高,国民经济的产业结构出现了前所未有的变化。工业的迅速增长和高额利润吸引了越来越多的资本和劳动力。在工业中,这种高度集中起来的资本一方面创造了较高的劳动生产率,排挤了手工工业,也排挤了封建地主阶级和一切中间阶级,使社会的阶级结构分化为近代无产阶级和资产阶级;另一方面使工业从原来附属于农业的地位上升为举足轻重的国民经济部门,从而完成了由农业国向工业国的转变。这两个方面的社会后果体现为资本主义制度最终在生产力先进的国家中占据统治地位,从而保证了与资本主义的市场经济制度发展密切相关的世界市场得以建立和完善。

四、新冠肺炎疫情对世界市场的影响

2020 年的新冠肺炎疫情给世界市场带来了双重影响,其中既有推动世界市场扩张的因素,也有诱使世界市场收缩的力量。具体而言,世界市场的扩张因素主要表现在技术层面,即在新冠肺炎疫情和技术创新演化周期自身规律的作用下,5G、大数据、云计算、区块链、物联网、人工智能、人机结合技术等桥接型信息与通信技术将得到进一步发展,并为世界市场创造更好的技术条件。世界市场的收缩力量主要体现在运行层面。一方面,新冠肺炎疫情冲击了需求侧,加剧了有效需求不足的老问题,妨碍

了企业进一步开拓海外销路。另一方面,新冠肺炎疫情冲击了供给侧,催生了供应链受损的新问题,即企业所需进口的原材料、中间投入品出现了短缺甚至中断的情况。为了维护供应链安全,保障生产经营的连续性,企业势必倾向于压缩供应链、增加本地化生产、改变全球分散生产模式,这样做的代价是增加了成本,降低了利润率,阻碍了资本的积累和跨国扩张。新冠肺炎疫情对世界市场的双重影响是不对称的,其中收缩性力量是整体的,而扩张性因素是局部的。实际上,世界市场技术层面的相关投入尚显不足。就企业而言,尽管人工智能、大数据、工业互联网等具备平台性质,有着长远、广阔的盈利空间,但短期内还缺乏一个成熟的、标志性应用场景,市场观望情绪明显。

复习思考题

1. 简述世界市场的含义。
2. 世界市场形成的条件有哪些?
3. 世界市场形成的标志是什么?

第三章 科技革命对世界经济的影响

第一节 科技进步是世界经济发展的动力源泉

一、科技进步与世界经济发展的一般关系

从系统论的角度看,世界经济是在人类社会发展到一定历史阶段,通过世界市场的不断发展而日益形成的相互联系、相互依赖、共同运动的经济系统。世界经济系统包括世界范围内的各国或各地区的市场,并通过经济的纽带进行联结,使之成为一个有机运动的活性系统。这个系统内包括三个层次的问题:其一是作为组成世界经济的各国或各地区的子系统;其二是世界各专业市场成为联系各个子系统的经济纽带;其三是将各专业市场在各个子系统处形成的纵横交错的结点连接起来,作为联系全球经济的纽带,把全球经济组成一个统一的市场。

世界经济作为一个完整的系统,影响其发展的因素有很多。如果把世界经济作为一个复杂的系统进行活性系统模型(Viable System Model,VSM)的研究,我们便会发现世界经济系统中的"活性"就是科技进步。在各种因素中,科技进步始终起着一种积极的推动作用,成为世界经济增长的动力源泉和衡量一国经济发展水平的重要标志。科技领域的突破不但能够促使一个国家不断实现产业升级,从终端产品制造向高端产品研发设计迈进,还能实行向研发人员倾斜的收入激励机制,通过技术创新带动传统行业焕发新的生机。

二、科技进步推动社会经济发展的一般原理

科技进步是推动世界经济发展的动力源泉,是推动社会经济发展的革命性力量。

技术进步能够提高各种生产要素的使用效率,改善它们的结合方式,促进产出增长,直接使一国的生产可能性边界向外推移。新的产品和产业部门随着技术进步而不断涌现,产业结构因之调整,整个经济结构也随之发生变化。技术进步还会不断带来新的思想观念,推动社会向前发展。以下主要从两个方面简单分析一下科技进步推动社会经济发展的一般原理。

(一)科技进步可以通过提高经济效益来推动社会经济发展

经济效益是指投入与产出之间的对比关系。和单纯通过增加投入来增加产出不同,通过经济效益的提高实现的经济增长是一种内涵式的增长,属于经济发展的范畴。在决定经济效益的各项因素中,劳动者素质、技术水平、装备水平和管理水平的作用都非常重要。一般情况下,科技进步可以通过以下几个方面来提高经济效益:

第一,降低能耗、物耗,提高物资利用效率。通过改进产品或工程设计,开发或推广新工艺、新技术,改进或更新设备,提高工具系统的寿命等途径,可以节约原材料消耗、能源消耗,从而提高资源的利用效率,提高投入产出比,或者说提高经济效益。

第二,节约活劳动,提高生产效率。通过改进或更新设备,采用新工艺、新技术、提高劳动者素质及管理水平,可以缩短产品生产周期或在相同的时间内生产更多产品,用较少劳动生产更多产品或生产相同的产品而减少所使用劳动的数量,提高生产效率。战后发达资本主义国家工业生产的增长主要是依靠提高劳动生产率而实现的,而其中有80%来源于科技进步的贡献。

第三,提高产品质量,推出新品种,增加产值及利润。得益于设备与工艺的改进、劳动者素质的提高、检测手段的精密化,产品质量得以提高。另外,采用新材料及通过产品开发推出新品种,提高产品质量,扩大市场,从而增加产值和利润,提高经济效益。

(二)科技进步可以通过产业结构的演变实现经济发展

产业结构演变升级是社会经济发展的内在要求。历史事实证明,世界经济正是在产业结构不断更新中繁荣和发展的。科技进步对产业结构演变的影响主要表现在三个方面:

第一,技术革命会导致产业群的崛起。技术革命是一种新的产业模式取代旧的产业模式的过程,会带来生产效率的大幅提高,引起生产方式和经济结构的巨大变化。一次技术革命必然引发一系列新技术的产生,这些新技术经过演化将导致新产业群的出现。

第二,科技进步会影响不同产业的兴衰。由于科技进步能够降低物耗、能耗,提高生产效率和产品质量,开发新的品种和新的产业,这一切会对不同的产业产生不同的影响和效果。因此,技术进步有可能使一些产业发达起来,而使另一些产业衰败下去。

第三,科技进步还改变着产业内部的面貌。如现代化的钢铁工业,由于高炉炼铁、氧气顶吹炼钢、连铸、热轧、冷轧等自动化流水线的形成,与早期钢铁工业以人工操作为主的面貌完全不同。

科技进步导致产业结构演变有两个主要后果,其一是引起三大产业在国民生产总值中比重的变化,其二是引起劳动力在三大产业中分布的变化。表 3-1 和表 3-2 分别是 1965—2017 年各种类型的国家中三大产业在国民生产总值中的比重和劳动力在三大产业中分布的变动情况。

表 3-1 三大产业在国民生产总值中的比重(%)

国家和地区	第一产业			第二产业			第三产业		
	1965年	1986年	2014年	1965年	1986年	2014年	1965年	1986年	2014年
低收入国家	42	32	21.5	28	35	48.5	30	32	30
中下等收入国家	30	22	9.1	25	30	43.1	43	46	47.8
中上等收入国家	18	10	1.4	37	40	23.5	46	50	65.1
(以上发展中国家合计)	(30)	(19)	(14.8)	(31)	(36)	(33.9)	(38)	(46)	(51.3)
市场经济工业国	5	3	1	40	35	29	54	61	70

资料来源:世界银行《2015 年世界发展报告》。

表 3-2 劳动力在三大产业中的分布(%)

国家和地区	第一产业		第二产业		第三产业	
	1965年	1986年	1965年	1986年	1965年	1986年
低收入国家	77	72	9	13	14	35
中下等收入国家	65	55	12	16	23	29
中上等收入国家	45	29	23	31	32	40
(以上发展中国家合计)	70	62	12	16	18	22
市场经济工业国	14	7	38	35	48	58

资料来源:世界银行《1988 年世界发展报告》。

从这两个表中可以清楚地看到科技进步引起产业结构演变的主要趋势:第一产业对国民生产总值的贡献逐渐减少,第二产业对国民生产总值的贡献在发展中国家呈上升趋势,而在发达国家中已呈下降趋势,第三产业对国民生产总值的贡献在逐渐增加;劳动力在第一产业的分布在不断下降,劳动力在第二产业的分布,在发展中国家呈上升趋势而在发达国家已开始下降,在第三产业的分布则均呈上升趋势。这也是世界各国由于科技进步推动经济发展,使社会由农业社会经工业社会向信息社会或后工业社会过渡的一般趋势。20 世纪 50 年代以来,索洛等经济学家创立了新古典经济增长模型。考察和分析了某些国家国民经济增长中科技进步的贡献,结果发现,科技进步对世界主要资本主义国家国民经济增长的贡献到 20 世纪 50—70 年代已达到 50%—70%。当然,科技进步还与经济的周期性波动有着密切的联系,这一点将在下一章论及。

三、科技进步对世界经济发展的重要意义

生产力和生产关系的矛盾是推动人类社会发展的动力,也是推动世界经济形成和发展的动力。在生产力和生产关系的矛盾运动中,生产力起着决定性作用,而在生产力诸要素中,科学技术又是居于最根本位置上的要素。可以说,世界经济经历的商品国际化、资本国际化和生产国际化的每一个阶段都与一次科技革命相联系,而且呈现出一些内在的规律性。

(一)科技进步发展着新的生产力,推动世界经济向新的阶段迈进

历史上科技进步推动着社会的变革,科技进步也是社会变革的重要组成部分。从 20 世纪八九十年代开始,全球范围内以信息革命为核心的科技革命新高潮蓬勃兴起,数字化技术迅速推广,世界经济步入了信息化时代。目前,这种日新月异的科技革命使技术替代的间隔期越来越短,世界成为一个"地球村",经济全球化的趋势日益明显,与此同时,人类加快了向地球以外星球寻求资源的行动。

(二)科技进步产生新的国际分工

伴随着每一次的科技革命,新的国际分工随之产生。

国际分工是世界市场的基础,世界市场在国际分工的不断深化中得以发展。科技进步对国际分工的形成和发展起着巨大的推动作用。国际分工发展的历史表明,每一次科技革命都把国际分工推向一个新的阶段,而且科技进步决定着一国在国际分工体系中的地位。科技革命是在知识经济时代发生的,其形态为以知识的产生、传播和运用为核心的国际分工形态,这种形态最显著的特征是以拥有的人力资源数量及质量为依据进行国际分工。发达国家部分劳动密集型、污染型产业向外转移的趋势及核心技术本土化的趋势日益明显。与此同时,经济欠发达国家也在力图摆脱技术上的依附地位,自主开发自己的高新技术,但这项任务任重而道远。

(三)科技进步引发全球性的产业结构调整

产业结构体现了资源在社会生产和生活各个部门配置的比例关系。

现在,第一产业以农业为主,即包括种植业、林业、畜牧业和渔业,第二产业以制造业为主,其他的归入第三产业。随着社会经济生活的日益复杂,三次产业划分法的局限性日益明显,主要是第三产业的内容过于庞杂,因此,将第三产业中的电子信息产业作为第四产业的呼声日益强烈。科技进步是导致全球产业结构日益庞杂的主导力量,尤其是20世纪八九十年代,伴随着信息产业的迅速发展,世界经济产业结构格局受到了巨大冲击。

(四)科技进步提升国家在国际市场上的竞争力

在科技进步如此迅猛发展的时代,一个国家的国际竞争力再也不能完全靠资源优势来维持了,而必须更多地依赖科技进步,特别是产业的国际竞争力。科技进步可以改变一个国家在国际市场上的竞争力,特别是对外贸易的份额。创新是科技进步的源泉,这就决定了创新、科技进步和国家竞争力三者之间存在紧密联系。创新与国家核心竞争力均以实现发展为逻辑起点,创新对国家核心竞争力的提升贯穿在自主创新、创新驱动发展、创新型国家建设的整个过程中。

(五)科技进步将实现全球资源共享,使经济一体化进程加速

自20世纪70年代以来,科技革命进入了一个新的、更高的发展阶段——信息化革命阶段。信息化的推进对世界经济的影响之快之广无疑是前所未有的,其影响的领域主要表现在国际贸易信息化、国际金融信息化、跨国公司经营信息化三个方面。目前,以信息化为纽带的全球性生产分工合作体系已初步形成,世界经济的一体化将在以信息革命为核心的科技进步中得以实现。

第二节 第三次科技革命与战后世界经济的恢复和发展

关于第三次科技革命,目前存在着两种不同观点。一种观点认为第三次科技革命是指20世纪四五十年代兴起,目前仍在继续的新技术革命,包括原子能技术、信息技术、空间技术、新能源技术、新材料技术,等等。另一种观点则认为第三次科技革命

专指20世纪四五十年代兴起,到70年代达到高潮的电子技术的异军突起,而把20世纪70年代后出现的信息技术、生物技术、新能源技术、新材料技术、空间技术、海洋开发技术等划分为第四次科技革命或称最新的科技革命(亦称"现代科技革命")。由于目前的科技发展已经对人们的生产方式乃至社会生活方式的方方面面产生了全局性的重大影响,因此,在这里采用第二种观点,把20世纪四五十年代之后的科技发展细分为两次科技革命。这一节,主要分析第三次科技革命与产业革命及其对战后世界经济恢复和发展的作用。

一、第三次科技革命发生的背景

第三次科技革命和产业革命发生在20世纪40—80年代这样一个历史时期。在此之前,从社会方面来说,发生了两次世界大战和持续不断的世界性经济危机;从科学发展来看,19世纪和20世纪之交的自然科学革命经过20世纪二三十年代的理论探索,自四五十年代开始进入应用阶段。

(一)列强经济发展的不平衡及第一次世界大战

在第一次科技革命与产业革命中,英国走在世界各国的前面,在19世纪80年代以前,一直居于世界工业生产的首位,被称为"世界工厂"与"日不落帝国"。但是,在第二次科技革命与产业革命中,美国及德国由于在电力、炼钢、化工领域积极采用新技术、发展新产业而把英国、法国抛在后面。19世纪末20世纪初,世界经济重心开始从英国向美国和德国转移。

第一次世界大战对世界经济发展产生了两方面的影响。其一,英、德、法、奥、俄等主要欧洲国家损失惨重,暂时退出世界市场竞争,美国和日本大发战争横财,经济地位空前上升,世界经济重心加速向美国转移。其二,社会主义国家苏联在战争中诞生,打破了资本主义经济一统天下的局面,使世界经济体系变得更为错综复杂。

(二)持续不断的世界性经济危机

20世纪上半叶,资本主义世界连续爆发了多次世界性的经济危机,其中包括1920—1921年的经济危机、1929—1933年的经济危机,以及1937—1938年的经济危机。持续不断的经济危机对资本主义国家的社会生产力造成严重破坏。这些经济危机一方面暴露了自由放任的市场经济本身的缺陷,另一方面也说明,由于第二次科技革命及产业革命的冲击已近尾声,没有大的技术创新,生产发展失去动力就会下滑。因此,世界经济新的振兴呼唤着新的科技革命和产业革命。

(三)第二次世界大战

资本主义世界经过20世纪20年代相对稳定的经济增长和30年代特大经济危

机与持续萧条的打击,帝国主义国家经济政治发展的不平衡再一次加剧。其中,除美国继续保持经济领先地位外,英、法经济相对衰落,而德国及日本则超速增长,后来居上。随着帝国主义国家经济实力的变化,它们之间的矛盾也发生了新的变化。在重新划分势力范围和对全球利益的争夺中,第二次世界大战终于爆发。

同第一次世界大战相比,第二次世界大战的规模更大,卷入战争的国家更多,世界经济遭受的破坏也更严重。不过,由于战争的需要,刺激了许多新兴技术部门,如电子及通信技术、核能技术及核武器制造、特种性能材料的生产技术等的发展。这些军用技术在战后的民用化,对新科技革命的产生起到了一定的推动作用。

(四)科学革命的推进

19世纪与20世纪之交的自然科学革命,打破了原子不可分的观念,使人类的认识得以深入到微观领域。20世纪二三十年代人类发现了微观粒子运动规律,从而为宏观领域的物质运动找到了共同的理论基础。微观世界的理论建立之后,不论是科学内在发展的规律,还是社会发展的需要,都要求科学理论向应用方向延伸。正是在这种形势下,20世纪四五十年代建立在微观粒子运动规律基础上的各学科的理论,在半导体技术、集成电路(引发微型计算机的出现)、高分子技术(引发石油化工的兴起)、原子能技术(引发原子反应堆及后来核电站的出现)等方向发挥了巨大作用并开拓了新的经济领域,促进了对新兴产业的出现。

二、第三次科技革命的主要内容

第三次科技革命以电子技术的广泛应用为主要内容,包括以下几个方面:

(一)电子技术的产生和发展

原子的可分性,使人类的认识深入到了微观领域并建立起微观粒子(其中最先是电子)运动规律理论。在这种条件下,电子技术逐渐产生并发展起来。电子技术是以电子运动为基础、以电子器件为核心的有关技术的总称。它的产生和发展经历了真空电子管、晶体管和集成电路三个主要阶段。

(二)生产自动化过程

生产自动化是由于电子技术、控制理论、传感技术、机械技术等的综合推动而发展起来的。1946年,美国的福特在一次会议上最早提出"自动化"一词。1948年,福特公司在汽车生产中推广使用"连续自动工作机";1951年,苏联在莫斯科建成第一座全自动的汽车活塞厂,该厂从进料到成品的所有加工工序,包括检验、包装全部实现自动化。1955年,计算机开始应用于发电厂、炼油厂、化工厂、钢铁厂等企业,实现了自动流水线与计算机控制的结合。截至1965年,世界上已有600多个工厂实现了生产的电子计算机控制。生产过程的自动化大大节约了劳动力、降低了劳动成本、减轻了工人的劳动强度、提高了产品质量,使生产过程的面貌焕然一新。

(三)围绕电子技术的广泛应用,一系列新兴产业崛起

电子技术的广泛应用催生出数万种电子产品,一系列新兴产业也随之崛起。需要指出的是,除了电子技术广泛应用所引起的第三次科技革命外,石油及石油化学工业的兴起、原子能技术及核电工业的发展,以及空间技术与航天工业的发展,也对这一时期世界经济的恢复和发展产生了重大的影响。

三、科技革命推动战后世界经济的恢复与发展

第三次科技革命和产业革命是在经历了两次世界大战和持续不断的世界性经济危机,而科学技术也发展到一定阶段的历史大背景下兴起的。新的科技革命与随之而来的产业革命对战后世界经济的恢复和发展起到了积极的推动作用。

第二次世界大战以后,由于意识形态的对立,世界经济形成了以美国为首的资本主义国家阵营和以苏联为首的社会主义国家阵营的对立。以美国为首的资本主义国家,实行的是市场经济制度,由于市场经济与科技进步的内在相容性,较好地吸收了第三次技术革命的成果并引发了相应的产业革命,使经受战争破坏的资本主义各国的经济很快得到恢复,并迎来了20年的持续发展。表3-3是主要资本主义国家几个历史时期的经济发展速度的比较。

表3-3 主要资本主义国家战后和战前国民生产总值实际年均增长率的比较(%)

国别	1900—1913年	1913—1938年	1953—1973年	1980—2013年
美国	4.3	2.0	3.5.	2.5
英国	2.4	1.0	3.0	2.8
法国	1.1	1.1	5.2	4.4
联邦德国*	3.0	1.3	5.9	6.0
日本	4.1	4.5	9.8	9.5

注:*二战前为德国。

资料来源:正村公宏《日本经济论》(日文版),1979:5。

战后世界经济的恢复和发展无疑是多种因素合力的结果,但科技进步带来的劳动生产率的提高仍是其中最明显的推动力量。发达资本主义国家充分利用现代科技成果,强化军事和政治,发展经济和教育,争夺科技人才,抢占科技制高点,使战后资

本主义社会出现了新的变化。这一点可以从战后主要资本主义国家劳动生产率与国内生产总值平均增长率的比较中得到印证(表3-4)。

表3-4　主要资本主义国家劳动生产率与国内生产总值平均增长率(%)

国别	项目	1951—1987年平均
美国	国内生产总值	3.2
	劳动生产率	2.0
日本	国内生产总值	7.5
	劳动生产率	6.7
联邦德国	国内生产总值	44
	劳动生产率	4.7
法国	国内生产总值	4.0
	劳动生产率	4.1
英国	国内生产总值	2.5
	劳动生产率	2.7

资料来源：美国总统经济报告1989：150。

二战后，以苏联为首的社会主义国家的经济也得到了高度发展。但是，由于这些国家实行的是计划经济，排斥市场经济，从而在一定程度上阻碍了科技与经济的紧密结合，使社会主义的优越性没有得到充分发挥，经济发展的速度逐渐缓慢下来。这种状况又因为各社会主义国家先后实行了从计划经济向市场经济转型的经济改革而开始改变。

第三节　现代科技革命与世界经济发展

现代科技革命，或者称第四次科技革命(也有人称之为新科技革命)，主要是指20世纪70年代以来信息技术、新材料技术、新能源技术、激光技术、生物技术、空间技术、海洋开发技术等高技术群落在全世界范围内的蓬勃兴起。这次科技革命是19世纪与20世纪之交自然科学革命发展的产物，同时，也是第三次科技革命的继续和发展。同历史上曾经发生过的三次科技革命相比，这次科技革命的内容更为丰富，对世界经济发展的影响也更为深刻和广泛。

一、现代科技革命的主要内容

第一次科技革命的主导技术是蒸汽动力技术,第二次科技革命的主导技术是电力技术,第三次科技革命的主导技术是电子技术。近年来,新一代信息、新材料、新能源、生命科学等技术进步不断催生新兴产业,人工智能、区块链等变革型产业迅速发展。第四次科技革命的提法越来越得到社会各界的认可,也渐受关注。第四次科技革命是以技术群落的形式出现的,起主导作用的不再是某一个门类的技术,而是由信息技术、生物技术、新材料技术、新能源技术、海洋技术、空间技术、激光技术等组成的一种技术群落。这些主导技术群落有着共同的理论基础,它们之间相互联系、相互渗透,从而整体相关。

二、现代科技革命对世界经济发展的影响

现代科技革命对世界经济发展的影响比以往任何一次科技革命都更为深刻和广泛。现代科技革命不仅加速了产业结构的调整与进化,还有力地推动着世界经济的全球化进程。

当前,新一轮世界科技革命和产业变革孕育兴起,它具有极大冲击力,正在对人类社会带来难以估量的作用和影响,可能颠覆现有很多产业的形态、分工和组织方式,重塑国家竞争力在全球的位置,重构人们的生活、学习和思维方式,乃至改变人与世界的关系。这其中既蕴含着重大机遇,但也存在着巨大不确定性,未知远大于已知。新一轮科技革命对世界经济格局的影响主要体现在对总量、结构和风险挑战三方面:

(一)总量影响:改变世界经济面临的供给侧约束,推动世界经济进入新一轮长周期的上升阶段

在技术创新周期、信贷周期和制度变迁等因素交织作用下,第一次工业革命以来世界经济大体经历了五轮长周期,每轮周期约50年左右。2008年国际金融危机爆发是第五轮周期从上升阶段(1990—2008年)到下行阶段的转折点,世界经济从危机前近6%的中高速增长转向衰退、萧条和曲折复苏。未来5—10年,人口加速老龄化、通用技术创新难有新突破,以及发达经济体宏观政策空间大幅收窄将继续抑制消费、投资和供给,加之经济全球化面临新的结构性挑战、国际贸易仍将疲软,世界经济预计维持弱增长态势,再次进入上行周期尚需时日。国际货币基金组织测算显示,未来5

年世界经济年均增长3.8%,不及2008年国际金融危机前10年4.2%的平均增速。

当前,主要发达经济体需求刺激空间大幅收窄,财政政策和货币政策已用近极致,但世界经济增长仍然乏力。根本原因主要在供给侧,主要是还没有产生与历史上蒸汽机、电力和信息技术等具有相同地位的新通用技术(GPT)。从历史经验看,只有通用技术创新才能广泛促进全要素生产率提高和资本深化,进而推动经济增长(表3-5),特定领域的专用技术创新很难发挥这样的作用。在通用技术创新难有新突破的形势下,发达经济体和新兴市场全要素生产率增速明显放缓甚至下降,成为全球潜在增长率下降的重要原因。同时,通用技术创新难有新突破导致新产业难以集群式成长,企业投资空间缩小、收益率降低,经营目标普遍从利润最大化转向负债最小化,去杠杆化加快、信用收缩加剧,对经济上行形成拖累和阻滞。

随着新一代信息技术和以人工智能为核心的新一轮科技革命实现突破,世界经济面临的供给侧约束将得到根本缓解,有望进入第一次工业革命以来第六轮长周期的上升阶段。新一轮科技革命对世界经济增长的推动,将突出体现在数字化和智能化技术大规模运用给企业、居民和政府三大主体带来的深刻变化。企业方面,将有机会参与更大范围的国际贸易,提高资本使用效率,并面临更多同行竞争以提高创新动力;居民方面,将有机会提高劳动生产率,并得到更多消费者福利;政府方面,将有机会提高公共服务能力,并对社会需求更好地做出回应。

表3-5 代表性通用技术创新对经济增长的影响(%)

	时期	全要素生产率	资本深化	对经济增长的总贡献
蒸汽机(英国)	1780—1860年	0.32	0.19	0.51
铁路(英国)	1840—1870年	0.1	0.13	0.23
	1870—1890年	0.09	0.14	0.23
铁路(美国)	1839—1870年	0.09	0.12	0.21
	1870—1890年	0.24	0.32	0.56
电力(美国)	1899—1919年	0.07	0.34	0.41
	1919—1929年	0.75	0.23	0.98
信息技术(美国)	1974—1990年	0.27	0.41	0.68
	1991—1995年	0.41	0.46	0.87
	1996—2001年	0.77	1.02	1.79

(二)结构影响:从微观到宏观深刻改变世界经济结构,重塑企业组织形态、全球产业结构和国家竞争力格局

微观方面,企业组织形态逐步由大型公司转向平台化、分散化和普惠化。第一次工业革命推动人类社会生产的方式由手工作坊迈向工厂,第二次工业革命进一步推动生产集中和企业兼并,在各个产业领域,特别是重化工业领域产生了不少世界著名的大型寡头企业,这些企业在当今世界仍发挥着强大影响力。但在新一轮科技革命影响下,经济组织方式将改变集中化、扩张化的趋势,代之以平台化和分散化,与之相伴的是经济活动参与的普惠化。

中观方面,推动世界产业结构和全球价值链布局深刻调整。世界产业结构将深刻调整。每一次科技革命和产业变革,都会对世界产业结构产生两方面的巨大影响。一是推动与新技术紧密相关的新兴产业兴起。第一次工业革命推动煤炭、钢铁、机械等新兴产业兴起。第二次工业革命推动电力、石油化工、汽车等新兴产业兴起。新一轮科技革命的前一阶段推动电子信息产业在全球范围内成为主导产业。未来,新一代信息技术、先进半导体、人工智能、新能源、生物技术、新材料、数字创意等领域的产业将日益发展壮大。二是推动新技术广泛运用于传统产业领域,新产品、新业态、新模式大量涌现。随着数字化、智能化技术向一二三产业各个领域渗透与融合,精准农业、智能制造、新一代高端装备、智能交通、精准医疗、高效节能环保、虚拟现实与互动影视等将日益取代传统产品与服务模式,一二三产业融合发展、线上线下融合发展成为大势所趋。国际金融危机爆发后,美国、欧盟、日本、俄罗斯等都制定了科技创新和新兴产业发展战略。按照技术创新和产业发展的周期规律,2020—2030年,这些技术和产业有望实现大突破和大发展,预计世界产业结构将在这一时期发生深刻变化。

宏观方面,将导致国家竞争力格局再次发生深刻变化。前几次工业革命的经验表明,谁在工业革命中占得先机,谁就能在综合国力竞争中赢得优势。新一轮科技革命的前一阶段,美国虽然是信息技术革命的发源地,但随着信息技术在全世界范围内大规模扩散和运用,以及经济全球化深入推进,包括中国在内的不少发展中国家抓住机遇实现了快速发展。进入21世纪后,世界现代史上首次出现了大分流向大趋同的转变,发达经济体与发展中国家的经济实力差距从持续扩大转向逐渐缩小。如果这一趋势继续下去,人类发展鸿沟有望逐渐弥合,发展中国家在全球经济治理规则制定中将发挥越来越大的作用。然而,以数字化和智能化为核心的新一轮科技革命,可能延缓甚至逆转这一进程,发达经济体与发展中国家的发展差距可能再次拉大,发达经济体在全球经济治理中的主导地位或进一步巩固。这是因为,在新一轮科技革命的关键领域,发达经济体牢牢掌握着技术优势、资金优势和规则优势。

(三)风险挑战:就业和收入不平等加剧

"冷战"结束后,随着信息技术全球扩散和经济全球化深入推进,收入不平等问题在世界范围内日益突出。从国家之间看,过去30年最富国和最穷国人均GDP差距扩大了近120倍。从群体之间看,全球最富有的1%的人口拥有的财富量超过其余99%的人口的财富总和,当前极端贫困人口数仍超过7亿。新一轮科技革命可能加剧这一问题,主要体现在对就业的冲击和财富向资本与技术的加速积累。

任何一次科技革命和产业变革都会对就业产生双重影响:一方面导致传统产业劳动力失业,另一方面创造新的产业和新的就业岗位。但新一轮科技革命中,技术对劳动力的替代作用可能远大于对新岗位的创造效应。牛津大学一项研究显示,21世纪初在美国尚未出现的行业,现在只吸收了0.5%的就业人数,远远低于20世纪80年代和90年代新生行业分别吸收8%和4.5%的就业人数的比例。这说明,信息技术革命主要通过取代现有人工提高生产效率,而不是创造新产品从而需要更多劳动力参与制造。

总体看,与过去的工业革命相比,新一轮科技革命的速度、广度和深度都达到了空前的程度,对就业市场的破坏范围更广、速度更快。未来,需要较强认知性和创造性的部分工作机会可能增加,但包括制造业、建筑业、安装业等领域的多数体力劳动,以及接线员、零售员、行政秘书等常规性脑力劳动等都可能被自动化技术取代。就业市场的两极分化趋势加剧,财富将日益向创新者、投资人和股东等技术与资本所有者集聚,他们与工薪阶层的贫富差距将更加悬殊。同时,企业组织平台化也会加速财富与权力向少数平台的集中,为数不多但势力庞大的几家平台可能主宰各行各业的市场,形成新的寡头格局。

复习思考题

1. 简述科技革命对于世界经济发展的意义。
2. 简述第三次科技革命的内容。
3. 简述现代科技革命对世界经济的影响。

第四章 国际贸易及国际贸易体制演变

第一节 国际贸易的产生及发展

一、前资本主义时期的国际贸易

国际贸易是个历史范畴,是在一定的社会历史条件下产生和发展起来的。国际贸易的产生需具备两个条件:一是有剩余的产品可以作为商品进行交换;二是商品交换要在各自为政的社会实体之间进行。因此,从根本上说,社会生产力的发展和社会分工的扩大,是国际贸易产生和发展的基础。

(一)原始社会

在原始社会初期,人类处于自然分工状态,社会生产力水平极其低下,人们在共同劳动的基础上获取有限的生活资料,仅能维持自身生存的需要。原始社会后期,社会生产力有了一定程度的发展,特别是三次社会大分工的出现极大地推动了社会生产和商品交换的发展。国际贸易的产生是与人类历史上三次社会大分工密切相关的。在氏族公社之间、部落之间出现了剩余产品的交换,这是最早发生的交换,这种交换是极其原始的偶然的物物交换。

随着生产力的继续发展,手工业从农业中分离出来,出现了人类社会第二次大分工。随着手工业的出现,便产生了直接以交换为目的的商品生产。商品生产和商品交换的不断扩大,产生了货币,商品交换逐渐变成了以货币为媒介的商品流通。随着商品货币关系的发展,产生了专门从事贸易的商人,于是出现了第三次社会大分工。生产力的发展,交换关系的扩大,加速了私有制的产生。原始社会末期出现了阶级和国家,商品流通超出国家的界限,国际贸易应运而生。

（二）奴隶社会

由于奴隶社会自然经济占统治地位，生产的主要目的是消费，用于交换的商品数量很少，以交换为目的的对外贸易在国民经济中的作用微乎其微。对外贸易的商品结构主要是奴隶和用于满足奴隶主需要的奢侈品。在奴隶社会，奴隶主拥有财富的重要标志是其占有奴隶的数量，因此奴隶社会国际贸易中的主要商品是奴隶，希腊的雅典就曾经是一个贩卖奴隶的中心。粮食、酒及其他专供奴隶主阶级享用的奢侈品，如宝石、香料和各种织物等也都是当时国际贸易中的重要商品。尽管对外贸易在奴隶社会经济中不占有重要的地位，但是它促进了手工业的发展，在一定程度上推动了社会生产的进步。

（三）封建社会

与奴隶社会相比，封建社会的对外贸易有了较大的发展。尤其是在封建社会中期，由于商品经济的发展，封建地租由劳役和实物转变为货币地租，投入对外交换的商品日益增多，贸易范围得以扩大。到封建社会后期，随着城市手工业的发展和资本主义因素的日益增长，商品经济和国际贸易得到了明显的发展。

进入封建社会，国际贸易的地理范围明显扩大。在欧洲，封建社会的早期阶段，国际贸易主要集中在地中海东部。在东罗马帝国时期，君士坦丁堡是当时最大的国际贸易中心。公元7—8世纪，阿拉伯人控制了地中海的贸易，他们通过贩运非洲的象牙、中国的丝绸、远东的香料和宝石，成为欧、亚、非三大洲的贸易中间商。11世纪以后，随着意大利北部和波罗的海沿岸城市的兴起，国际贸易的范围逐步扩大到整个地中海以及北海、波罗的海和黑海的沿岸地区。中国从公元前2世纪的西汉时期就有了从长安经中亚通往西亚和欧洲的"丝绸之路"。唐朝开辟了通往波斯湾以及朝鲜和日本等地的海上贸易。在明朝永乐年间，郑和率领商船队前后七次下西洋，经东南亚、印度洋，最远到达非洲东岸。

在这一时期，出现了固定的交易场所和有组织的贸易行为，最为著名的是12—13世纪法国的香槟集市，它代表了当时欧洲规模最大的国际性集市贸易，从意大利运来的东方货物，从英国运来的羊毛，从佛兰德尔运来的呢绒，以及从斯堪的纳维亚及低地国家运来的货物都在此交易。

二、二战前的资本主义国际贸易

原始社会末期产生了国际贸易，经过奴隶社会和封建社会，受生产方式和技术水平的限制，国际贸易仅仅发生在少数国家之间，而且具有地域性特征。直至进入资本主义社会,国际贸易才真正具有了全球意义,从而成为资本主义生产体系不可或缺的环节和世界经济体系重要的组成部分。

16世纪到18世纪中叶是资本主义生产方式的准备时期,即由封建生产方式过渡到资本主义生产方式的时期,这一时期促进国际贸易发展的重要因素是工场手工业的发展和地理大发现。工场手工业的发展和地理大发现促进了商品生产和交换的发展,而国际贸易的发展和壮大,促进了资本主义原始积累,从而推动了资本主义生产方式的确立。

18世纪后半叶到19世纪中叶资本主义进入自由竞争时期。在这一时期,英、法、德、美等主要发达国家相继完成了第一次工业革命,确立了资本主义生产方式的统治地位。机器大工业生产体系的确立,极大地提高了社会生产力,商品生产迅速增加,为国际贸易的发展奠定了丰厚的物质基础。交通运输和通信手段的进步,缩短了运输时间,降低了运费,加强了国家之间的贸易联系,为国际贸易的发展提供了可能性。在这种情况下,国际贸易在这一时期得到迅速发展,具体表现为:国际贸易额迅速增加;国际贸易商品结构发生了很大的变化,工业品比重显著增加;贸易方式有了进步,现场看货交易逐渐演变为样品展览会和商品交易所;贸易组织方式有了改进,出现了专门经营某一种或某一类商品的贸易企业。

19世纪末20世纪初,资本主义由自由竞争进入垄断阶段。伴随着第二次工业革命的发展,资本主义生产日益扩大。由于生产和资本的高度集中,垄断组织在国际贸易中起着决定性作用。它们在控制国内贸易的基础上,控制了殖民地和半殖民地的市场和贸易,在世界市场上占据了垄断地位。为了获得稳定的原材料供应和对销售市场的控制,主要资本主义国家开始对殖民地进行资本输出,通过资本输出带动本国商品的出口。这一时期,随着资本主义生产的扩张,国际贸易的规模仍持续扩大,但增长速度下降,低于同期世界生产的增速和自由竞争时期国际贸易的增速。

三、二战后的资本主义国际贸易

第二次世界大战后,世界政治和经济领域都发生了一系列的深刻变化:亚、非、拉殖民地和半殖民地国家相继取得民族独立,走上发展民族经济的道路;亚洲"四小龙"在二战后迅速崛起,成为新型工业化经济体;以跨国公司为载体的国际资本流动获得迅猛发展;地区经济一体化和经济全球化趋势增强;国际贸易在二战后出现了关税与贸易总协定(GATT)及其延伸世界贸易组织(WTO)等。所有这些都对国际贸易产生了深远影响,使国际贸易在规模、内容、结构等方面都发生了巨大的变化。

(一)二战后国际贸易迅速发展,增长速度和物质资料生产速度均高于战前

二战后国际贸易的发展大致可以分为如下几个阶段:第一阶段,从战后到 20 世纪 70 年代初,战后各国都着手进行恢复性经济建设,在 GATT、国际货币基金组织(IMF)、世界银行等国际机构的协调下,加之美国对西欧和日本的经济援助,世界经济进入快速增长期,国际贸易也迎来了快速增长的"黄金时代"。第二阶段,20 世纪 70 年代中期到 80 年代中期,世界经济历经了 20 余年的快速增长后,出现了"滞胀"局面。受此影响,国际贸易也陷入了缓慢发展时期,个别年份甚至出现了负增长。第三阶段,20 世纪 80 年代中期到 20 世纪末,国际贸易从低迷不振走向快速增长。这一时期引起国际贸易快速增长的主要因素包括新一轮科技革命的驱动、由美国"新经济"引发的世界经济快速增长。此外,于 1995 年成立的世界贸易组织在全球范围内加强推进贸易自由化,也使国际贸易在这一时期表现突出。第四阶段,从 21 世纪初至今,国际贸易总体保持增长势头,个别年份波动较大。美国"新经济"的结束和"9·11"恐怖袭击的影响,给 21 世纪之初的世界经济蒙上了一层阴影,国际贸易亦受此影响,2001 年国际贸易出现了负增长,2002 年开始恢复,从 2003 年开始出现强劲增长,一直持续到 2007 年,由于 2008 年国际金融危机的蔓延,国际贸易增速放缓,在金融危机之后,各国经济增长纷纷从追求速度向追求质量转变。

(二)国际贸易商品结构发生了变化,制成品的增长快于初级产品

国际贸易商品结构用以反映各类商品在国际贸易中所占的地位,通常以各类商品在国际贸易中所占的比重来表示。

1950 年工业制成品出口占全球商品出口价值的 34.9%。20 世纪 60 年代,该比例增加到了 50% 以上。70 年代世界能源价格上涨,使得工业制成品在国际贸易中的比重在 50%—60% 之间波动。80 年代中期以后,工业制成品在国际贸易中的比重开始上升。到 2000 年,国际贸易中有将近 75% 的商品是工业制成品。另外,劳动密集型轻纺织品的比重下降,而资本货物所占比重上升,高技术产品的增长加快,化工产品、机器和运输设备等产品的贸易比重增长得也较快。

国际贸易商品结构变化的根本原因是技术进步。特别是一些发达国家通过利用技术优势,降低对发展中国家资源消耗量大的产品的需求。他们采取的办法,一是降低初级产品在总消费中的比重,二是降低单位最终产品的资源和材料的消耗量,三是提高附加值在利用新技术生产的商品和服务中的比重。工业制成品尤其是技术含量高的工业制成品在世界贸易中比重的上升以及初级产品比重的下降,使得国际货物贸易商品结构向高级化方向发展。

(三)国际贸易地理分布发生了变化,发展中国家的贸易增速高于发达国家

二战后,国际贸易的地区分布呈现出的特点是:

第一,越来越多的国家参与国际贸易,改变了过去由发达国家一统天下的局面,但发达国家继续在国际贸易中享有支配地位。更为重要的是,发达国家通过开展区域贸易合作和控制多边贸易体制主宰着国际贸易秩序,在国际分工与交换中获得了大部分的贸易利益。

第二,在发达国家间,日本和欧洲的贸易地位上升较快,美国的贸易地位相对下降。

第三,发展中国家的贸易增长快于发达国家,新型工业化经济体的贸易地位上升。20世纪60年代开始,亚洲的韩国、新加坡和中国台湾、中国香港推行出口导向型战略,通过出口带动实现了经济腾飞。20世纪90年代以来,以中国、印度为代表的新兴工业化国家通过发展对外贸易和吸引外资,也实现了经济持续增长。2008年,中国货物贸易出口额达到14283亿美元,仅次于德国,居世界第二。2012年,中国在全球的货物贸易额排名第二,仅比美国少150亿美元。全球贸易处于低位增长,而中国贸易地位继续提升。此外,如今中国的货物出口贸易额已超过美国,居世界第一。

第四,全球贸易仍然以区域贸易为主。二战后,特别是20世纪90年代以来,区域间的贸易合作迅速发展,成为国际经济领域里非常突出的现象,其中最多的是自由贸易区。

(四)国家服务贸易迅速发展

商品贸易的发展必然会伴随着运输、仓储、金融、保险、通信等各类相关的服务业的发展。从20世纪60年代起,世界上就形成了门类齐全的大规模的国际服务贸易市场。1979年国际服务贸易摆脱了附属于商品贸易的地位,服务贸易额超过了商品贸易额的增长速度。1980—2008年,世界货物贸易的年均增长率为5.74%,而同期服务贸易的年均增长率为6.19%。在世界各国和地区中,美国是最大的服务贸易出口国。2017年,美国服务贸易进出口总额13189.85亿美元,排名全球第一位。中国服务贸易进出口总额为6956.79亿美元,位居全球第二位,其中,服务贸易出口2280.90亿美元,服务贸易进口4675.89亿美元,服务贸易逆差2394.99亿美元。

(五)国际贸易发展极不平衡

随着国际贸易广度不断扩大、深度不断加强,各国或主动或被动地加入全球贸易体系中,从而极大地促进了全球和各国贸易的发展。但是在这巨大的发展中也隐藏着极大的不平衡。这种不平衡既体现在地区与地区之间,也体现在国家与国家之间。

主要的贸易大国集中了全球贸易份额的大部分。根据2009年世界贸易组织国际贸易数据(WTO, International Trade Statistics),在商品贸易领域,世界商品贸易排名前十的国家依次是:德国、中国、美国、日本、荷兰、法国、意大利、比利时、俄罗斯和英国。在这10个国家中,8个国家是发达国家,只有两个发展中国家——中国和俄罗斯,这也说明了国际贸易发展过程中南北国家贸易发展的非均衡性。在服务贸易领域,发达国家占据绝对优势。中国服务贸易进出口量均为第五位,世界服务贸易排名前十的国家依次是:美国、英国、德国、法国、中国、日本、西班牙、意大利、印度和荷兰。前十位国家垄断了全球服务贸易出口量的52.1%,进口贸易量的49.9%。[①] 2018年,中国、美国、德国、日本为全球前四大贸易国。

(六)产业内贸易和企业内贸易快速发展

在以比较成本为基础的国际贸易中,国际贸易的格局以产业间贸易为主,国际交换的对象属于不同的产业部门,这是因为在传统贸易理论看来,当比较成本、要素禀赋的差异成为国际贸易的基础时,各国必然分工生产要素密集度不同的商品以供交换。它主要发生在经济发展水平不同的发达国家和发展中国家之间,或者经济发展水平相近但要素禀赋差异较大的国家之间,产品的流动是单向的,产品的用途也存在很大差异。

伴随着经济全球化过程中的贸易与投资一体化,国际贸易格局又进一步发生了变化,跨国公司企业内贸易也迅速增加。当前,跨国公司把同一产品及其各种零部件和各种工序的生产活动配置在全球各地,由各地子公司和企业来完成,以充分利用各地的有利条件,发挥子公司的优势,然后把这些零部件或半成品运到一定地点进行组装。这样形成了企业内流通,同一生产企业的不同子部门之间,同一子部门的不同产品之间,甚至同一子部门的同一产品的不同生产阶段之间的劳动分工合作已经成为国际分工的主要形式。当今世界,最复杂、最具竞争力的产品往往是全球制造的。由于跨国公司的生产和营销网遍布全球,其企业内贸易的发展将有力地促进国际分工的深化和世界贸易的发展,促进贸易全球化的扩大和加深。

四、当代国际贸易的发展趋势

(一)服务贸易发展迅速

进入21世纪后,全球服务贸易在全球贸易中占比接近四成,并表现出强劲的增

---

① 根据WTO, International Trade Statistics, 2009. 计算得出。

长趋势。从服务贸易出口绝对值来看,2005年以来,全球服务贸易出口总体呈上升趋势。2018年的服务贸易出口额相较于2005年上升119.9%。从服务贸易出口的相对值来看,服务贸易出口在贸易总出口中的地位稳中有升。2005年,全球服务贸易出口额占全球贸易出口总额的比重为20.7%,2015年至2018年这一比重基本稳定在23%以上,服务贸易已经在国际贸易中举足轻重。自2005年起,全球服务贸易年均增速高于货物贸易年均增速,在传统货物贸易增长滞缓的新形势下,服务贸易正成为拉动全球贸易出口的新增长点。

(二)数字贸易成为全球经济增长新引擎

全球贸易经历了传统贸易、全球价值链和数字贸易三个阶段。全球价值链革新了传统贸易的贸易标的,完成了生产的国际分工。而数字贸易利用现代信息网络连接起供应链和需求链,实现贸易交易模式、交易标的,以及运作方式的信息化改革,不仅具备全球价值链大幅降低贸易成本的特征,而且能够发挥缩减贸易中间环节、丰富贸易商品类型的优势。当前,全球数字贸易发展尚处于初级阶段,以电子商务为主要表现形式。电子商务依托互联网的高效信息传递效率,降低生产者和消费者在商品交易环节的市场搜寻成本,成为新形势下商品全球跨域销售的新渠道。2013年以来,全球网络零售额与日俱增,占全球零售总额的比重从2013年的6%跃升至2019年的14%。根据国际市场研究机构eMarketer预期,未来全球零售额及其份额将持续扩大,传统货物贸易将搭乘电子商务快车打造贸易增长新亮点。到2030年数字技术将促进全球贸易量每年增长2%,在全球服务贸易中的占比将提高到25%,是世界经济发展的新引擎。

(三)新发展格局下的货运连通

全球化发展需要克服的一大关键障碍在于缩短交易距离,降低地理空间距离导致的全球市场分割。15世纪末开启的地理大发现是人类历史上首次利用航海技术实现环球互联互通。经历近5个世纪的发展,海运依然是当代国际贸易的主流运输工具。联合国贸发会议《2019年全球海运报告》数据显示,2018年全球海运货物量达到历史峰值(110亿吨),同比增长2.7%。实际上,海运需求的持续上涨是货物贸易仍然占据全球贸易主导地位且保持一定规模增速的现实体现。近年来,尽管服务贸易在全球贸易中的份额不断上升,但货物贸易的贸易量基数庞大,即便是在全球贸易步入调整期,微弱的货物贸易增速仍会引发全球海运需求的剧烈扩张。

第二节　国际贸易政策演变

一、国际贸易政策的含义及内容

国际贸易政策是一个国家为了实现一定时期经济社会目标而对进出口贸易所制定和推行的行动准则,是整个国家经济政策的一个重要组成部分。它集中体现为一国在一定时期内对进出口贸易所实行的法律、规章、条例及措施等。它既是一国总经济政策的一个重要组成部分,又是一国对外政策的一个重要组成部分。一般而言,国际贸易政策的内容包括三个层次:国际贸易总政策,以及其中包括的进口总政策和出口总政策。

二、国际贸易政策的类型及选择依据

以国家对外贸的干预及程度为标准,可以把对外贸易政策归纳为两种基本类型:自由贸易政策和保护贸易政策。

自由贸易政策是指国家对进出口贸易不加干预和限制,允许商品和劳务自由输出和输入的政策,在世界市场上实现自由竞争和合作,使资源达到最优配置。保护贸易政策是指一国运用国家权力,通过关税和非关税措施保护本国市场,防止外国商品或劳务竞争的政策。

(一)选择国际贸易政策的理论依据

国际贸易政策可以分为两大类,即自由贸易政策和保护贸易政策。前者的依据是自由贸易理论,后者的依据是保护贸易理论。根据这两种理论,它们所对应的两种政策都有其存在的合理性。

自由贸易理论认为,自由贸易政策对经济发展具有以下不可代替的积极作用:首先,自由贸易可以提高资源利用效益,这不仅仅包括可以节约成本的静态效益,而且包括能够传递经济增长的动态效益;其次,自由贸易能够改善收入分配格局,促进国内收入分配的合理化;再次,在自由贸易条件下,激烈的国际竞争能够使企业的生产力不断提高,通过自由贸易引进国外的先进技术可以加快国内技术革新的进程;最

后,自由贸易政策也可以促使非出口行业的发展,在自由贸易论者看来,实行自由贸易政策有数不胜数的优越性。

但保护贸易理论者认为,经济落后的国家要建立自己独立的工业体系和国民经济体系就不能简单地实行自由贸易政策,应该对自己的幼稚工业或者新兴工业进行保护。正是基于这一点,连主张自由贸易的穆勒也曾认为,幼稚工业保护论是保护贸易唯一可以成立的理论。此外,除了保护措施之外,促使受保护产业成长的因素还有本国的资本积累、技术进步等,因此,在决定对幼稚工业是否实施保护时,这些因素都得考虑进去。

(二)选择国际贸易政策的现实因素

前面说到,对外政策总是由一个国家的政府制定和实施的。所以对外贸易政策的制定既要考虑理论依据,也要考虑国家的各种各样的现实利益。具体而言,制定和实施对外贸易政策应该考虑的现实因素主要有以下几个方面:

1. 改善贸易条件

贸易条件是一国出口商品和进口商品的价格比例。一般而言,贸易条件的改善是指出口商品价格的提高或者进口商品价格的下降;而贸易条件的恶化是指出口商品价格的下降或进口商品价格的提高。贸易条件的变化,直接关系到一国进行对外贸易所获的利益的多少。但是,贸易条件有可能通过一国政府对进出口贸易的干预而得到改善。此外,产品多样化是获取国际贸易利益的重要途径,对一国(地区)贸易条件的改善具有重要影响。

2. 改善国际收支

所谓国际收支是指一国居民和外国居民之间一定时期全部经济交易的系统记录,其中最重要的内容是贸易收支,也就是进出口收支。对外贸易政策的不健全将会导致一国国际收支失衡。当一国国际收支出现逆差时,往往就要对其产生的原因——对外贸易收入的入超问题采取措施,即采取限制进口或奖励出口的措施。进口的减少和出口的增加均可以通过国家的政策干预来实现。

3. 优化国内生产力布局,保护幼稚工业和萌芽经济

优化国内生产力布局是一种出自调整产业结构和经济结构的考虑。这种考虑对那些原先依靠农产品和初级产品出口的国家来说显得更加重要。这些国家由于经济结构单一,一旦国际市场上发生不利于本国市场的变化,国内经济就会随之发生震荡。为了改变这种单一的经济结构,国家可以通过国内生产力的再配置来新建一些产业,以促进经济结构的多元化。贸易政策的改革为经济增长做出了重要贡献,有效

地降低了国内贸易成本和劳动力转移成本。为实现这一点,国家就会自然而然地采取对新兴工业或幼稚工业的保护政策。

4. 保护国内市场和本国利益

一般而言,对本国生产者来说,国内市场相对稳定,情况也比较熟悉,在国内市场上销售商品则可以降低成本、提高效益。因此,有些国家为了保证本国产品在国内市场上销售,就采取一些措施防止国外商品进入。国内市场的保护,既可以增加业主收入,保护生产者利益,也可以达到维护国内工人阶级利益的目的。贸易政策不确定性的下降显著促进了企业出口依存度的提升,这种促进效应随国内产品市场分割程度的提升而增大。

5. 实现社会目标和外交战略

一些国家之所以实施保护贸易政策,往往是出于实现国内社会目标的考虑。由于一个国家的外贸政策是其外交政策的重要组成部分,故其外贸政策的制定和实施要受外交政策的制约并应为其服务。所以,国际贸易政策是国家利益与国内政治、商业利益集团诉求的交集。

三、国际贸易政策的演变

在国际贸易发展的历史进程中,在不同的历史时期,国际贸易政策各有不同。

(一) 资本主义生产方式准备时期:保护贸易政策

在中世纪时期(约11—15世纪),许多西欧国家开始实行鼓励进口,限制甚至禁止出口的贸易政策。这种贸易政策与当时各国普遍存在的物资短缺的状况是相适应的。西欧各国的统治者普遍的目的是维持国内基本必需品的供应,特别是粮食的供应。这种先满足国内需求的意图导致其政府必然采取鼓励进口而限制甚至禁止粮食和其他产品出口的政策。同时,这些国家都试图建立强大的军事力量,因而导致其政府采取鼓励重要战略物资,如木材、马匹、武器等的进口而限制这些产品出口的政策。与此同时,由于当时对外贸易被视为政府收入的重要来源,所以政府不仅对外来的商人和进口货物征税,而且也对主要的出口货物征税。因此,在这段时期,由于上述因素,西欧各国都采取"奖入限出"的政策。

(二) 资本主义自由竞争时期:自由贸易政策居于主导地位

在资本主义自由竞争时期,资本主义生产方式占据统治地位,这一时期国际贸易政策的基调是自由贸易。自由贸易政策主张形成于18世纪末,在19世纪70年代达到高峰。由于各国资本主义发展的不平衡,西方国家在这一时期实行的贸易政策也有所不同。最早完成工业革命的英国是全面实行自由贸易政策的国家。第一次工业革命完成后,英国工业发展迫切需要销售市场和进口大量廉价原材料,因此,英国工业资产阶级迫切需要废除保护贸易政策,实行自由竞争和自由贸易政策。从19世纪20年代开始,英国工业资产阶级在国内以伦敦和曼彻斯特为中心开展了一场大规模的自由贸易运动。这一时期,英国推行的自由贸易措施主要有:

1. 谷物法的废除

谷物法于1663年实施,是当时英国推行重商主义、保护贸易的重要立法,为保持国内粮食价格处于较高水平,用征收关税的办法限制谷物进口。1838年英国棉纺织业资本家组成反谷物法联盟。经过几年斗争,最终于1846年使国会通过废除谷物法的议案。

2. 航海法的终止

航海法是为了限制外国航海业竞争、垄断殖民地航运业而颁布的一项法令。从1824年开始,英国在与其他国家订立的一系列贸易条约中逐步放松了对外国船只运输商品到英国的限制,最后于1854年,英国的沿海贸易和对殖民地贸易的商品运输全部开放给其他国家。

3. 关税制度的改革

19世纪初,英国有关关税的法令达1000种以上,当时几乎没有人能全面理解这些法令。1825年,英国开始着手简化税法、减少税目和降低税率。进口纳税的商品数目从1841年的1163种减少到1882年的20种,制成品进口税的平均税率在30%左右,原料进口税为20%,对出口的大部分限制也被废除了。

4. 与外国签订贸易条约

1860年,英法两国签订了《科伯登条约》,这是世界上以自由贸易精神签订的第一个贸易条约,其中列有最惠国条款。随后英国又与其他国家缔结了一系列这种形式的条约,相互提供最惠国待遇,放弃贸易歧视,这意味着英国自由贸易政策在国际上的胜利。

(三)二战前的垄断资本主义时期:超保护贸易政策

19世纪末20世纪初,资本主义进入垄断资本主义时期。在这一时期,垄断代替了自由竞争,成为社会经济生活的基础。同时,资本主义社会的各种矛盾进一步暴露,世界市场的竞争开始变得激烈。于是,各国垄断资产阶级为了垄断国内市场和争夺国外市场,纷纷要求实行保护贸易政策。尤其是1929年世界经济大危机的爆发,成为超保护贸易政策的催化剂。超保护贸易政策是指在资本主义垄断阶段,帝国主

义国家实行的"侵略性"保护贸易政策。这与资本主义自由竞争阶段的保护贸易政策有着显著区别,主要体现在:

第一,保护对象不同。保护贸易政策主要保护的是幼稚工业,而超保护贸易政策不仅保护幼稚工业,而且更多地保护本国高度发展甚至已出现衰落的垄断工业。

第二,保护目的不同。超保护贸易政策不再是为了培养自由竞争的能力,而是为了巩固和加强对国内外市场的垄断。

第三,保护方式不同。之前的保护贸易政策主要是防御性的限制进口,超保护贸易政策则是在垄断国内市场的基础上对国外市场进行进攻性的扩张。

第四,所保护的阶级不同。超保护贸易政策将保护对象由传统的工业资本家转变为大垄断资产阶级。

第五,保护措施不同。超保护贸易政策中,保护方式不仅包括关税和贸易条约,而且有各种各样的非关税措施。

在这一时期,保护贸易政策成为争夺世界市场的手段,成为攻击而不是防卫的武器,从而导致保护贸易盛行。20世纪30年代后,受空前严重的经济萧条的影响,许多国家大幅提高关税,并广泛采用外汇管制、数量限制等手段,阻止外国商品的输入。与此同时,英国和德国等国家都加强了奖励出口的措施。在激烈的商品战中,各国政府在对外贸易方面无所不用其极,关税战、货币战等纷纷登场。世界经济秩序混乱,世界贸易规模不断缩小。

(四)20世纪50年代到70年代初:战后贸易自由化政策时期

二战后,随着世界各国经济的恢复和发展,在全球范围内出现了贸易自由化浪潮。促成贸易自由化浪潮出现的原因主要包括:第一,两次世界大战使美国成为世界头号经济强国。美国强大的经济实力使其既有需要又有能力冲破当时发达国家的高关税政策,成为贸易自由化的积极倡导者和推行者。第二,1947年,GATT的签订有力地推动了贸易自由化。在GATT的组织和推动下,各国开展了多轮多边贸易谈判,大幅度地削减了关税,并开始涉猎非关税壁垒的规制。第三,随着经济的恢复和发展,日本和西欧也愿意彼此放松贸易壁垒,扩大出口。第四,二战后,跨国公司迅速兴起,促进了资本在国家间的流动,加强了生产的国际化,客观上要求商品、资本、劳务的跨国界自由流动。第五,国际分工进一步深化,分工形式日益多样化,使商品交换的范围扩大,在一定程度上促进了贸易自由化的发展。于是,这一时期发达资本主义国家的对外贸易政策先后出现了自由化倾向。

这一时期,贸易自由化倾向主要表现为大幅度削减关税和降低或撤销非关税壁垒。此外,在发展中国家的努力下,发达国家给予发展中国家普遍优惠制待遇,还不同程度地放宽了进口数量限制,放宽或取消外汇管制,实行货币自由兑换,促进了贸易自由化的发展。然而,战后的贸易自由化倾向主要反映了垄断资本的利益,它在一定程度上是一种和保护贸易政策相结合的、有选择的贸易自由化。这种贸易自由化主要集中在发达国家的优势产品上,具体表现为:工业制成品的贸易自由化程度超过农产品;机器设备等资本品的贸易自由化程度超过工业消费品;发达国家之间的贸易自由化程度超过其对发展中国家的贸易自由化。因此,这种贸易自由化倾向的发展并不平衡,甚至是不稳定的。当本国的经济利益受到威胁时,保护贸易倾向必然重新抬头。

(五) 20 世纪 70 年代中期以来:新贸易保护主义

20 世纪 70 年代开始的世界性通货膨胀曾一度促进贸易自由化的发展,使保护贸易达到战后最低点。但是随后的 1974—1975 年世界性经济危机使贸易自由化进程又停了下来,贸易保护主义重新抬头。生产社会化的深入发展不会逆转经济全球化,保护主义贸易政策会产生不必要的贸易摩擦,阻碍世界经济健康发展。与传统的贸易保护相比,新贸易保护主义具有以下特征:

第一,保护的范围不断扩大。被保护商品的范围逐渐从传统的农产品扩大到高新技术产品和服务产品。这是因为在 20 世纪 70—80 年代,服务与技术已成为发达国家国际贸易中的主要内容,它们也像商品贸易一样遇到了他国的贸易壁垒。

第二,保护措施更加多样化。传统的保护措施主要是关税保护,但 20 世纪 70 年代中期以来,由于关税措施被约束,新的保护措施纷纷出台。这些新的保护措施主要包括设置阶梯关税、加强关税壁垒措施、加强对反倾销和反补贴活动的管制等。

第三,保护侧重点改变。在国际分工日益深化,世界各国联系日益密切的情况下,使用关税和非关税壁垒限制进口,不仅满足不了本国企业开拓海外市场的要求,还很容易招致别国的报复。因此,许多国家纷纷把保护贸易的重点转向鼓励出口,从经济、法律等方面促进商品出口。

第四,贸易保护从国家贸易壁垒转向区域贸易壁垒。随着区域经济集团化的发展,贸易保护的地域范围也由一国扩大到区域集团。区域一体化组织具有的排他性特征被视为对成员国的一种贸易保护。通过"内外有别"的政策和集体谈判的方式,区域一体化协定在为成员国创造更有利的贸易条件的同时,却往往对非成员国构成了歧视。区域一体化组织具有的这种排他性特征,实际上起到了对成员国进行贸易保护的作用。

第五,保护制度更加完善。从过去的保护贸易制度转向更加系统的管理贸易制度。所谓管理贸易,就是对进出口贸易和全球贸易关系进行干预、协调和管理。管理贸易制度是介于自由贸易制度和保护贸易制度之间的,以协调为中心,以政府干预为主导,以磋商为手段的政府对国际贸易进行干预、协调和管理的贸易制度。

第三节　国际贸易体制的演变

二战以前,国际贸易活动主要是以单边或双边的形式形成,各国贸易政策的制定完全从自身利益出发,缺少地区性的贸易协调机制,更无真正意义上的世界性多边贸易体制。二战期间,除了美国,英国、德国、法国等西方国家几乎都遭受了战争的破坏,经济普遍衰退,在恢复经济的过程中,面临着黄金和外汇储备短缺的问题。为了调整国际收支,这些国家纷纷采取限制进口和高关税等保护贸易措施,同时施行外汇管制,控制资本外流。这些措施引起了世界其他国家的不满和世界经济的混乱,阻碍了国际贸易商品的流通。越来越多的国家意识到国际贸易协调和合作的必要性,贸易自由化的呼声越来越高。

一、关税与贸易总协定(GATT)

第二次世界大战之后,国际经济严重萧条,国际贸易秩序混乱,1946 年 10 月,联合国经贸理事会决定召开一次国际贸易与就业会议,并成立了一个筹备委员会,着手起草国际贸易组织章程。1947 年 4 月至 10 月,在日内瓦召开的第二次筹委会会议同意将正在起草中的国际贸易组织宪章草案中涉及关税与贸易的条款抽取出来,构成一个单独的协定,并把它命名为《关税及贸易总协定》。23 个国家和地区签署了这份"临时适用"议定书。它于 1948 年 1 月 1 日起正式生效,并根据该文件成立了相应机构,总部设在日内瓦,名称也是"关税与贸易总协定(GATT)",成员最后发展到 130 多个。其成员分为三个层次,即缔约方、事实上适用《关税与贸易总协定》的成员和观察员国家。

(一)宗旨

《关税与贸易总协定》的序言明确规定其宗旨是:缔约方政府认为,在处理它们的贸易和经济事务的关系方面,应以提高生活水平、保证充分就业、保证实际收入和有效需求的巨大持续增长、扩大世界资源的充分利用,以及发展商品生产与交换为目的。

(二)关税与贸易总协定的积极作用

《关税与贸易总协定》实施以后,即开始进行全球多边贸易谈判,在其实施以来的47年时间里,经过多次关税减让谈判,缔约方关税已有大幅度的削减,其在国际贸易领域内所发挥的作用越来越大,具体体现在:

第一,关税与贸易总协定为各成员规范了一套处理它们之间贸易关系的原则及规章。23个创始缔约国在1947年签订《关税与贸易总协定》,初步确定了战后国际贸易应遵循的基本原则。此后,在关税与贸易总协定所支持的8轮多边贸易谈判中,通过签订一系列协议,进一步规范了国际贸易行为。

第二,关税与贸易总协定通过大幅度地削减关税和非关税壁垒,奠定了战后国际贸易迅猛发展的基础。关税与贸易总协定自成立以来,进行过8个回合的多边贸易谈判,关税税率有了较大幅度的下降。发达国家的平均关税已从1948年的36%降到20世纪90年代中期的3.8%,发展中国家和地区同期降至12.7%。这种大幅度地减让关税是国际贸易发展史上前所未有的,对于推动国际贸易的发展起了很大作用,为实现贸易自由化创造了条件。此外,关税与贸易总协定还积极地限制各种非关税壁垒,第七轮"东京回合"谈判达成了6个限制非关税壁垒的协议,包括《海关估价协议》《补贴和反补贴协议》《反倾销守则》《政府采购协议》等。

第三,关税与贸易总协定为解决各成员在相互的贸易关系中所产生的矛盾和纠纷提供了场所和规则。关税与贸易总协定为了解决各成员在国际贸易关系中所产生的矛盾和争议,制定了一套协调各成员争议的程序和方法。关税与贸易总协定虽然是一个临时协定,但由于其协调机制有较强的权威性,使大多数的贸易纠纷得到了解决。

第四,关税与贸易总协定努力为发展中国家争取贸易优惠条件。关税与贸易总协定成立后被长期称作"富人俱乐部",因为它所倡导的各类自由贸易规则对发达国家更有利。但随着发展中国家成员的增多和力量的增大,关税与贸易总协定不再是发达国家一手遮天的讲坛,它增加了若干有利于发展中国家的条款,为发展中国家分享国际贸易利益起到了积极作用。

(三)关税与贸易总协定的局限性

第一,关税与贸易总协定不是真正意义上的国际经济组织。关税与贸易总协定在成立之初只是个临时协定,不是真正意义上的国际组织,不具有国际法主体资格,对缔约方的约束力不强。

第二,关税与贸易总协定中存在着"灰色区域",致使许多规则难以很好地落实。所谓"灰色区域"是指缔约方为绕开关税与贸易总协定的某些规定,所采取的在其法律规则和规定的边缘或之外的歧视性贸易政策措施。这种"灰色区域"的存在,损害了关税与贸易总协定的权威性。

第三,关税与贸易总协定的有些规则缺乏法律约束,也无必要的检查和监督手段。

第四,关税与贸易总协定的争端解决机制不健全。虽然关税与贸易总协定为解决国际商业争端建立了一套制度,但由于其解决争端的手段主要是调解,缺乏强制性,容易使争端久拖不决。

正因为关税与贸易总协定存在上述诸多缺陷,因此,它在存在了47年后,被世界贸易组织取代。

二、世界贸易组织(WTO)

1990年初,意大利率先提出建立世界贸易组织的建议,后来欧共体将这个提议以12个成员国的名义提出,并得到美国和加拿大等国家的支持。经过谈判,上述各国于1991年12月形成了一份关于建立多边贸易组织协议的议案,之后又经历了两年多的修改和完善。1993年12月,根据美国的提议,把"多边贸易组织"修改为"世界贸易组织"。1994年4月,包括中国在内的100多个"乌拉圭回合"的参加方,通过了《建立世界贸易组织马拉喀什协定》。1995年1月1日,世界贸易组织开始运作,总部设于瑞士日内瓦。经过一年的共存期,关税与贸易总协定于1995年12月31日正式退出历史舞台,以世界贸易组织为核心的多边贸易体制终于取代了延续了近半个多世纪的关税与贸易总协定体制。《建立世界贸易组织协定》确立了世界贸易组织的制度框架,包括建立、组织机构、职责等,完成了世界贸易体制的重大变革。

(一)世界贸易组织的宗旨

"乌拉圭回合"谈判达成的《建立世界贸易组织协定》中明确规定,WTO的宗旨是:"本协定各参加方认识到在处理它们在贸易和经济领域的关系时,应以提高生活水平、保证充分就业、保证实际收入和有效需求的大幅稳定增长以及扩大货物和服务的生产和贸易为目的,同时应依照可持续发展的目标,最优运用世界资源,保护环境,并以不同经济发展水平下各自需要的方式,加强采取各种相应的措施;积极努力,保证发展中国家,特别是其中的最不发达国家,在国际贸易增长中获得与其经济发展需要相当的份额。"

(二)世界贸易组织的职能及机构设置

世界贸易组织的职能主要体现在五个方面。第一,方便世界贸易组织协定的实施、管理和运作,促进协定目标的实现,并为诸边贸易协定提供实施、管理和运用的体制;第二,在相关协议处理的事项方面,为成员间多边国际贸易关系的谈判提供场所;第三,实施争端解决制度,主要调解成员国之间的贸易争端;第四,实施《贸易政策审议机制》,审议成员国的贸易政策,对全球贸易环境进行监控;第五,为实现全球经济决策的更大一致性,WTO 应酌情与国际货币基金组织和国际复兴开发银行及其附属机构进行合作。

WTO 设置有以下机构:部长级会议、总理事会、各专门委员会、秘书处与总干事。

(三)世界贸易组织成立以来取得的成果

自 WTO 成立以来,基于 WTO 的多边贸易体制不断发展壮大,在解决成员国贸易争端、帮助贫困国家发展贸易等方面都显示了更大的权威性和影响力。

1. 解决成员之间的贸易争端

WTO 成立以来,争端解决机构不断就成员方之间的贸易争端进行调解和仲裁。根据 WTO 年度报告,1995 年至 2013 年 9 月,WTO 共受理投诉案件 466 起(表 4-1)。此外,近几年,争端解决机构受理贸易纠纷范围十分广泛,涉及农业、纺织品、食品、卫生、知识产权和服务贸易等领域。WTO 成员方普遍认为,在促进贸易关系和及时有效稳妥地解决具体贸易问题方面,WTO 争端解决机制较好地服务于全体成员方的利益,是一个更加有效和值得信任的争端解决工具。

表 4-1 WTO 争端解决统计(1995—2013 年)

	已通知 WTO 的投诉	未结案的专家组	已通过的上诉机构和专家组报告	以相互同意办法解决的争端	以其他方式解决或终止的撤销的争端
报告时间	1995 年初以来	2013 年 9 月 14 日	1995 年初以来	1995 年初以来	1995 年初以来
数量	466	61	122	94	42

资料来源:www.studa.net。

2. 帮助最不发达国家成员解决贸易发展问题

1997 年 10 月,WTO、联合国贸易与发展会议、国际货币基金组织、联合国开发计划署和世界银行就最不发达国家的贸易发展举行高层会议,探讨帮助解决最不发达国家的市场准入、与贸易有关的技术援助、训练和智力建设等问题。9个WTO成员宣布主动改进从最不发达国家进口的市场准入措施,如削减产品进口限制、拓展已有的关税减让表(重点放在纺织品和农产品领域)、大量简化附加条件,等等。WTO其他成员也表示要采取相应的行动。

3. 贸易政策审议机制积极发挥监督作用

从"乌拉圭回合"中期谈判决定建立贸易政策审议机制之后,众多的成员已经接受过审议。从GATT到WTO,风雨60余年的多边贸易体制在推进全球贸易自由化方面的成绩是卓著的:关税水平大幅降低,非关税壁垒的使用受到约束,多边贸易体制管辖的范围不断扩大。然而,区域主义的盛行、反全球化浪潮的兴起、全球范围内贫富差距的扩大、贸易和环境的协调发展等,给多边贸易体制带来了一系列新挑战。在这一过程中,WTO自身进行适当的改革也是必要的,以维护和加强WTO的权威性和有效性。只有建立在制度性合作基础上的互利、共赢、共存、共生理念才是推动世界经济增长的精髓和关键,才是多边贸易体制赖以存在并继续扮演全球贸易管理者和协调者角色的现实基础。

(四)世界贸易组织面临的挑战与改革

当前全球经济治理体系中,世界贸易组织是制度最完备、运作最规范、影响最广泛的国际机制,以规则为基础,通过采用贸易谈判、贸易争端解决、贸易政策审议等方式开创了全球贸易治理的新模式,极大地促进了世界经济及贸易的协调和发展。然而,当前世界贸易组织正面临着空前的危机,同时当前世界经济局势也对世贸规则提出了新的要求。在此背景下,世贸组织及其主要成员开始倡议推动世贸组织改革。

1. 世界贸易组织面临的挑战

自世界贸易组织成立以来,除2015年达成了《贸易便利化协定》等极少数成果外,几乎没有对当前发生的新变化、新情况做出相适应的调整和回应。目前,单边主义和贸易保护主义日益盛行,争端解决机制趋于瘫痪,世贸组织的权威性和有效性面临着严重挑战。

(1)关键国家扬言"退群",削弱了WTO的向心力

美国是当今国际体系的主导国,也是WTO中最关键的角色,为了重振美国制造业、提高就业、减少贸易逆差,美国在特朗普政府领导下转向单边主义,多次表示反对"非市场导向的经济体",在多边贸易体制内"搭便车"和推行"不公平贸易"行为。特朗普政府一直公开质疑多边贸易机制和WTO规则的合理性,口头上多次威胁"退出WTO",行动上更是绕开WTO原则和规则,采用国内法对其他贸易伙伴加征关税甚

至发动贸易战。作为关键角色的美国一旦脱离 WTO，对 WTO 的冲击是不言而喻的。

(2) 区域和双边贸易协定盛行冲击全球贸易机制

随着国际贸易格局分化和多极化发展，国际贸易区域化得到迅速发展。特别是多哈会谈开始后，区域和双边贸易协定的类型也成倍增加，交易量逐年上升。在贸易保护主义重新抬头的今天，为了促进本国对外贸易的发展，许多国家热衷于签订区域和双边自由贸易协定（FTA），而这在很大程度上会弱化 WTO 的地位及多边贸易规则的有效性，可能会导致 WTO 陷入边缘化境地。

(3) 贸易保护主义频发损害 WTO 贸易规则

2016 年以来，逆全球化思潮在世界范围内迅速传播，贸易保护主义日益加剧，不断发生"黑天鹅事件"。美国特朗普政府孤立主义、单边主义、保护主义的政治经济学逻辑显现无疑，冲击着现行的国际秩序。与以往不同的是，当前的贸易保护主义具有较强的民意基础，在欧美多国蔓延，并且冲破了多边贸易体制的束缚。据 WTO 数据统计显示，2013—2021 年期间，平均每年发起的全球反倾销案件数高达 258 起，远远超过金融危机期间（2008—2009 年）的年均 217 起。以 WTO 为核心、以规则为基础的多边贸易体制曾是经济全球化和贸易自由化的基石，为推动全球贸易发展、促进经济增长和可持续发展做出过巨大贡献。当前世界经济深刻调整、单边主义和保护主义日趋多样、隐蔽，不断损害着 WTO 的贸易规则。

2. WTO 改革的内在动因

(1) WTO 争端解决机制"瘫痪"

随着国际贸易往来的日益频繁，上诉案件也越来越多，上诉机构面临的危机也越发严重。特别是自特朗普上台以来，美国以法官"超期服役"、上诉机构"审理超期""越权裁决"等诸多方面为由，强制将上诉机构裁决与遴选挂钩，频繁使用一票否决权，单方面阻止启动遴选程序，造成现任法官数量一再缩减。2019 年 12 月 10 日，3 名在任法官中的 2 名任期届满，上诉机构将只剩 1 名在任法官，由于每起案件至少需要 3 名法官进行审理，因此，作为争端解决机制中最重要的上述机构不得不面临被迫停止运转的局面，彻底陷于瘫痪状态，这也将导致世贸组织功能缺失，无法对贸易争端提出具有约束力的决议，也保证不了上诉评审的权利，很多悬而未决的贸易争端将陷入不确定的命运，这种困境是 WTO 面临改革的一大动因。

(2) WTO 谈判机制缺乏效率

WTO 谈判机制是经过无数次反复实践所形成的各方认可的一套机制，极大降低了国际贸易谈判的交易成本。但是如果机制变得过于庞杂或不能紧跟时代发展作出相应的调整,将会导致交易成本的上升。可以说,在某种程度上正是由于后一种状况的出现,才构成了世贸组织谈判机制当前所面临的挑战。至今,WTO 框架下的多边谈判只在有限的程度上取得了进展,谈判进程冗长低效,直接导致了近些年部分成员更显著倾向于双边和区域贸易协议的签署,而这对 WTO 在经贸规则制定过程中的核心地位带来了不断冲击。

(3)WTO 规则体系需要与时俱进

随着全球化发展的深入,环境保护、竞争政策、劳工标准服务、投资等新议题不断涌现,国际经济和贸易关系中的利益关系日益多元化(如非政府参与),同时政策目标也日益多元化(如国家安全、劳工标准、环境保护等目标政策),国际经济体系呈现出持续的失衡状态。随着以中国为首的新兴国家经济体实力的不断增长,而以美国为首的西方发达国家竞争优势逐渐下降,世界经济原有格局被逐渐打破,全球贸易利益分配发生历史性变化,在全球治理中出现的这些新现象、新问题面前,WTO 在总体架构、决策程序、基本工具和理念等方面均不断遭遇着来自不同形式和问题的挑战。WTO 规则体系正遭受着来自发达国家和发展中国家的双重诉求,若 WTO 规则体制未能做出调整并加以适应当前变化的新形势,就摆脱不了自身的生存危机。

3. 世界贸易组织改革的酝酿

近十年来,WTO 改革几乎成为了各成员讨论的中心话题,欧美一些学术机构专家、学者曾多次举行专题研讨,为 WTO 改革建言献策。特别是 2018 年以来,美国、欧盟、加拿大、澳大利亚、日本及中国等多数成员都以不同方式发布或提交了对 WTO 的改革方案,在这些方案中分别表达了各自的立场和方向性诉求。此外,部分成员,如美欧日之间、美欧之间、中欧之间等还发表联合声明,就 WTO 改革立场、内容等发表联合观点。

在 WTO 改革推动中,最受关注的是美欧日三方建立的"非市场导向政策和行为"规制的联盟。在 2019 年于日本大阪举行的 G20 领导人峰会上,会议宣言表示将持续不断地保持市场开放,实现一个自由、公平、非歧视、透明、可预见及稳定的全球贸易投资大环境,明确赞同、支持对 WTO 进行必要改革,完善其职能。由此可见,各个国家对 WTO 改革都表现出了积极的态度,并通过实际行动以回应。2019 年 5 月,中国、印度等 23 个发展中成员在印度新德里举行部长级会议,其中,17 国部长及其他高官发表了文件《共同努力加强世贸组织以促进发展和包容》,取得了显著成果。该文件重申了 WTO 在全球贸易规则制定和治理中的优先地位,一致呼吁维护 WTO

的核心价值和基本原则,确保在 WTO 改革中发展中成员的诉求能够得到回应。

复习思考题

1. 二战后国际贸易的发展趋势及结构变化情况有哪些?
2. 一国制定对外贸易政策时应该考虑哪些因素?
3. 何谓自由贸易政策和保护贸易政策?
4. 世界贸易组织的宗旨是什么?
5. 关税与贸易总协定与世界贸易组织这两者之间有何关系?

第五章　国际货币体系演变与金融全球化

第一节　国际货币体系概述

国际货币体系是各国为了适应国际经济交往和国际支付的需要,各国政府对货币在国际间的职能作用及其他有关国际货币金融问题所制定的协定、规则和建立的相关组织机构的总称。

一、国际货币体系的内容

一个健全的国际货币体系应当能够促进国际贸易和国际资本流动的顺利进行,从而促进世界经济的发展。国际货币体系的内容一般包括如下几个方面:

(一)国际汇率制度的确定

国际货币体系的核心是汇率制度的确定,各国在制定汇率和确立汇率制度时应该尽可能保持汇率的稳定,有效防止各国货币汇率的竞争性贬值。围绕汇率的确定,各国政府一般规定:货币比价确定的依据、货币比价波动的界限、货币比价的调整、维持货币比价所采取的措施是采取固定汇率制还是浮动汇率制、对统一货币是否采取多元比价,以及一国货币能否自由兑换、在结算国家之间的债权债务时采取什么结算方式、对支付是否加以限制等。

(二)国际储备资产的确定

为了稳定汇率、平衡国际收支和国际支付的需要,一国都需要一定数量的国际储备资产。国际储备资产供应构成国际货币体系的主要内容。储备资产的供应应该置于国际控制之下,保持适当的数量,过多或过少都会不利于为世界经济健康发展提供足够的国际储备。此外,自动防止国际储备的过量增长是衡量国际货币体系是否有效的标志之一。

(三) 国际收支调节机制的确定

当国际收支失衡时,各国政府应采取什么方法进行调节,各国之间的政策措施如何相互协调,如何使顺差国和逆差国公平地承担责任等,都需要国际收支调节机制来调节。国际收支平衡是国际货币体系的重要内容。在某些情况下,一国的国际收支失衡,通过本国采取国内经济政策或汇率政策就可以恢复平衡;在有些情况下就需要根据国际协定,通过国际金融组织、外国政府贷款,或通过各国政府协调干预市场达到国际收支平衡。

(四) 国际货币事务的协调和管理

在各国确立和实施汇率制度、国际收支调节机制、储备制度等过程中,各个国家都会从自身利益出发,因而难免会与其他国家发生矛盾和冲突,这就需要借助国际货币体系从中协调。国际货币体系通常通过建立国际货币金融组织机构、金融协议等来实现对国际货币事务的协调与管理。

二、国际货币体系的类型

根据不同的分类标准,国际货币体系可以划分为不同的类型,货币本位和汇率制度是划分国际货币体系类型的两项重要标准。

根据货币本位划分,国际货币体系可以划分为金本位制度和不兑换纸币本位制度。金本位制度,是以黄金作为国际本位货币,是一种纯粹的商品本位制度;不兑换纸币本位制度是以外汇作为国际本位货币,是一种纯粹的信用本位制度。

根据汇率制度划分,国际货币体系可以分为固定汇率制、浮动汇率制,以及介于两者之间的可调整钉住、爬行钉住和管理浮动汇率等。以下是固定汇率制度和浮动汇率制度的优劣比较(表5-1)。

表5-1 固定汇率与浮动汇率优劣比较表

	固定汇率制	浮动汇率制
优点	汇率相对稳定,有利于国际贸易和投资,促进国际资本流动,协调各国经济政策。	在竞争性的外汇市场上汇率会自动达到均衡,有效调节国际收支,增加国内货币政策自主性,把通货膨胀的国际传递减到最小,不必持有太多的外汇储备。
缺点	难以协调内部均衡和外部均衡,需要较多的外汇储备,缺乏货币政策自主性。	使国际经济交易有更大不确定性,有碍国际贸易和投资,货币政策具有内在的通货膨胀倾向,对国内资源的配置形成不良影响。

资料来源:陈湛匀.国际金融:理论、实务、案例[M].上海:立信会计出版社,2004。

第二节 国际货币体系的演变及改革趋势

一、国际货币体系的演变

迄今为止,国际货币体系在其演变和发展过程中大致经历了国际金本位制、布雷顿森林体系和牙买加体系三个阶段。

(一)国际金本位制

1. 金本位制的产生

金本位制是以一定重量和成色的黄金作为本位币,并使流通中的各种货币与黄金间建立起固定兑换比例关系的货币制度。国际金本位制是在英国、德国、荷兰、美国、拉丁货币联盟(含法国、比利时、意大利、瑞士)以及部分北欧国家实行的国内金本位基础上,于19世纪80年代形成的。1816年,英国政府颁布了《金本位制法案》,并于1821年生效,率先实行金本位制。随后,欧洲其他的主要国家纷纷效仿,也采用了金本位制。到19世纪末,当时的主要资本主义国家几乎都实行了金本位制(表5-2)。

表5-2 各国实行金本位制的年代

国别	年代	国别	年代	国别	年代	国别	年代
英国	1816	丹麦	1873	意大利	1874	美国	1879
德国	1871	法国	1874	希腊	1874	奥地利	1892
瑞典	1873	比利时	1874	荷兰	1875	日本	1897
挪威	1873	瑞士	1874	乌拉圭	1876	俄国	1898

资料来源:陈湛匀.国际金融:理论、实务、案例[M].上海:立信会计出版社,2004。

2. 国际金本位制的运行机制

第一,本位机制。在金本位制度下,黄金是本位货币,各国货币规定含金量并作为兑换基础,黄金自由铸造、自由兑换、自由输出/入。

第二,汇率安排机制。金本位制下的汇率安排机制是典型的固定汇率制,自发安排,市场自动调节,汇率波动以铸币平价或法定平价为基础,按照供求关系上下波动,波动限度以黄金输送点为限。

第三,储备机制。黄金是主要国际储备货币,在运行中英镑事实上发挥了同等作用,成为使用最广泛的贸易结算工具,进而成为各国中央银行国际货币储备的一部分或者全部。

第四,国际收支调节机制。在金本位制度下,国际收支具有自动调节机制,即"价格—铸币流动机制"。当一国国际收支逆差时,外汇汇率会升至黄金输出点,导致黄金外流,该国货币供应量随之下降,物价水平下降,从而提高本国商品国际竞争力,进口减少而出口增加,直至国际收支达到均衡;反之亦然。

3. 对国际金本位制的评价

在国际金本位制下,黄金充分发挥了世界货币的职能,对国际经济的稳定发展起了重要作用,当然,国际金本位制同样不可避免地存在一些缺陷和不足之处:

第一,由于本位货币是黄金,货币供应量取决于货币黄金的供应量,进而价格水平在长期也与黄金供应量相联系。黄金供应和储备的有限性限制了货币供应,难以适应世界经济增长和各国经贸往来的需要,这一局限性是导致金本位崩溃的根本原因。

第二,实行金本位制使得货币当局丧失了货币政策的自主性,无法利用货币的紧缩或扩张实现经济的稳定。金本位制度的国际收支调节机制是各国政府对经济的自由放任,这使得外部均衡目标高于内部均衡目标,即上面所说的外部均衡的实现往往是以牺牲内部均衡为代价的。这种局限性是导致金本位制崩溃的重要原因。

第三,在金本位制的末期,各国的中央银行或货币管理当局已经不再听凭金本位制发挥自动调节作用,而是经常设法抵消黄金流动对国内货币供应量的影响。这样的货币政策使得货币发行和价格与黄金储备之间的关系遭到破坏,从而使金本位制的自动调节机制无法实现。

4. 国际金本位制的崩溃

第一次世界大战爆发后,黄金被参战国集中用于购买军火,并停止自由输出和银行券兑现,从而最终导致金本位制的崩溃。到20世纪20年代末期,国际金本位制已由典型的金本位制,也就是金币本位制过渡到金块本位制和金汇兑本位制并存的货币制度。

无论金块本位制还是金汇兑本位制,都是削弱了的金本位制,而这种脆弱的金本位制度经过1929—1933年的世界经济大危机,终于全部瓦解。1933年,美国再次掀起货币危机的高潮,大批银行倒闭,大量黄金外流。美国政府不得不宣布实施银行暂时停业、停止银行券兑现、禁止黄金输出等措施,最后终于也放弃了金本位制。法国、瑞士、比利时、意大利等主要资本主义国家在努力无效后,于1936年放弃了金本位制。至此,国际金本位制终于全面崩溃。

(二)布雷顿森林体系(Breton Woods System)

1. 布雷顿森林体系的建立

两次世界大战和1929—1933年的世界经济危机,使得国际货币金融关系极度混乱和动荡。二战后各国为了恢复和发展经济,迫切需要一种统一的、稳定的、有效运行的国际货币秩序。1944年7月,在美国新罕布什尔州的布雷顿森林(Breton Woods)市召开了有44个国家参加的"联合国货币金融会议"(简称"布雷顿森林会议")通过了以美国"怀特计划"为基础的《联合国货币金融会议的最后决议书》以及《国际货币基金组织协定》和《国际复兴开发银行协定》两个附件,总称为《布雷顿森林协定》,在《布雷顿森林协定》基础上产生的国际货币制度被称为布雷顿森林体系。

2. 布雷顿森林体系的主要内容

第一,规定以美元作为最主要的国际储备货币,实行可调整的钉住汇率制。布雷顿森林体系规定以黄金作为基础,并把美元当作关键国际储备货币。具体做法是实行"双挂钩":一是美元与黄金挂钩,确定1盎司黄金折合35美元的黄金官价。美国政府承担各国政府或中央银行按黄金官价用美元向美国兑换黄金的义务,各国政府也有义务协助美国政府维持黄金的这一官价水平。二是其他国家的货币与美元挂钩,即各国确定本国货币对美元的法定平价。各国货币对美元的汇率一般只能在法定汇率上下各1%的幅度内波动。布雷顿森林体系的这种汇率制度被称为"可调整的钉住汇率制度"。

第二,确定国际收支失衡的调节机制。国际货币基金组织(IMF)会员国份额的25%以黄金或可兑换成黄金的货币缴纳,其余则以本国货币缴纳。会员国发生国际收支逆差时,可用本国货币向国际货币基金组织按规定程序购买(即借贷)一定数额的外汇,并在规定时间内以购回本国货币的方式偿还借款。会员国所认缴的份额越大,得到的贷款也越多。贷款只限于会员国用于弥补国际收支赤字,即用于经常项目的支付。

第三,取消对经常账户的外汇管制。《国际货币基金组织协定》规定,成员国不得限制国际收支经常项目的支付或清算,不得采取歧视性的货币措施,对其他成员国在经常项目下结存的本国货币应保证兑换,并在自由兑换的基础上实行多边支付。但有三种例外情况:IMF容许对资本移动实施外汇管制;会员国有权对"稀缺货币"采取暂时的兑换限制;允许会员国有一取消对经常项目外汇管制的过渡期。

第四,确定国际储备资产。以黄金为基础的美元成为主要国际储备货币,美国保证提供用于国际储备和国际支付的美元,保证各国按官价向美国兑换黄金;国际货币基金组织创设特别提款权补充黄金、美元作为国际货币储备。

第五,建立一个永久性的国际金融机构——国际货币基金组织。国际货币基金组织是布雷顿森林体系的一大特色,该体系赋予基金组织监督、磋商和融通资金三项主要职能,即监督成员国货币的汇率,审批货币平价变更;协调各国重大金融问题,以促进国际金融合作;管理基金,为国际收支逆差成员国提供融资。

由以上分析可见,布雷顿森林体系的实质是建立一种以美元为中心的国际货币体系。其基本内容是美元与黄金挂钩,其他国家货币与美元挂钩,实行固定汇率制度。这种"双挂钩"的国际货币体系表明,各国货币只有通过美元才能间接地与黄金挂钩,美元处于关键货币的地位,起着世界货币的职能,其他国家的货币处于对美元的依附地位。这和两次世界大战间实行金汇兑本位制的国家将本国货币与实行金块本位制和金币本位制的国家相挂钩有共同之处,所以,布雷顿森林体系实质上是一种金汇兑本位制。

3. 对布雷顿森林体系的评价

布雷顿森林体系的建立,创造了一个相对稳定的国际金融环境,对世界经济的发展起了积极的促进作用,促进了国际贸易和国际金融的发展,但是布雷顿森林体系却存在着严重的缺陷,主要表现为以下几个方面:

第一,汇率过于僵化,国际收支调节乏力。在布雷顿森林体系下,汇率是固定的,各国有义务维持本国货币与美元的平价关系。只有当一国发生严重国际收支不平衡时,该国要征得国际货币基金组织同意才能变动法定平价。而判断一国国际收支是否严重失衡又缺乏统一标准,事实上各国很少能够变动平价。即使变动平价最终得到批准,失衡的国际收支也早已对该国造成了严重的影响,因此就失去了汇率这一重要经济杠杆对国际收支的调节作用。于是各国要么实行贸易管制,要么放弃稳定的国内经济政策目标。

第二,该体系自身存在着国际储备的增长和对储备货币信心两者之间的不可克服的矛盾。布雷顿森林体系建立之后,1960年,美国耶鲁大学教授罗伯特·特里芬在其《黄金与美元危机——自由兑换的未来》一书中提出布雷顿森林体系存在着其自身无法克服的内在矛盾,即无论美国的国际收支是顺差还是逆差,都会给这一体系的运行带来困境。这一内在矛盾在国际经济学界被称为"特里芬难题"。正是这个"难题"决定了布雷顿森林体系的不稳定性和垮台的必然性。

第三,该体系存在着国际收支失衡的调节责任不对称的问题。该体系下实行固定汇率安排,无法通过汇率自由浮动实现国际收支失衡,国际收支失衡主要是以牺牲国内宏观经济政策自主权为代价的。

第四,该体系还存在着储备货币发行国与其他国家之间利益分配不公平的问题。美元作为国际主要储备资产属于一种特权地位。美国可以利用美元直接对外投资,操纵国际金融事务,弥补国际收支赤字。这就造成了拥有美元储备国家的实际资源向美国转移,这种现象即为"铸币税",也就是说货币发行国家通过发行货币可以获得一个净收益,因为流通中的铸币或纸币的面值或金银条块及其铸造成本之间是有很大差额的,美国从中可以获得巨大的铸币税收益。同时由于各国货币汇率钉住美元,也造成了各国货币对美元的依附关系,使得美国的货币政策对各国经济有着重大影响。

4. 布雷顿森林体系的崩溃

1971年,美国经常账户首次出现巨额赤字,短期债务已高达678亿美元,而黄金储备降至102亿美元。面对巨额国际收支赤字和各国央行兑换黄金的压力,1971年8月1日,尼克松政府宣布实行"新经济政策",停止美元兑换黄金,终止每盎司黄金35美元的官方兑换关系,这一措施意味着美元与黄金脱钩,也就意味着布雷顿森林体系的两大支柱之一已经倒塌。1971年12月,"十国集团"(也叫"巴黎俱乐部")在华盛顿的史密森学会大厦召开会议,达成"史密森协议",主要内容是调整美元同各国货币汇率的比价和扩大平价波动范围。1973年2月12日,美元再次贬值10%,每盎司黄金价格涨至42.22美元。1973年3月,美元危机又起,黄金市场进价高达每盎司96美元,各国先后放弃"史密森协议"所规定的美元汇价,实行浮动汇率,这意味着布雷顿森林体系的第二根支柱也倒塌了。至此布雷顿森林体系彻底崩溃。

(三)牙买加体系(Jamaica System)

布雷顿森林体系崩溃以后,国际金融形势更加动荡不定,国际货币体系呈现出多样化格局,浮动汇率成为国际上的主要汇率制度,国际储备资产也呈现出多样化趋势。

1. 牙买加体系的形成

布雷顿森林体系崩溃后,国际金融领域又陷入混乱无序中,国际社会及各界人士纷纷探索建立一种新的国际货币体系,如恢复金本位、美元本位等,但均未取得实质性进展。

1972年7月,国际货币基金理事会成立由9个发展中国家和11个发达国家组成的"20国委员会",具体研究国际货币制度改革方案。委员会于1974的6月提出一份"国际货币体系改革纲要",对汇率、储备资产、国际收支调节等问题提出了一些原则性的建议,为以后的货币改革奠定了基础,但因"20国委员会"无实质性进展而宣告结束。同年10月,国际货币基金组织年会决定设立"理事会关于设立国际货币制度问题的临时委员会"(简称"临时委员会")取代"20国委员会"。1976年1月,"临时委员会"在牙买加首都金斯敦举行会议,讨论修订《国际货币基金协定》的条款,会议结束时达成了《牙买加协定》。同年4月,国际货币基金组织理事会又通过了以修订《牙买加协定》为基础的《国际货币基金协定第二次修正案》,并于1978年4月1日起正式生效,从而形成了以《牙买加协定》为基础的新的国际货币制度——牙买加体系。

2. 牙买加体系的主要内容

牙买加体系是在保留和加强世界货币基金组织作用的前提下对布雷顿森林体系的一种改革,其改革内容主要集中在黄金、汇率和特别提款权上。其包含的主要内容如下:①浮动汇率制度的合法化;②黄金非货币化;③以特别提款权为主要储备资产;④扩大对发展中国家的资金融通;⑤修改会员国的基金份额。

3. 牙买加体系的特征

(1)以美元为中心的多元化国际储备体系

在布雷顿森林体系下,国际储备结构单一,美元占有垄断地位。在牙买加体系下,国际储备呈现多元化局面,美元在国际储备中的地位明显削弱,但仍是主导的国际储备货币。同时,特别提款权的作用得到增强。黄金的国际储备地位虽然有所下降,但世界范围内黄金的总储备量一直较为稳定。由于国际货币制度改革问题长时间没有突破,所以目前各国仍非常重视黄金的持有。

(2)汇率制度安排的多样化

在牙买加体系下,浮动汇率制与固定汇率制并存。不同汇率制度各有优劣,浮动汇率制度可以为国内经济政策提供更大的活动空间与独立性,而固定汇率制则减少了本国企业可能面临的汇率风险,方便生产与核算。一般而言,发达工业国家多数采取单独浮动或联合浮动,但有的也采取钉住自选的货币篮子。对发展中国家而言,多数是钉住某种国际货币或货币篮子,单独浮动的很少。

(3)国际收支调节方式的多样化

布雷顿森林体系下,发生国际收支逆差时,主要通过政策调节(支出增减和支出转换政策的配合);而在牙买加体系下,调解方式更多、更灵活。在牙买加体系下,可通过汇率机制、利率机制、国际货币基金组织的干预和贷款,以及动用国际储备资产等方式来综合调节国际收支不平衡。

4. 对牙买加体系的评价

牙买加体系下,汇率安排灵活多样,允许各国根据本国国情选择适合的汇率安排,符合世界经济动荡多变、发展不平衡的特点,因此,牙买加体系自诞生以来,对世界经济的发展起到了积极作用。然而,牙买加体系形成的几十年来,该体系陆续暴露出了一些缺陷,并已经引起了世界各国的重视。这些缺陷主要表现为以下几个方面:

第一,主要工业化国家全部在用浮动汇率制度,汇率波动幅度较大。浮动汇率安排下,汇率的波动幅度较大,加剧了汇率风险,这一情况的直接后果是:进出口商承担汇率风险,难以核算成本和利润,影响国际贸易的发展;国际储备风险和国际债务风险加大;汇率可以自由向下浮动,容易导致通货膨胀;汇率波动频繁,助长了外汇投机,加剧了国际金融市场动荡。

第二,利益分配欠合理。牙买加体系下,国际储备货币的多元化使得各储备货币的发行国(尤其是主要储备货币发行国美国),仍享受着向其他国家征收铸币税的特权。此外,多元化储备货币缺乏统一稳定的货币标准,国际货币格局错综复杂,不利于国际货币合作。

第三,国际收支调节机制不完善。由于汇率机制有时会运转失灵,利率机制有副作用,国际货币基金组织在指导和监督顺差国和逆差国双方对称地调节国际收支方面显得力不从心,所以导致一方面逆差国国际储备锐减,债台高筑;另一方面顺差国国际储备猛增,有的成为主要资本输出国,甚至是最大的债权国,最终导致全球性国际收支失衡情况日益严重。

二、国际货币体系的改革及其趋势

以浮动汇率制为主要特征的牙买加体系克服了以固定汇率制为特征的布雷顿森林体系的一系列弊端,具有货币政策自主性、汇率调节自主性等优点,对世界经济的发展起到了重要的推动作用。但随着世界经济的发展和金融全球化的发展,随着国际经济关系和国际经济格局的变化,牙买加体系的弊端和在新形势下其自身所产生的矛盾日益暴露。浮动汇率制度下频繁和剧烈的汇率波动,使各国经济发展的不确定因素加大,风险加大,对世界经济的健康发展带来了许多不利影响。与此同时,新一轮国际货币体系改革问题被提上议程。

(一) 21世纪以来国际货币体系的新特点

1. 发展中国家的债务负担沉重

国际货币体系的不稳定和美元的不断贬值,使本来黄金和外汇储备就不多,但外债负担沉重的发展中国家损失惨重,外汇储备急剧减少,同时对外债务不断增加。如果美元贬值,无论是发展中国家负担的按美元计算的非美元债务还是美元债务都会增加。世界主要货币的不稳定和国际货币体系的不稳定已给发展中国家的经济带来了许多不利影响,使其不确定性和风险性增加,发展中国家经济发展的未来前景受到了严重制约。

2. 区域性货币体系已经形成

以美元为中心的布雷顿森林体系瓦解后,国际货币体系开始走向分散化,各种区域性货币组织相继出现,如加勒比货币区、西非货币联盟、中美洲货币同盟、欧洲货币体系等。在这些区域性货币体系中,以欧洲货币体系最为完善,特别是1999年欧元的诞生标志着欧洲货币一体化的成功,也意味着欧洲货币体系的巨大成效。欧洲货币体系在稳定汇率、调节国际收支、协调成员国货币政策、促进经济增长等方面都取得了巨大成效。这在一定意义上可以作为未来世界货币体系改革的成功范例。

3. 现行国际货币体系与金融全球化进程不相适应

21世纪以来,越来越多的国家放松了金融管制,实行金融开放和金融自由化政策,金融全球化的程度不断提高。然而,由于现行国际货币体系不完善,缺乏有效的国际收支调节机制,国际金融监管机制和国际金融风险的预警及防范机制,对猖獗的国际金融投机活动、货币危机和银行信用危机等无法防范,甚至无能为力,以至于使发展中国家遭受了严重损失。当前分布式跨境支付网络的出现还为打破个别国家对全球核心金融基础设施的控制带来契机,从而有可能推动国际货币体系的多元化变革。但目前数字货币存在着缺乏有效价值支撑、交叉技术融合,以及全面监管措施等问题,这都将制约分布式跨境支付网络的进一步发展。

4. 人民币国际化步伐加快

改革开放后,中国改为积极开放的对外政策。伴随着中国经济的快速增长,外贸活动也迅速增加。尤其是中国与东南亚周边国家的贸易愈加频繁。为了贸易的便捷开展,东南亚部分国家开始接受人民币结算。2005年中国开始汇率制度改革,管理的浮动汇率制取代了钉住汇率制,为后来人民币的国际化奠定了基础。2008年次贷危机爆发后,以美元为主导地位的国际货币体系的弊端充分暴露,美元威望下降,这为人民币的国际化提供了历史机遇。2015年亚投行成立,旨在帮助广大发展中国家进行基础建设投资,帮助它们实现持续快速发展,也同样为人民币在发展中国家群体的推广做出重要贡献。2016年,人民币被国际货币基金组织纳入SDR篮子,权重10.92%,仅次于美元和欧元。这意味着人民币的国际化达到了一个新的高度。虽然人民币现在还不是国际化货币,各种贸易结算也大多依赖美元,但相较于之前的美元一家独大的情形已经发生了很大变化。目前是百年未有之大变局,近年来人民币的国际化也硕果累累,所以中国应抓住契机,积极增加人民币行使各个货币职能的比例,推进人民币的国际化。为此,应注意以下几个方面:

第一,一国货币的国际化以其经济实力的增强为前提,法律和制度的跟进为措施。因此只有不断发展自身经济,增加经济体量,才能为人民币国际化提供坚实的后盾。

第二,在以市场为主导的过程中,政府法律与政策也必须不断跟进。无论是美元国际化过程,还是欧元、日元的国际化过程,各国政府都密切关注市场形势的变化,积极推出政策以与市场情形相协调,促进本国货币的国际化。

第三,必须密切防范本国货币国际化过程中的风险。一国货币成为国际化货币之后,资本市场的开放使得国际风险很容易传导至国内,引发国内经济危机。另外,一国货币的国际化程度还必须与国力相匹配,英镑和美元都是因为黄金储量不足而放弃"金本位"。对此,必须保持谨慎,不能贸然推进人民币国际化。

(二)国际货币体系改革的方向及趋势

1. 改革国际货币基金组织的职能

国际货币基金组织是现行国际货币体系的重要载体,它的职能与国际货币体系的制度安排紧密相关。伴随着资本主义去工业化与金融化之后的经济寄生性加深,国际货币体系在信用基础削弱、运行机制缺乏约束,以及不利于世界体系平衡等方面暴露出来的问题愈发突出。面对当前金融全球化的新形势,国际货币基金组织的功能弱化了,同时浮动汇率制下汇率剧烈波动带来的风险又要求国际货币基金组织具备更多新的职能,这就给国际货币基金组织的改革提出了新的要求:

第一,增强国际货币基金组织的信息发布和传播功能,及时、准确和充分地将所获信息及分析、检测的情况通过各种方式传递给成员国,并据此对成员国经济政策的调整提供建设性建议,帮助其作出正确判断,必要时应当发出警告。

第二,加强对成员国,特别是发展中国家资产负债表、外汇储备和外债情况的研究和评估,加强对金融风险因素的分析、监测和预测。通过建立高效的风险监测机制,对国际金融危机进行系统的把握,并通过建立不同的金融修复渠道加强对全球流动性资金的监督与协调。

第三,增强国际货币基金组织对成员国国际收支逆差进行干预和援助的职能。国际货币基金组织应对长期处于严重逆差状态的国家进行政策规劝及对政策实施提供帮助,以防止成员国国际收支的不断恶化和金融危机的爆发。

第四,增加基金份额以增强其防范和化解国际金融风险的经济实力。可以按现有比例增加成员国的缴纳份额,也可以由国际货币基金组织牵头建立若干区域性的储备调拨机制,以便在某个国家或地区发生危机时增加国际货币基金组织可动用资金的规模。通过加强与捐助国合作并改进对捐助国出资技术援助活动的管理,地区技术援助中心和专题信托基金获得了可靠的资金来源,技术援助的有效性得到提高,整体能力建设活动也取得了质的飞跃。

2. 推动区域性货币体系的发展

布雷顿森林体系崩溃后,加勒比货币区、西非货币联盟、中非货币联盟、中美洲货币同盟等各种区域性货币组织相继出现,特别是设计严密、运行有效的欧洲货币体系,更成为区域性货币体系的典范,同时也在"无体系"的状态下对国际金融的稳定发挥了一定作用。

纵观国际货币体系演变的历史,实质上是国际储备货币形态和汇率制度的变化过程。国际储备货币形态的变化反映了世界经济霸权和世界经济格局的变化,汇率制度的更替既反映出世界各国对于稳定货币秩序的渴求,也反映出各国,特别是大国之间利益矛盾的不可调和性。现有国际货币体系的缺陷,也引发了对其进行改革的呼声,无论未来的国际货币体系是何种模式,它的诞生肯定是世界政治经济实力和权力利益较量的结果。

第三节 金融全球化

经济全球化无疑是当今国际经济生活的主旋律。作为全球化浪潮在经济层面上的表现,经济全球化是经济市场化和国际化的延伸和必然要求,是世界各国经济依存度日益加深的结果和生动写照。从内容上看,经济全球化主要表现为商品、服务、技术和资金的大规模跨境流动及各种生产要素的全球配置与重组,由生产全球化、贸易全球化、投资全球化和金融全球化等组成。在贸易自由化和投资自由化的推动之下,国际金融市场迅猛发展,金融全球化成为世界经济和金融发展的必然趋势。如同金融是现代经济的核心一样,金融全球化也是经济全球化的核心。

一、金融全球化的含义和表现

金融全球化的本质是全球范围的金融自由化。它主要的含义是指各国放松金融管制,取消利率限制,使利率完全市场化;取消外汇管制,使利率浮动完全自由化;放松各类金融机构业务经营范围的限制,使金融业务经营自由化;减少或取消对国际资本流动的限制,允许外国资本和外资金融机构的进入,实行资本流动自由化;放松和改善金融市场的管理,实现市场运作自由化,从而形成全球统一的金融市场和运行机制,保证金融资源在全球范围的自由流动和合理配置。金融全球化是一个复杂而又不断发展变化的经济现象,主要表现在以下几个方面:

(一)国际金融自由化

金融自由化始于20世纪70年代。随着战争的结束和西方主要发达国家经济的恢复,国际贸易和生产国际化不断扩展,与此同时,布雷顿森林体系的瓦解也对国际金融制度提出了挑战。在这种背景下,西方发达国家纷纷放松或解除对资本和外汇的管制,实施利率和汇率市场化等金融改革和深化的措施,掀起了金融自由化的浪潮。

(二)金融市场全球化

20世纪80年代以来,信息技术、融资证券化和金融创新等促进了金融市场的国际化。一方面,计算机和卫星通信技术把遍布在世界各地的金融市场和金融机构紧密联系在一起,也将各国国内金融市场与国际金融市场连接在一起;另一方面,在经济全球化浪潮的冲击下,亚洲、拉美的发展中国家和地区,以及东欧等转型国家纷纷减少金融管制,开放金融市场,由此产生了大批新兴金融市场,如中国香港、新加坡等。这些新兴金融市场与发达国家或地区的金融市场相互联结,构成了全球化的金融市场运作体系。

(三)金融机构全球化

20世纪90年代以来,跨国银行或其他跨国金融机构在全球金融体系中占据越来越重要的地位,金融业并购重组掀起新的高潮,成为金融全球化不断发展的微观基础。金融机构的全球化表现为参与国际金融活动的机构不断增多,国际化的领域不断扩大。这不仅是指跨国银行及其海外分支机构的增加,而且更表现在与证券化趋势相一致的直接融资代理机构的增多。

(四)金融协调和监管的全球化

在高度全球化的今天,无论国家的性质如何,只要一国经济或政治发生动荡,都会通过其与世界经济的紧密联系而影响到其他国家甚至全球。特别是各国金融市场的开放和金融自由化的过程,更是给各国带来了金融危机的威胁。防范金融风险、维护金融安全和经济安全,是全球化背景下各国共同面临的新课题。于是,金融协调和监管的全球化便因此产生。二战后诞生的国际货币基金组织、世界银行等组织就承担了全球金融监管和协调的主要工作。

(五)国际金融市场投机加重

金融自由化使国际金融资本市场的规模日益扩大,逐步成为一个相对独立的经济系统。同时,国际货币交换已与国际贸易中的物品交换相脱节,规模庞大的金融活动早已失去了相应的物质生产与产品的支撑。现代信息手段和金融衍生工具的迅速发展,为国际游资的大量快速流动提供了条件,同时也为投机行为创造了方便。此外,随着金融全球化的深入发展,金融市场上实力雄厚的投资基金(如对冲基金)获得了更大的活动空间,它们蜂拥于全球各地的金融市场,赚取投机利润。这些投机活动明显增大了金融动荡的风险和各国经济运行的风险,对那些金融体制不完善、监管能力不强、金融市场过度开放的国家和地区造成了严重冲击。

二、金融全球化的推动力量

金融全球化的背后有多种不同的推动力量,包括政府、借贷者、投资者和金融机构等实体因素及金融领域的制度等方面的因素。具体来说,金融全球化的推动力量主要包括以下两个方面:一方面是实体经济因素,如贸易全球化、国际生产全球化、科学技术的发展等;另一方面是金融领域制度方面的因素,主要是指20世纪80年代以来的金融自由化浪潮。

(一)实体经济因素

生产全球化、贸易全球化、金融全球化都是经济全球化的有机组成部分。金融与生产活动、贸易活动具有不可割裂的内在联系,当生产和贸易全球化后,金融全球化则成为一种必然,并成为经济全球化的核心内容和更高层次的发展。

1. 生产和国际直接投资的全球化

生产和国际直接投资的全球化是推动金融全球化的基本动力。第二次世界大战后,生产全球化突出表现为跨国公司的迅速发展和壮大。越来越多的企业走出国界,实行跨国经营,在全球范围内配置资源,是经济全球化的主体。

跨国公司迅速发展的同时,以跨国公司为载体的国际直接投资也在迅猛发展。国际直接投资不仅增速快于同期生产和贸易的增速,而且其投资方式和方向都在发生新的变化。对外直接投资由传统的新建投资转变为以并购为主。发达国家的国际直接投资流入量一直居于绝对优势地位,但份额有所下降,相反流向发展中国家的投资份额有所上升。以跨国公司为主体的对外直接投资在世界经济中的重要地位表明,对外直接投资正逐渐成长为世界经济增长的发动机。

2. 贸易全球化

二战结束后,特别是20世纪80年代以来,在经济全球化的推动下,全球贸易获得了持续增长。1980年,世界货物贸易出口额为18968亿美元,2018年达到194750亿美元,增长了10.27倍;世界货物贸易进口额1980年为19717亿美元,2018年达到198670亿美元,增长了10.08倍;1980年,全球货物贸易额为38685亿美元,到2018年达到393420亿美元,增长了10.17倍。货物贸易的增长不仅体现在规模上,还体现在贸易的增长速度远远高于生产的增长速度。2005—2018年,世界贸易年均增长为3.5%,始终快于世界生产的增长速度(2%),前者的年均增长率要比后者高75%左右。[①]

20世纪80年代以来,贸易全球化的一个突出表现就是服务贸易的迅速崛起。根据世界贸易组织的数据,世界服务贸易出口总额1990年为7805亿美元,2018年达到58366亿美元,增长了7.5倍;世界服务贸易进口额由1990年的8213亿美元增加到2018年的55005亿美元,增加了6.7倍。[②] 20世纪80年代以来,服务贸易的增速通常都高于货物贸易。今后,随着服务业在各国产值所占比重的增加,服务贸易会继续保持增长势头。

3. 科技的发展为金融全球化提供了物质和技术基础

信息技术深刻地改变着经济发展和人们生活的面貌,在金融领域表现得尤为突出。以信息通信技术为代表的现代科技在金融领域的应用和普及为金融全球化提供了技术基础。

(二)制度因素——金融自由化

金融自由化浪潮为金融全球化的发展提供了制度环境。20世纪70年代后半期以来,发展中国家先后开展了以金融深化为旗帜的金融自由化改革,发达国家则普遍推行了以放松金融管制为主要内容的金融自由化改革浪潮。发展中国家金融自由化改革的措施主要包括:实行利率自由化,同时辅之以治理通货膨胀政策,使实际利率水平为正;放松对银行业务的管理,扩大银行经营自主权,实现国内银行业务自由化,

---

① 数据来源:根据WTO,International Trade Statistics,2011。
② 数据来源:根据WTO,International Trade Statistics,2011。

提高金融市场效率;金融机构进行私有化改革,建立并开放货币和资本市场,促进金融市场的国际化。发达国家的金融自由化以"放松管制"为鲜明特征。从 20 世纪 80 年代初开始,美国在金融创新的压力下,被迫修改了 Q 条款,放松了利率管制,开始金融全球化。许多发达国家纷纷加入,金融自由化在全球范围内展开。正是由于众多的国家加入了金融自由化的浪潮,逐步放松金融管制,尤其是放松了对资本项目的管制,资本才能在全球范围内更自由地流动,从而为金融全球化提供了制度基础和环境。

三、金融全球化与世界经济发展

(一) 金融发展与经济增长

金融自由化的改革,无论是发达国家的金融管制放松,还是发展中国家的金融深化,都是为了更好地促进金融发展,为经济发展服务,这也是各国进行金融自由化的初衷与最终目的。金融的发展主要通过完善支付体系、提高动员储蓄及转化投资的能力与提高资源配置效率三个途径来促进经济增长。具体体现为:①金融体系通过有效而适用的支付体系促进经济的增长。②金融体系通过提高动员储蓄及转化投资的能力促进经济增长。③金融体系通过提高资源配置效率促进经济增长。通过资源配置,将资本从边际生产率低的行业转移到边际生产率高的行业中,从而提高整个社会的资本生产率。

(二) 发展中国家金融自由化与经济增长

对于大部分存在金融抑制的发展中国家来说,尽管也存在着诸如汇率控制、信贷配给等管制措施,但金融抑制的主要表现仍然是利率管制,如名义存款利率管制、名义贷款利率管制或两者兼有。因此,大部分经济学家在关注发展中国家金融抑制的时候,大量的研究便集中于利率上,利率自由化也成为他们关注与研究发展中国家金融自由化的主要对象。发展中国家金融自由化与经济增长的关系体现为:①通过利率自由化提高储蓄促进经济增长。②通过促进投资来促进经济增长。③适度"金融抑制"促进经济增长。

(三) 金融全球化对世界经济发展的积极作用

总的来说,金融全球化可以从以下四个方面来促进世界经济的发展:①金融全球化通过提高资本配置效率和金融市场效率,促进了世界经济和国际贸易发展。②金融全球化通过降低融资成本,提供融资便利,为发展中国家提供发展经济的资金来源。③金融全球化支撑了国际直接投资和跨国公司的持续发展。④金融全球化促进了金融服务业提高服务质量,利于金融业竞争能力的提高。

四、金融全球化与国际金融危机

金融全球化带来了国际资本在全球范围内的流动,给世界各国带来了发展的机遇。但是,如果对巨额的国际资本缺乏有效的金融监管,加之投机资本利用金融衍生产品进行投机炒作,金融全球化必然加剧全球金融风险,甚至会引发全球金融危机。

(一)金融全球化下国际金融危机产生的原因

金融全球化条件下,金融危机产生的原因如下:①金融全球化进程中存在着宏观经济的内在冲突。②金融全球化背景下,投资者理性预期及道德风险的存在。③金融全球化背景下宏观经济内在冲突的激化。

(二)金融全球化下国际金融危机

金融全球化是一把"双刃剑"。金融全球化促使资金在全世界范围内重新配置,使欧美等国的金融中心蓬勃发展,同时也使发展中国家,特别是新兴市场经济国家获得了大量急需的经济发展启动资金,带动了地区经济乃至世界经济的增长。可以说,世界经济的发展离不开金融全球化的推动。然而,金融全球化给世界带来的不仅仅是好处,还有各种风险和危机。20 世纪 80 年代爆发的拉丁美洲国家的债务危机揭开了金融危机全球化的序幕。20 世纪 90 年代国际金融危机爆发得更加频繁。进入 21 世纪,2007 年夏天,随着房地产价格的止稳回落,同时在美联储加息的压力下,美国次级抵押贷款者的还款压力骤增,这使得次级抵押贷款的违约率和失去抵押品赎回权率迅速提高,造成了与次级抵押贷款相关的金融产品的迅速崩盘。2020 年 3 月,美国股市仅在 10 天内触发四次熔断机制,加深了市场对经济的悲观情绪,对全球市场产生了较大影响。

五、后疫情时代金融全球化新格局

2020 年的新冠肺炎疫情对金融全球化再平衡的分配效应,深刻影响了金融全球化格局。2008 年,新兴经济体在全球经济中占比为 44.7%,2018 年该比例上升到 59.2%。疫情将进一步推动全球经济板块趋向新的平衡,稳步增加新兴经济体增长动能,扩大其整体影响力。

2020 年,面对疫情对实体经济的沉重打击,各国普遍推出超级宽松的宏观政策,主要货币利率接近零利率区间,大幅减息并放宽借贷,推出新的量化宽松措施。事实上,主要经济体推出这一轮宽松政策可谓驾轻就熟,政策利率中枢一夜回到 2008 年,政策推出力度则强于当年。当时全球各主要经济体高度依赖宏观政策刺激，出现了扩张性政策惯性，并进行了应对危机的政策实验和理论创新，为货币大放水提供了舆论准备和理论支持。从2020年开始，以美联储为首的各国央行均采取了货币大放水政策，从而导致全球资产价格暴涨，大城市房价暴涨，推高了各国名义经济增速。从2022年开始，美元步入加息周期，相当于对全世界的又一次"韭菜收割"，很多国家因此受到恶性通胀和资本外流的双重冲击，甚至出现资产价格暴跌的惨景。过去40年，在美联储的6次较显著加息周期内，世界经济链条上相对脆弱的环节都会引爆金融危机。

复习思考题

1. 导致布雷顿森林体系瓦解的根本原因是什么？
2. 为什么说实体经济的发展是导致金融全球化产生和发展的首要原因？
3. 导致20世纪80年代后半期以来各国金融风险发生机制联系日益紧密的主要原因是什么？
4. 从中国企业参与金融全球化的角度出发，试述中国企业该如何规避世界金融风险。
5. 金融全球化下国际金融危机产生的原因有哪些？
6. 金融全球化对世界经济的影响有哪些？

第六章　国际直接投资与跨国公司发展

第一节　国际直接投资及其发展

国际投资(International Investment)主要指投资主体为获取经济利益而将货币、实物及其他形式的资产或要素投入国际经营的一种经济活动。国际投资包括国际直接投资和国际间接投资。国际间接投资主要包括证券投资和国际信贷。相对于国际间接投资,国际直接投资以投资者对海外经营资产拥有控制权为鲜明特征。二战后,世界经济发展的一个突出表现就是国际直接投资的迅猛发展。

一、国际直接投资的概念及特征

国际直接投资(International Direct Investment),是指投资者为了在国外获得长期的投资收益并得到对企业的控制权,通过直接建立新的企业、公司或并购原有企业等方式进行的国际投资活动。从一国角度出发,国际直接投资称为对外直接投资或外国直接投资(Foreign Direct Investment,简称FDI)。国际直接投资的形式主要有三种:一是在国外创办新企业;二是购买外国企业股权达到一定比例以上;三是以利润进行再投资,即投资者把通过直接投资所获得利润的一部分或全部用于对原企业的追加投资。

作为生产资本国际化实现形式的国际直接投资,与作为货币资本国际化实现形式的国际间接投资相比,具有自己的特点,主要表现在以下几个方面:

第一,投资者的目的是拥有所投资企业的控制权。这是国际直接投资与国际间接投资的根本区别,也是国际直接投资最鲜明的特征。无论以何种方式进行投资,国际直接投资都以取得企业的控制权为目的。投资者对海外企业实现控制权的基本途径之一就是控股。

第二,国际直接投资的投资周期长、风险大。进行国际直接投资的投资者,一般要直接参与所投资企业或公司的经营与管理,并在直接获取其营业收益的同时,也要承担企业经营的最终责任和风险。国际直接投资涉及企业的建设与长期经营,因此投资周期往往较长。较长的建设周期和投资周期,都会增加投资者的投资风险。

第三,国际直接投资主体以跨国公司为主。国际直接投资的主体是跨国公司和政府,但以政府为主体进行的对外直接投资很少,国际直接投资主要由跨国公司进行。目前,国际直接投资总额中至少有90%是由跨国公司完成的。

第四,国际直接投资能够实现生产要素的跨国流动,而且往往是"一揽子"要素的国际转移。国际直接投资是生产资本的国际化,投资行为会引起生产要素投入在国际范围内的转移。而这种转移往往体现为"一揽子"生产要素的转移,既可包括货币、实物等有形资本,也可包括知识、技术、管理经验等无形资本。

二、国际直接投资的类型

国际直接投资主要有以下几种形式:

第一,开办新企业,即绿地投资(Greenfield Investment)。包括设立分支机构、附属机构、子公司,以及同别国资本创办合资企业,或收买现有的外国企业。对新企业,特别是对分支机构和合资企业的投资,可以不限于货币资本,机器、设备或存货都可以作为投资资本。

第二,收买并拥有外国企业的股权达一定的比例。例如,美国政府规定,外国公司购买一家企业的股票超过10%便属于直接投资;日本则规定该比例为20%。

第三,直接并购,即投资者在另一个国家直接购买现有在售企业。这样做不仅可以拥有原企业的技术、管理经验和营销网络,把产品直接打入国际市场,而且可以降低经营成本,提高经济效益,缩短进入东道国市场的时间,减少创办新企业的资本。

第四,保留利润额的再投资(Reinvestment)。它是指投资国在国外企业获得的利润并不汇回本国,而作为保留利润对该企业进行再投资。虽然这种对外投资实际上并无资本流出或流入,但也是一种直接投资。

第五,非股权参与式投资,即跨国公司未在东道国企业中参股,而是通过与东道国企业签订有关技术、管理、销售和工程承包等方面的合约,取得东道国企业的某种管理控制权。

第六，BOT投资，即"建设—经营—转让(Build-Operate-Transfer)"。是指东道国与投资国政府或跨国公司签订协议，授权投资者自己融资，在东道国建设某项基础设施，并在一段时间内经营该设施，在收回投资和规定的利润后，将所有权和经营权转让给东道国政府。

第七，建立国际战略联盟，即两个或两个以上的跨国公司为实现各自的战略目标而建立起相对的协同或合作关系。从股权结构角度来看，战略联盟可分为非股权型联盟、股权型联盟、合资型联盟三类。

三、国际直接投资的主要风险及规避方式

(一)国际直接投资的主要风险

投资者在决定对外直接投资之前，往往需要考虑所要面临的风险，这些风险包括：

1. 政治风险

通常政治风险中又包括战争和内乱风险、国有化风险和转移风险。战争和内乱风险主要是指国际投资可能会遭受示威、暴动以及战争所带来的风险；国有化风险主要是指当地政府没收或征用外国企业的股权或资产，使外资企业难以生存；转移风险主要是指因外汇管制严格，外国投资者的投资利润无法正常汇回母国。东道国政府也可能出于各种原因，采用税收限制、外汇管制、进出口限制等手段对商业环境进行干预。

2. 国际商业风险

该风险主要包括国别选择、项目选择、东道国的对外经济贸易政策和投资者的投资行为等方面的风险。国别的选择恰当与否，与东道国的外资立法具体要求有关。项目选择与投资者对项目进行的可行性研究是否周全密切相关。东道国的对外经济贸易政策因国家宏观经济具体状况不同而不同，一般而言，外资进入发达国家的障碍较少，而外资进入发展中国家时则往往需要满足东道国出口创汇、进口替代等方面的要求，进入障碍较多。

3. 金融风险

由于各国的金融环境不同，并且实行不同的汇率制度，外国投资者难免在其财务管理中承担利率和汇率等金融风险，进而可能使其资产和负债蒙受损失。一般来说，东道国汇率提高、利率上升和通货膨胀率增加均会导致其他国家在本国的直接投资量降低。

(二)国际直接投资风险的主要规避原则

一般来说,风险大小与获利机会成正比,即风险越大,获利的可能性就越大。因此,在对外直接投资过程中,投资者可考虑采取以下风险规避原则:

1. 风险回避

即事先估计出风险出现的可能性,判断导致其产生的条件和因素以及对之进行控制的可能性,进而通过改变生产流程或经营地点等方法,回避到某一国或地区进行投资。不过,这是一种下策,因为这有可能使投资者失去竞争获利的机会。

2. 风险转移

即投资者通过到保险公司投保、招标等其他经济技术手段把风险转移给他人承担。在国际贸易中,各企业必须对当前存在的贸易风险类型进行分析,明确不同风险出现时的责任分配问题,最重要的问题是企业应在交易前加强对风险的防范。

3. 风险控制

即投资者主动采取各种积极措施,减少风险发生的概率及经济损失的程度,以寻求维持原来的决策减少风险损失。国际贸易中的风险控制主要可以从健全风险监控体系、加强政府支持、提升企业信誉三个方面着手,制定相应的风险控制策略。

4. 风险自留

即投资者从其长远投资战略考虑,对一些无法避免和转移的风险采取现实态度,在不影响投资根本利益的前提下自行承担下来。该策略使投资者为承担风险损失而事先做好种种准备,修正自己的行为,努力将风险下降到最低程度,在蒙受风险损失的同时设法获得其他方面的额外补偿。

5. 风险评估

投资者对于金融风险和信用风险的管理,除了需要充分利用金融市场规避风险外,还需要对这些风险进行测定,从而能在一定程度上测算出其将承担的损失。合理识别与评估东道国的投资风险,能够提升国家间的投资协作效益。

四、国际直接投资产生及发展变化

国际直接投资是国际分工不断深化的产物。国际分工的深化和发展,加深了各国之间的经济联系,大大促进了国际贸易的发展。为了进一步促进国际贸易发展和为"过剩资本"寻找出路,西方国家纷纷开始了向殖民地国家和地区的资本输出。国际贸易的大发展和资本输出的出现,进一步深化了国际分工,加强了各国间的经济联系,国际直接投资应运而生。从生产力的角度看,国际直接投资是"一揽子"生产要素的转移,既扩大了投资国生产的空间范围,又增加了东道国的生产能力,对世界经济的发展产生了重要影响。当前,复杂的国际直接投资体系存在着众多重叠和冲突,"碎片化"程度不断加深,"规制融合"是全球直接投资治理的必然趋势。

(一)国际直接投资的发展变化所经历的阶段

国际直接投资产生以来,大体上经历了三个阶段:

第一阶段,国际直接投资的起步阶段(1870—1914年)。大多数西方学者认为,国际直接投资产生于19世纪70年代。当时,一些发达资本主义国家的大型企业通过对外直接投资的方式在国外设立分支机构,如美国的西屋电气公司、爱迪生电气公司、瑞士的雀巢公司、英国的帝国化学公司等都在这一时期发展对外直接投资,这些公司都是现代意义上的跨国公司。这一时期的国际直接投资具有浓厚的政治色彩,主要表现为宗主国凭借其雄厚的政治、经济、军事实力,对殖民地国家和地区的"资本输出"。这一时期国际直接投资的行业分布主要是初级产品部门和为初级产品服务的公共部门,而制造业部门的直接投资所占比重较低。英国的对外直接投资主要集中于铁路建设和矿业开采,美国则主要集中于石油、农业和矿业等。表6-1为1914年各主要西方国家对外直接投资存量统计。

表6-1 各主要西方国家对外直接投资存量(1914年)

	英国	美国	法国	德国	意大利 荷兰 瑞士 瑞典
投资存量(百万美元)	6500	2650	1750	1500	1250
所占百分比(%)	44.6	18.5	12.0	10.3	9.6

资料来源:李东阳.国际直接投资与发展[M].北京:经济科学出版社,2002:16。

第二阶段,国际直接投资缓慢发展阶段(1915—1945年)。在这一阶段,由于两次世界大战、国际金本位的崩溃、世界经济危机等,世界经济发展缓慢,个别年份甚至出现停滞和倒退,受此影响,国际直接投资发展缓慢。第一次世界大战极大地破坏了参战国家和地区的生产能力,使国际间的经济往来受到破坏,频繁的贸易战、货币战严重地阻碍了国际直接投资的发展。战争改变了西方国家的力量对比。英国、法国和德国等老牌国际直接投资输出国的地位大大削弱,与此同时,美国从净国际债务国变成净国际债权国,成为主要的国际直接投资输出国。到第一次世界大战结束时,尽管英国的地位下降,但仍是世界最大的净国际债权国,而其他欧洲发达国家的对外直接投资则大幅下降,美国则在国际直接投资中的地位大幅提升。第二次世界大战期间,国际直接投资的发展受到了极大的破坏,国际直接投资量锐减。到二战结束时,欧洲各交战国经济受到重创,对外直接投资流量降到谷底。

第三阶段,国际直接投资的快速发展阶段(1946年至今)。二战后,随着社会生产力的恢复和发展,以及科技水平的提高,世界经济获得了空前的增长。以跨国公司为主体的国际直接投资活动急剧增长,在国际资本流动中的重要性日益上升。这一阶段的国际直接投资大致可以划分为两个时期:

第一个时期为恢复增长期,从1946年到1960年。这一时期,西方国家致力于经济重建和恢复工作,欧洲在"马歇尔计划"的支持下获得了大量的美元资金,有力地推动了战后欧洲的经济重建和振兴。在20世纪50年代,各主要西方国家对外直接投资流量增长较快,但规模仍然有限,明显具有恢复性质。到1960年底,美国对外直接投资存量几乎占到全世界存量的1/2,其他西方发达国家也有一定程度的发展,发展中国家的对外直接投资存量则微不足道。这一时期,国际直接投资主要集中于制造业和资源开发业,主要是源于战后西方国家经济的快速复苏导致其对资源的大量需求,许多跨国公司纷纷投资于采矿、石油等行业,以获取稳定的原材料供应。表6-2为1960年各主要西方发达国家和发展中国家对外直接投资存量统计。

表6-2 各主要西方国家和发展中国家对外直接投资存量(1960年)

	美国	英国	荷兰	法国	加拿大	发展中国家
投资存量(亿美元)	319	108	70	41	25	7
所占百分比(%)	48.3	15.3	10.6	6.2	3.8	1.1

资料来源:李东阳.国际直接投资与发展[M].北京:经济科学出版社,2002:18。

第二个时期为高速增长期(1961年至今)。20世纪60年代后,在联合国、关税及贸易总协定、国际货币基金组织等国际多边机构的协调和维护下,国际经济与政治局势相对稳定,社会生产力得到极大的恢复与发展,世界经济快速增长。在此国际背景下,国际直接投资迅猛增长,以跨国公司为主体的对外直接投资活动代替了间接投资,成为国际资本流动的主要形式。20世纪80年代以来,这一趋势进一步增强。在对外直接投资的存量规模上,1982年为5790亿美元,2011年达到211680亿美元,增长了35.6倍;从对外直接投资的年流入额看,1982年为580亿美元,2011年达到15240亿美元,增长了25倍。① 国际直接投资已成为推动世界经济增长的"助推器"。表6-3揭示了1982—2011年外国直接投资(FDI)指标的变化情况。

---

① 数据来源:《2012年世界投资报告》。

表6-3 1982—2011年外国直接投资(FDI)指标

	按当前价格计算的价值(10亿美元)				年增长率(%)						
	1982	1990	2010	2011	1986—1990	1991—1995	1996—2000	2008	2009	2010	2011
FDI流入量	58	207	1309	1524	3.6	22.1	39.4	-14.2	-32.1	4.9	16.4
FDI流出量	27	239	1451	1694	25.9	16.5	35.6	-13.5	-38.7	13.1	16.7
FDI流入存量	790	1942	19907	20438	15.1	8.6	16.0	-4.8	17.4	6.6	2.7
FDI流出存量	579	1786	20865	21168	18.1	10.6	16.9	-0.1	20.1	6.3	1.5

资料来源：根据世界投资报告(2011—2012)计算得出。

(二)21世纪以来国际直接投资的发展新趋势

进入21世纪后，由于受美国新经济热潮降温、世界经济增速放缓和全球市场需求下降等诸多因素的影响，跨国公司对外直接投资出现了许多新的特点。

1. 国际直接投资的规模随着世界经济的起伏而升降

国际直接投资总规模历经低迷后开始复苏。2001年，国际直接投资总额为7800亿美元，其中FDI的流入量比2000年减少51%，是10年来首次下降；同时流出量也比2000年减少55%。联合国贸发会议2009年的世界投资报告统计表明，2008年全球直接投资规模较2001年下滑30%。其中，美国下滑18%，欧盟则下滑近30%，扭转了其连续6年FDI流出额增长的局面；但与此相反，日本则增长近74%，延续其2003年来的不断增长态势。对发展中国家而言，2008年的FDI流出额占世界比重约16%，比2007年上升了2%。根据《2012年世界投资报告》，2011年的全球投资环境尽管受到了2008—2009年全球金融危机和当前主权债务危机的持续影响，但是2011年的全球对外直接投资仍然增长了16%，全球投资环境开始回暖，并首次超过了2005—2007年危机前的水平。这主要是由2011年跨国公司取得了较高的利润和发展中国家取得了较高的经济增长所拉动的。

2. 制造业的外国直接投资前景总体依然较好

制造业中的信息产业、医药、机械、冶金行业等领域仍然是外商投资较为集中的行业。就制造业而言，大约占到世界内向FDI存量的1/3。21世纪制造业的外商直接投资呈现较好的增长势头。

3. 世界各国吸引外国直接投资竞争激烈，发展中国家和地区吸引力上升

目前国际直接投资流向仍以美国、英国、法国、德国和日本等发达国家为主，中国由于经济发展的巨大潜力和取得的成绩已经成为全球吸引外资最多的国家之一。此外,亚洲其他国家(地区)和中东欧对外资的吸引力也正在继续提高,在发展中国家中,吸收外资较多的国家除中国外,印度、南非、埃及、巴西、墨西哥、波兰和俄罗斯等国也增长较快。

五、新时期中国对外直接投资(OFDI)高质量发展

2002—2016 年间,中国对外直接投资流量由 27.0 亿美元持续增加到 1961.5 亿美元;存量由 299.0 亿美元增加到 13573.9 亿美元,全球排名由第 25 位上升到第 6 位。特别是 2009—2016 年间,中国 OFDI 流量持续稳步提升,稳居世界前十。然而,从 2017—2019 年中国 OFDI 流量逐年下降,分别为 1582.9 亿、1430.4 亿和 1171.2 亿美元,较上一年度分别下降 19.3%、9.6% 和 18.1%。中国 OFDI 连续 3 年下降固然与全球投资环境的不确定性上升有关,但也在一定程度上说明了这不是随机因素造成的暂时性偏离,而是深层次原因引起的发展阶段的转变。

世界都预期中国 OFDI 将继续高歌猛进,如中国香港货币研究局预测中国 OFDI 存量将超过 5 万亿美元的时候,实际 OFDI 却在 2017 年掉头向下,开始减速降温。其原因既有国际投资环境的变化,也包括中国对企业投资行为的规范。事实上,中国政府在 2016 年底就开始总结前几年对外投资激增的经验和教训,加强了真实性、合规性、经济合理性审查,试图引导企业审慎决策,理性开展对外投资,并打击防范虚假投资行为造成的资金外流,目的在于促进中国 OFDI 步入高质量发展轨道。

随着这一系列新政策的出台及国际环境的变化,2017 年中国 OFDI 规模自 2003 年以来首次同比下降,且 2017—2019 年又连续 3 年同比下降。但是也要看到,中国 OFDI 流量和存量仍居于世界前三,而且其中的水分更少、质量更高、行业和地区结构也更加优化。更重要的是,新政策的出台有助于更好地掌握企业对外投资的真实性、合理性和最终去向,从而更便利于对其引导和监管,且使其更加注重经济合理性、盈利性和可持续性。这也标志着中国未来的对外投资将进入高质量发展阶段。

第二节 国际直接投资理论

第二次世界大战以后,尤其是 20 世纪 60 年代以后,以跨国公司为主体的国际直接投资活动得到了迅速发展,引起了西方学者的普遍关注。他们分别从不同的角度来研究对外直接投资的动因和决定因素,并逐渐形成各自的理论体系,使对外直接投资理论成为西方经济学的一个重要分支。1960年,美国学者海默首次提出了垄断优势理论,在理论上开创了以国际直接投资为研究对象的崭新领域,标志着国际直接投资理论的诞生。

一、国际直接投资主流理论

(一) 垄断优势理论

美国学者海默于1960年在其博士论文《国内企业的国际化经营:对外直接投资的研究》中,运用西方微观经济学中关于厂商垄断竞争的原理来说明跨国公司对外直接投资的动因,提出了"垄断优势理论",指出大企业凭借其特定的垄断优势从事对外直接投资,开了对外直接投资理论研究的先河。

垄断优势理论系统论证了垄断优势和国内国际市场的不完全是企业对外直接投资的决定性因素。垄断优势理论认为市场不完全是跨国公司进行对外直接投资的根本原因,对外直接投资应该从不完全竞争出发,在市场不完全的情况下,企业才能够拥有垄断优势,这种垄断优势是跨国公司对外直接投资的决定因素。

垄断优势理论研究的对象只是实力雄厚、具有明显垄断优势的美国跨国公司。根据该理论,没有垄断优势的企业无法进行对外直接投资。而20世纪80年代以来,没有垄断优势的发展中国家跨国公司对外直接投资的兴起,则对此理论提出了质疑。另外,垄断优势理论也无法解释产品出口、技术转让与对外直接投资三种参与国际经济活动的适用条件。

(二) 内部化理论

内部化理论是英国里丁大学经济学家巴克莱和卡森于1976年在他们合著的《跨国公司的未来》一书中首次提出的。他们认为,由于市场信息的不完全性和中间产品(尤其是专有技术、专利、管理及销售技术等信息与知识产品)价格难以确认,造成市场交易成本过高。跨国公司只有通过企业内部建立市场,以企业内部市场代替外部市场,从而解决由市场不完善带来的供需交换不能保证进行的问题。内部化理论给跨国公司对外直接投资的启示是,跨国公司要努力构建以跨国公司母体为核心的企业网络体系,并在这一网络体系内控制和使用中间产品,从而实现获取高额利润的目标。

内部化理论的重要意义在于将市场交易内部化原理引入国际直接投资领域,着重强调知识产权的保护对企业竞争的重要意义,从而使理论分析更接近跨国公司进行国际直接投资的现实,在一定程度上解释了二战后的各种国际直接投资活动。但是内部化理论侧重于从跨国公司的主观方面考虑对外直接投资的动因,对国际经济环境变化考虑不够,使该理论具有很大的片面性和局限性。

(三)边际产业扩张理论

20世纪70年代日本贸易促进型对外直接投资迅速发展,边际产业扩张理论试图对此经济现象作出合理解释。20世纪70年代中后期,日本学者小岛清运用比较优势原理,把贸易与对外直接投资结合起来,以投资国和东道国的比较成本为基础,着重分析对外直接投资的贸易效果,提出了对外直接投资的国际产业转移理论。小岛清认为国际直接投资不能仅仅依靠从微观经济因素出发的跨国公司垄断优势,还要考虑从宏观经济因素出发的国际分工原则。其基本思想是对外直接投资应该从本国(投资国)已经处于或即将陷于比较劣势的产业——边际产业(也是东道国具有显在或潜在比较优势的产业)依次进行。如果没有外来的资金、技术和管理经验,东道国这些优势就不能被利用。这样,投资国对外直接投资就可以充分利用东道国的比较优势并扩大两国的贸易。

该理论解释了20世纪六七十年代日本对外直接投资的特点,这一时期以资源导向型、劳动力成本导向型和市场导向型直接投资占主导。边际产业扩张理论的局限性主要表现在:一是只能解释经济发达国家与发展中国家之间的以垂直分工为基础的投资,难以解释经济发达国家之间的以水平分工为基础的投资。二是该理论以投资国为主体而不是以跨国公司为主体,难以解释复杂的国际环境下所有跨国公司的对外直接投资行为。三是低估了发展中国家接受高新技术的能力,使发达国家与发展中国家的关系固定在静止状态。按照该理论,发展中国家只能接受发达国家的边际产业,永远追赶不上发达国家。

(四)产品生命周期理论

1966年,美国哈佛大学教授弗农在其发表的重要论文《产品周期中的国际投资和国际贸易》中提出了该理论。他认为,垄断优势论不足说明企业在出口、许可证和跨国界生产间的选择,其理论只停留在静态阶段,应该将企业的垄断优势、产品生命周期,以及区位因素结合起来分析企业的对外投资行为。弗农认为产品比较优势和竞争条件的变化是驱使美国跨国公司对外投资的决定因素。他把产品的生命周期划分成三个阶段:产品创新阶段、产品成熟阶段、产品标准化阶段,以解释企业根据生产条件和竞争条件作出的对外直接投资决策。产品生命周期理论将企业的垄断优势与区位优势相结合,动态描述了跨国公司对外直接投资的原因,既解释了为什么要对外投资,也解释了对发达国家和发展中国家投资的时机选择,这一思路对后来的折中理论产生了重要影响。

(五)国际生产折中理论

20 世纪 70 年代后期,美、欧、日三足鼎立的跨国公司投资格局形成,为国际直接投资理论的综合创造了条件。英国里丁大学教授邓宁于 1977 年发表了其著名论文《贸易、经济活动的区域和跨国企业:折中理论探索》,提出国际生产折中理论,试图全面探讨对外直接投资的动因、投资决策、投资方向三个主要问题。1981 年,邓宁出版了名为《国际生产与多国企业》的论文集,对其折中理论进行了系统的整理和阐述。

折中理论认为,企业从事国际直接投资是由该企业自身拥有的所有权优势、内部化优势和区位优势三大因素综合作用的结果,这就是跨国公司直接投资的所谓 OIL (Ownership-Internalization-Location)模式。邓宁认为,企业只有同时拥有了这三项优势,才能够进行跨国投资。根据企业拥有这三项优势的情况,企业进行的国际经济活动方式如表 6-4:

表 6-4 企业跨国经营方式的选择

	所有权优势	内部化优势	区位优势
国际直接投资	拥有	拥有	拥有
商品出口	拥有	拥有	不拥有
以许可证转让技术	拥有	不拥有	不拥有

国际生产折中理论并非对以往理论的简单"折中",而是从跨国公司国际生产这个角度,讨论所有权优势、内部化优势、区位优势三组变量对国际直接投资的作用。该理论的创新之处在于它看到了在企业跨国投资动因中,包含了区位优势。邓宁认为,只有国外区位优势较大时,企业才有可能进行国际直接投资,因此区位优势是国际直接投资的充分条件。国际生产折中理论是迄今最完备的、被人们广泛接受的综合型国际生产模式,被称为国际生产领域里的"通论"。

二、发展中国家对外直接投资理论

20 世纪 80 年代以来,发展中国家对外直接投资活动的兴起,推动了以发展中国家对外投资活动为研究对象的理论研究的发展。

(一)小规模技术理论

美国经济学家刘易斯·威尔斯在 1977 年发表的《发展中国家企业》一文中提出

小规模技术理论。该理论的最大特点就是摒弃了那种只能依赖垄断的技术优势打入国际市场的传统观点,将发展中国家对外直接投资竞争优势的产生与这些国家自身的市场特征有机结合起来,从而为经济落后国家对外直接投资提供了理论依据。该理论主要从三个方面分析了发展中国家跨国企业的比较优势:第一,发展中国家拥有为小市场需要提供服务的小规模生产技术;第二,发展中国家在民族产品的海外生产上颇具优势,一个突出的例子是华人社团在食品加工、餐饮、新闻出版等方面的需求,带动了一部分在东亚、东南亚国家和地区的海外投资;第三,低价产品营销战略。该理论认为世界市场是多元化、多层次的,即使对于那些技术不够先进、经营范围和生产规模不够庞大的企业来说,参与对外直接投资仍有很强的经济动力和较大的市场空间。

(二)技术地方化理论

英国经济学家拉奥在1983年出版了《新跨国公司:第三世界企业的发展》一书,提出用技术地方化理论来解释发展中国家对外投资行为。他认为,发展中国家跨国公司的技术特征尽管表现为规模小、使用标准化技术和劳动密集型技术,但这种技术的形成却包含着企业内在的创新活动。发展中国家对发达国家的技术引进,并不是被动地模仿和复制,而是进行了改造、消化和创新。正是这种创新给引进的技术带来了新的活力,给引进技术的企业带来了新的竞争优势,从而使发展中国家的企业在当地和邻国市场具有竞争优势。

(三)技术创新和产业升级理论

20世纪80年代中期以后,发展中国家对外直接投资出现了加速增长的趋势。特别是一些新型工业化国家和地区的对外直接投资投向了发达国家,并成为当地企业有力的竞争对手。如何对发展中国家的对外直接投资行为进行解释,是理论界面临的重要挑战。英国著名专家坎特威尔教授与他的弟子托兰蒂诺共同对发展中国家对外直接投资问题进行了系统的考察,提出了发展中国家技术创新和产业升级理论。技术创新与产业升级理论强调技术创新是一国产业、企业发展的根本动力。

(四)一体化国际投资发展理论

日本学者小泽辉智把经济发展、比较优势与对外投资作为相互作用的三种因素结合于一体,阐明当经济发展到一定阶段时,发展中国家如何通过对外投资来促进经济转型。该理论的核心思想是,直接投资的发展及其模式完全遵循比较优势的动态变化,发展中国家的对外投资必须与其工业化战略相结合,最大限度地发挥现有比较优势,尽可能地激发潜在的比较优势。

(五)对外投资的不平衡理论

该理论从公司资产组合平衡的角度论证了对外投资在公司竞争优势形成与发展中的意义。由于企业存在资产相对不平衡(如缺乏技术优势、无法形成规模经济等),进而通过对外投资在国外市场寻求补偿性资产,从而使其资产组合达到平衡,竞争力得到显著增强,战略地位发生根本性逆转。对外投资是处于相对劣势的企业增强竞争实力,在竞争中实现赶超的有效途径。

三、国际直接投资理论的最新发展

伴随着经济全球化的大发展,资本的跨国界流动日益活跃。以跨国公司为载体的国际直接投资更是发展迅猛,对世界经济的发展日益重要。不论是发达国家,还是发展中国家,都加快了对外投资的步伐。这促使许多经济学家试图从不同角度来解释世界各国的对外直接投资行为。

(一)投资诱发要素组合理论

20世纪80年代后期到90年代初期,对于发展中国家的对外直接投资行为,许多学者把研究重点转向外部因素对国际直接投资行为的影响方面,创立了较大影响的投资诱发要素组合理论。该理论认为,任何形式的对外直接投资都是投资直接诱发要素和间接诱发要素组合作用的结果。直接诱发要素是直接投资产生的主要因素,包括劳动力、资本、技术、管理及信息等。间接诱发要素包括投资国鼓励性的投资政策与法规,与东道国的协议或合作,东道国优良的投资环境,以及经济一体化、区域化、集团化的发展,国际金融市场汇率与利率波动,科技革命的发展和影响等。从这个意义上说,投资诱发要素组合理论为发展中国家对外直接投资提供了新的理论支持。

(二)竞争优势发展阶段理论

美国哈佛大学教授迈克尔·波特于20世纪90年代提出竞争优势发展阶段理论,该理论将国家竞争的发展分为四个阶段:要素驱动阶段、投资驱动阶段、创新驱动阶段和财富驱动阶段。波特认为,一国的竞争优势是动态变化的,国内企业的激烈竞争促进其竞争力的提高,使其有能力走向国外。因此,虽然波特的理论并非跨国公司理论,但这种新的发展阶段的划分补充和完善了直接投资理论。

第三节　跨国公司及其发展

国际直接投资是国际资本流动的主要形式,而承担国际直接投资活动的主体就是跨国公司。跨国公司的快速发展及全球战略的实施,必将对国际经济格局和各国国民经济产生深刻影响。

一、跨国公司的定义及标准

(一)定义

跨国公司作为一种遍及全球的宏观经济现象,自20世纪50年代以来,一直深受西方学者和有关研究机构的关注。在有关跨国公司的定义中,迄今为止,尚未形成统一名称,比较常见的有四种:国际公司(International Corporation),多国公司(Multinational-Corporation),全球公司(Global Corporation)和跨国公司(Transnational Corporation)。

1982年,联合国跨国公司委员会确认使用"跨国公司"(Transnational Corporations)这一表述,并定义跨国公司为由分设在两个或两个以上国家的实体组成的企业,而不论这些实体的法律形式和活动范围如何;这种企业的业务是通过一个或多个活动中心,根据一定的决策体制经营的,可以具有一贯的政策和共同的战略;企业的各个实体因所有权或其他因素相联系,其中一个或一个以上的实体能对其他实体的活动施加重要影响,尤其可以与其他实体分享知识、资源,并分担责任。

(二)划分标准

尽管跨国公司的定义界定有多种说法,但其划分标准大体包括以下三种:

1. 结构标准

凡是采用"企业跨国程度""企业所有权""高级经理人员的国籍"和"企业组织形式"等作为划分跨国经营的标准与尺度的都是结构标准。从企业跨国程度来看,一个企业必须在两个以上的国家从事生产和销售才算是跨国公司;从企业所有权来看,一般认为,跨国公司应由众多国家的国民拥有所有权。经济合作与发展组织认为,跨国公司"通常包括所有权属于私人的、国有的、公私合营的或其他的实体";从高级经理人员国籍来看,跨国公司的高级经理人员必须是来自一国以上的国籍;从企业组织形式来看,其实体的法律形式可以是合资、有限、无限、公司合营等。在制造业中,海外企业最流行的形式是在海外组建子公司。

2. 业绩标准

业绩标准是指公司的海外业务活动在整个公司的业务活动中,其资产额、销售额、生产值、利润额和雇员人数应占若干百分比以上才算是跨国公司。比较一致的标准是25%以上,但是按动态数列分析,某些公司可能在某一特定的时点上合格,而在另一时点不合格。

3. 行为标准

行为标准是指跨国公司都应有全球战略目标,从全球战略目标和动机出发,公平处置世界各地所出现的机遇与挑战。公司跨国经营活动由一国走向多国,直至实现全球化目标,需要经历三个发展阶段:"民族中心"阶段,公司业务活动以母国为中心进行决策;"多元中心"阶段,公司决策既要考虑母公司,也要兼顾海外子公司的要求;"全球中心"阶段,公司所有决策出自"全球思维",以全球利益为目标。

(三) 跨国公司的基本特征

就世界范围而言,各跨国公司之间千差万别,但不管其实际形态多么复杂,跨国公司的本质仍然十分明显,即它是适合高度发展的生产力状况的一种生产活动的组织形态,反映了人类的生产活动需要在更大范围(跨越国界)、更深层次(手段多样)配置资源的客观需要。跨国公司主要呈现出以下几个基本特征:

第一,对外直接投资。一般地讲,资本对外输出可以分为直接投资和间接投资两种。间接投资指购买外国公司的证券,但不参与公司的具体管理,因此,投资方不用承担任何风险。

第二,管理一体化。跨国公司的总部通常是进行最高决策和最终控制的中心,它保证设在各地的分公司能协调一致地行动,它行使集中决策、统一控制、分级管理、相互协调的职能,在跨国公司内部实行一体化管理,这种管理的一体化有助于实现跨国公司的全球化战略。

第三,在全世界范围内展开经营活动。尽管最初跨国公司都是在母国立足,但母国并不是它的最终目标。跨国公司要在全世界范围内扩展业务,向整个世界销售商品、提供服务,以在全球市场竞争中不断发展、不断扩张为目标。

第四,实现全球战略。跨国公司总是以全世界市场为活动舞台,进行全世界性资源的最优配置,追求全世界范围的最大利润,实现全球性扩张和发展。

二、跨国公司的发展历程

跨国公司是伴随着对外直接投资出现的,它的形成和发展是基于社会生产力和科学技术的突飞猛进。资本输出的扩大,尤其是国际直接投资活动的迅速发展,使得生产和资本国际化造就出新的国际分工模式,跨国公司成为其重要载体,对世界经济的发展产生了深远影响。学界普遍认为,真正意义上的跨国公司产生于19世纪中后期。

(一)跨国公司的兴起阶段(19世纪60年代到第一次世界大战前)

15世纪末16世纪初,随着新航线的开辟,国际商业活动的空间大大扩展,在西班牙、葡萄牙、荷兰和英国出现了一批从事海外经商和远洋运输的特权贸易公司,东印度公司(East India Company)和哈德逊湾公司(Hudson's Bay Company)就是其中的典范。但它们并不是真正的跨国公司,因为它们的业务活动主要是从事国际贸易,而真正意义的跨国公司是在国际生产领域从事跨国经营。

从19世纪60年代开始,随着资本主义进入垄断阶段,资本输出代替商品输出,成为主要的海外经济扩张方式。到第一次世界大战之前这段时间,跨国公司的投资呈现如下特点:第一,实施跨国投资的跨国公司主要集中在发达资本主义国家,局限于西欧和美国几个少数强国,英国居于绝对优势地位(表6-5为1913年英国对外投资的地区分布状况)。第二,跨国投资主要发生在资本主义国家与其殖民地、半殖民地和其他经济落后国家之间。第三,以原材料为目的的后向垂直一体化成为当时跨国公司跨国投资的主要行业指向。

表6-5 1913年英国对外投资地区分布

地区	占对外投资总额比重
英帝国(英联邦)殖民地	47.3%
南美	20.1%
美国	20.0%
欧洲	5.8%
其他	6.8%

资料来源:杜奇华.跨国公司与跨国经营[M].北京:电子工业出版社,2008:9。

(二)跨国公司的缓慢发展阶段(两次世界大战期间)

两次世界大战期间,跨国公司数量有所增加,规模也在扩张,但受两次世界大战的影响和1929—1933年经济危机的打击,跨国公司的发展受到限制,对外直接投资的规模处于徘徊状态。从 1914 年到 1938 年间,英、法、美、德、日等主要资本主义国家的资本输出总额仅增加了 10%,跨国公司处于缓慢发展阶段。这一时期跨国公司投资呈现如下特征:

第一,美国跨国公司投资地位上升。在两次世界大战中,美国的经济实力大幅提升,美国跨国公司的投资地位也随之提高。1927 年,美国稍逊英国位居世界第二位。此外,美国还加紧向英国跨国公司的势力范围渗透。

第二,跨国公司的产业投向发生转变,制造业跨国公司发展迅速。跨国公司的产业指向从先前的自然资源、矿产转向制造业,海外扩张的企业大多是技术先进的企业,或是大规模生产消费品的企业。

第三,由纵向直接投资开始向横向直接投资转变。先前的跨国投资主要发生在发达资本主义国家与其殖民地、半殖民地和其他落后国家之间。第一次世界大战后,对外直接投资开始部分地向发达国家和地区转移。

(三)跨国公司的快速发展阶段(第二次世界大战后至今)

第二次世界大战后,尤其是 20 世纪 50 年代后期以来,主要资本主义国家相继走出战争和危机的影响,经济恢复和发展迅速。在科技革命和生产国际化的推动下,作为国际直接投资主体的跨国公司得以迅速发展,主要体现在:

第一,跨国公司数量和规模迅速扩张。第二次世界大战后,随着科技的发展和国际分工的深化,国际直接投资的规模迅速扩大,作为其主要载体的跨国公司获得了迅猛发展。

第二,投资来源国呈现"大三角",并日趋多元化。资本主义国家经过 20 世纪 50—70 年代的"黄金增长期"后,各国的力量对比发生了变化,德国和日本经济的崛起,打破了美国跨国公司在战后的霸主地位,形成了美国、日本、西欧"三足鼎立"的投资来源结构。20 世纪 90 年代以后,随着新兴行业化国家的崛起,越来越多的发展中国家也加入了对外投资当中,投资来源日趋多元。

第三,跨国公司的产业指向主要是制造业和服务业,第一产业比重降低。第二次世界大战前,跨国公司在第一产业的投资居于主导,第二次世界大战后,这一格局发生了重大变化。首先是第二产业投资比重的急剧上升。随着 2007 年以来的全球金融危机和美国次贷危机的爆发,这种投资结构受一定的影响,但是总体而言仍旧保持着这种势头。自 2009 年和 2010 年跨国公司对服务业投资大幅下滑之后,2011 年服务业部门直接外资有所反弹,约达 5700 亿美元。初级部门的投资也扭转了持续下滑的势头,制造业部门反倒有所收缩。总体而言,2011 年跨国公司的产业指向主要集中在以下五大产业,它们分别为:采掘业、化工业、公共事业、运输和通信以及其他服务。

同时,发达国家之间的投资超过了其对发展中国家的投资。主要原因在于发达国家稳定的政治环境、发达国家之间经济发展水平相近和战后日趋专业化的国际分工为彼此提供了更多的市场机会。

三、跨国公司发展新趋势

在经济全球化潮流推动下,各国经济相互依存程度有了显著的提高,国家间经济联系进一步密切,各国对外开放倾向加强,采取外向型的经济策略来推动本国经济的发展。全球范围内跨国公司发生了巨大的变化,其中最引人注目的是跨国公司(Transnational Corporations)向全球公司(Global Corporations)的转型。跨国公司是在两个或两个以上的国家建立分支机构,由母公司统筹决策和控制,从事跨国界生产经营活动的经济实体。全球公司则是跨国公司全球化发展的新阶段。与一般跨国公司相比,全球公司的全球化程度大大提高,其跨国指数(海外资产、海外销售和海外雇员与总资产、总销售和总雇员的比例)超过50%。跨国公司发展的新趋势主要呈现出以下几个方面的特征:

第一,跨国公司竞争发生变化。跨国公司竞争重点由"资源竞争""市场竞争"转向了"科技竞争",合作竞争和双赢战略成为跨国公司之间竞争的主格调,跨国公司之间的国际竞争从产品竞争转向组织竞争。跨国公司要想在知识经济中获得竞争优势,必须建立一个遍及全球的R&D网络。

第二,国际战略联盟成为跨国公司发展模式的新趋势。20世纪90年代以来,随着竞争的不断加剧,许多跨国公司深感仅凭自身的资源无法实现企业的战略目标,在竞争环境要求它们取得的战略绩效目标与它们依靠自身能力所能达到的目标之间形成了一个缺口,即"战略缺口"。战略缺口在不同程度上限制了跨国公司自我发展的步伐,在客观上要求它们改变竞争方式,形成合作竞争,国际战略联盟成为跨国公司发展模式的新趋势。按联盟各方合作在价值链上的位置及其相互关系,可将其分为研究开发型、资源补缺型和市场营销型的国际战略联盟。

第三、R&D国际化成为跨国公司技术发展的新趋势。为适应国际市场复杂性、产品多样性及消费者偏好差异性的要求,同时也为充分利用各国的科技资源,降低新技化,在生产国际化水平不断提高的基础上,跨国公司更加重视在全球范围内优化配置技术要素,R&D国际化成为跨国公司技术发展的新趋势。跨国公司R&D国际化的方式主要有三种:设立海外R&D机构并与母公司形成网络系统;组建海外产教研联合体；与其他跨国公司缔结 R&D 国际战略联盟。

第四，组织网络化成为跨国公司结构调整的新趋势。在数字经济中，企业组织与外部环境之间不存在明确的边界，个人或组织可通过网络穿过组织边界，与它们的环境相联系，这种边界的模糊性使企业内的任何组织和个体都能成为社会经济网络的结点，从而为组织和个人提供了实现更大发展的契机。更多的机械性工作可由机器体系完成，而要求大多数雇员做的是充满创造性的工作，组织的功能在于激发员工的才智，加强与同伴的协调，进行不断的创新。当今经济活动突破了传统经济活动的空间，出现了各种与原有实物经济并存的虚拟经济，经济交易时空范围的无限扩大，使得人际关系更为复杂，交易中的信息对称性要求更加迫切。组织之间的利益关系并不是绝对对立的，不同主体之间通过网络联结可以产生经济，企业组织之间不仅是相互竞争的，也可以相互合作，实现范围经济。

当然，不同的跨国公司会表现出其自身的特征，这些特征与跨国公司的规模和发展历史、所处国家的政治经济环境有着密切的联系。对跨国公司新趋势的认识，有利于把握中国跨国公司的发展方向。

第四节　中国跨国公司的发展

在全球经济一体化进一步深化的过程中，中国从以引进外资为主的外资战略，转变为对外直接投资和引进外资并重的战略。战略的转变，标志着中国进入了一个主动和积极参与经济全球化的新阶段。

一、中国跨国公司的含义

在国内，一些知名的专家和学者对中国跨国公司进行研究，并对中国跨国公司的概念做出了界定。林叶认为，"中国跨国公司的概念的基本规定性是，社会主义企业自觉地参与国际经济和国际市场，利用本国和国外资金，在国外设立两个以上的子公司，进行跨国性的生产和经营活动，国外子公司经营的营业额占总公司总营业额的25%以上的公有制企业就是跨国公司"。上海社会科学院世界经济研究所跨国公司研究室主任谢康认为，"中国跨国公司是指在中国国土之外设立的子公司，受国内母公司控制和统一决策的、具有独立法人地位,并且从事生产或服务行业的各种所有制形式的中国法人公司。"

二、中国跨国公司的发展历程

作为中国对外直接投资的投资主体,中国的跨国公司的成长是伴随着中国对外直接投资的发展而诞生和发展起来的。纵观中国对外直接投资的发展历程,可以看出中国跨国公司的发展大体上可分为四个阶段:

(一)中国企业跨国投资的初步兴起阶段(1979—1984年)

改革开放给中国企业的跨国投资与跨国公司的形成和发展带来了良好机遇。当时主要是以国有企业对外投资合作为主。1979年,国务院颁布的经济改革措施中明确规定允许出国办企业,这使中国跨国公司的形成及发展有了一个可行的政治前提。

1979年11月,北京市友谊商业服务公司同日本东京丸一商事株式会社合资在东京开办了"京和股份有限公司",建立了中国对外开放以来第一家海外合资企业,标志着中国企业跨国经营的开始。

1980年3月,中国船舶公司与香港地区环球航运集团等合资成立了"国际联合船舶投资有限公司",总部设在百慕大,在香港地区设立"国际联合船舶代理公司"。

1980年7月,中国银行与美国芝加哥第一国民银行、日本兴业银行、香港华润(集团)有限公司合资,在香港地区创办了第一家对外合资金融企业——中资兴业财务有限公司。

1984年,中信公司投资4000万元人民币,在美国西雅图与一家美国公司合资建立了西林公司,从事林业和木材加工。这是中信公司,也是中国公司的第一项海外直接投资,因此中信公司被海外媒体称之为"中国第一家跨国公司"。

此后,中国化工进出口总公司、中远集团、首钢集团公司和金融业的中国银行等大批"中"字头大型国有企业也开始通过资本并购进入国际市场,它们和中信公司一起发展成第一批中国的跨国公司。

(二)快速发展阶段(1986—1992年)

为了加速中国经济改革开放的步伐,促进有经济实力的企业参与国际竞争,1985年7月,国务院授权外经贸部制定并颁发了《关于在国外开设非贸易性合资企业的审批程序和管理办法》,新规定对中国企业海外投资的管制方面有所放松,只要是经济实体,并有资金来源和具有一定的技术水平及业务专长的企业,有合作对象,均可以申请到海外开办合资企业。1988年,国务院又正式批准了中国化工进出口总公司为跨国经营的试点。这些政策措施标志着中国跨国公司在政策放松管制的影响下,进入了稳步发展阶段。截止到1989年底,全国先后批准的非贸易性海外投资企业和生产项目达645项,协议总金额22亿美元。1992年初,邓小平南方谈话后,中国经济体制改革和对外开放发展到了一个新的阶段。1992年11月,首钢以1.2亿美元收购秘鲁铁矿公司,这是当时影响最大的跨国投资案例,首钢是当时中国内地企业海外投资的一个突出代表。

(三)调整整顿阶段(1993—1998年)

随着经济形势的发展,中国形成了买方市场格局,产业结构面临重大战略调整,国内资源相对短缺的矛盾日益突出。通过企业的海外经营更好地开发国内国外两个市场、两种资源,已成为中国国民经济发展的迫切任务。

从世界经济发展的趋势看,进入20世纪90年代以来,经济全球化加速发展,在经济一体化和集团化的直接影响下,中国面临着新的挑战和机遇。20世纪90年代初中国企业跨国投资迅速扩大的趋势并没有维持很长时间。由于种种原因,90年代初中国企业境外投资热出现了一些问题。基于上述种种问题,国务院在1994年全国人民代表大会上提交的《政府工作报告》明确提出:"要加强对境外投资的审核管理和对境外企业的监管"。要求到境外投资、设立企业必须严格履行审批手续,并要求各单位对本单位的境外企业进行清理。从1994年到1999年,国家外汇管理局统计的中国在外直接投资金额每年在20亿美元左右,相当于1992和1993年的一半。同期,外经贸部统计的经批准的境外投资金额每年大约为2亿美元。

(四)积极推进阶段(1999年至今)

从1999年开始,为了推动出口贸易的发展、加快产业结构的调整、向国外转移国内成熟的技术和产业,中国政府实施鼓励有实力的企业开展海外投资的"走出去"战略,迎来了由海外加工贸易引发的新的对外投资增长期。

在1999年度入选美国《财富》世界500强的中国大陆企业共有5家:中国石油化工集团公司、中国工商银行、中国银行、中国化工进出口总公司、中国粮油食品进出口集团有限公司等。这5家企业初步具备了跨国公司的雏形。

1999年春天,国务院出台了鼓励企业开展境外带料加工装配业务(即境外加工贸易)的规定,此后围绕促进境外加工贸易,政府有关部门相继出台多项配套规定,鼓励企业境外投资。

近几年来,中国的跨国公司取得了较快的发展。2020年中国跨国公司100大海外资产总额为104526亿元,海外营业收入为73307亿元,分别比上年提高9.87%、

15.49%;海外员工总数为 1310300 人,比上年下降 5.87%;2020 年中国跨国公司 100 大入围门槛为海外资产 120.22 亿元,比上年提高 21.64 亿元。2020 年中国跨国公司 100 大的平均跨国指数为 16.10%,比上年提高 0.14%,比 2011 年提高 3.86%。

"一带一路"是中国当前重要的国际合作倡议,是推动中国加快产业转型升级、消化过剩产能、开辟新的消费市场、实现经济社会继续稳定发展的重要途径。"一带一路"倡议的实施,不仅需要各国的交流合作,也需要跨国公司运用经济手段积极予以推动。2020 年初以来,受新冠肺炎疫情等因素影响,各国经济发展面临较大压力。跨国公司可在对外投资、开发项目的过程中实现产品、技术、文化的输出,进而与"一带一路"沿线国家和地区的企业共同挖掘合作潜力,探索深度合作,为"一带一路"倡议实施夯实基础。在此背景下,中国跨国公司应根据自身优势,挖掘可扩大目标市场潜力,疏解国内优势产能,积极践行本土化策略。为实现国内国际"双循环",中国跨国公司应积极运用国际合作平台,助推中国高端产业和传统优势产业走出去,向"一带一路"沿线国家、地区提供优质的产品和服务,并深入挖掘沿线市场,提升和带动"一带一路"沿线国家、地区产业发展,实现共同发展。

三、中国跨国公司发展需注意的问题

企业是实施"走出去"战略的市场主体,可以说实施"走出去"战略成败的关键就是要看能否培育出一批以中国为基地,在国际上具有竞争力的跨国公司。目前中国内地虽然已有不少进入世界 500 强的企业,但与国外企业相比,中国企业的集团总部只是管理部门,是众多法人拼接成的"联合舰队",而不是真正的"航空母舰"。因而只"大"不"强"。针对上述问题,结合近几年中国企业实现国际化的案例来看,中国企业在国际化过程中需要注意以下几个方面:

(一)注意延长产品的价值链

从生产到销售,产品的各个环节都包含一定的利益组成。目前,中国的制造业非常兴盛,但从制造业中获取的价值却不乐观,究其原因,是产品的纵向价值链不够完整。

(二)应当重视跨国文化管理

企业国际化有一个非常重要又容易被忽视的问题,那就是跨国文化管理问题。在海外进行产品销售要对当地的人情、文化、风俗习惯等进行研究,提出适宜的宣传及销售模式。如果在这一点上做得不到位,很可能会导致在外企业运行不善,产品销售不佳,严重影响海外发展。

(三) 需要加强实施虚拟经营管理

跨国公司无论是树立自己的品牌还是做代理,都必须打造自己的优势。尤其是在国际化环境下,要深入挖掘潜在的价值,懂得取舍,实施虚拟经营管理。它包含了很多文化管理的意蕴,促使企业管理的重点转向人力资源、品牌形象策划、技术、劳力等高附加值功能。在当前全球知识经济管理的背景下,综合利用各地资源信息,避免闲置和浪费,为虚拟经营创造条件,也是跨国公司发展的主要方向。

(四) 承担必要的社会责任

为消除东道国的疑虑以顺利实现企业的国际化目标,企业需要承担必要的社会责任。以跨国并购为例,首先,企业必须严格履行并购前对东道国企业的承诺,坚守诚信,为日后的跨国经营打下良好基础;其次,积极参与东道国的公益活动,树立良好形象;再次,积极开展职工联谊活动,消除劳资矛盾;最后,勤加沟通,建立并保持与东道国政府、媒体及工会的良好关系。此外,为消除特殊障碍,谋求共同发展,极端情况下企业甚至可以考虑向东道国或其他国家移居总部。

复习思考题

1. 何谓国际直接投资,国际直接投资有哪些类型,各自的特征是什么?
2. 二战结束以来国际直接投资迅速增长的原因有哪些?
3. 二战结束以来国际直接投资格局和流向、投资的地区、部门结构都发生了哪些变化?有何意义?
4. 何谓跨国公司,其基本特征有哪些,关于其的理论有哪些发展?
5. 20世纪90年代后,跨国公司的发展体现出哪些新特点?
6. 跨国公司在世界经济发展中居于怎样的地位,发挥了哪些作用?
7. 中国企业"走出去"应当注意哪些问题?

第七章 经济全球化及其发展趋势

在科学技术进步和社会生产力发展的推动下,经济全球化趋势不断加强,在相继经历了贸易全球化、生产全球化和金融全球化三个步步深入的发展阶段后,又进入了信息全球化的更高阶段。特别是20世纪90年代以来,经济全球化迅猛发展、成为当代世界经济的重要特征,并对世界经济发展及世界经济格局的变化等产生了深刻的影响。

第一节 经济全球化及其发展

一、经济全球化的定义

"经济全球化"一词于1985年由T.莱维首次提出。他用"全球化"这个词来形容商品、服务、资本和技术在世界性生产、消费和投资领域中的扩散。1997年国际货币基金组织在《世界经济展望》中给经济全球化下的定义是:"经济全球化是指跨国商品与服务交易及资本流动规模和形式的增加,以及技术的广泛迅速传播使世界各国经济的相互依赖性增强"。国内学者认为"经济全球化是指世界各国和地区经济日益融合为一个整体。从这个意义上说,经济全球化也就是全球(或世界)经济一体化"。综上所述,经济全球化是世界经济发展到一定阶段的产物,是生产要素的全球自由流动和合理配置不断加强,世界各国的经济相互开放、相互依赖、相互渗透,并日益融合为一个整体的历史过程,是伴随着世界经济运转不断深化而出现的世界发展的整体化趋势。

二、经济全球化的发展历程

作为一种客观的历史进程,经济全球化并非一种新现象,只是自20世纪80年代中期以来才在世界经济的各个领域加速发展,并成为当今世界的重要特征。作为一个历史进程,全球化至少经历了三个高速发展的阶段,走过了贸易全球化、生产全球化、金融全球化这一由低到高层层推进、逐步升级的深化过程,每一次发展都在更先进的科学技术基础上将全球化推向更高的水平。以下是关于经济全球化的三个高速发展阶段。

(一)第一次经济全球化高速发展期(18世纪末—19世纪中叶)

经济向全球扩张是从资本主义生产方式开始确立时就出现的趋势。1784年蒸汽机的发明所引发的第一次科技革命,带动了各产业部门从手工生产向机器大工业的转变,劳动生产力大幅度提高,资本主义生产方式最终确立。一方面,机器大工业的发展使资本主义的生产能力迅速扩张。另一方面,蒸汽机用于交通,为世界市场的形成提供了物质内容和前提。这些引发了18世纪末到19世纪中期的第一次全球化高速发展时期。

(二)第二次经济全球化高速发展期(19世纪末—20世纪中叶)

19世纪中叶,以电力发展和广泛应用为标志的第二次科技革命不仅促进了已有工业的生产能力,而且推动了化工、汽车、航空等一系列新兴产业的诞生。与此同时,由于铁路运输和无线电通信的出现,使各国相互独立的区域性市场逐渐连接成统一的世界市场,从而形成了19世纪末到20世纪中期的第二次全球化高潮。

(三)第三次经济全球化高速发展期(20世纪中后期至今)

20世纪40年代以来,以电子技术、信息技术、新材料技术和核能技术等技术群的出现和发展为特征的第三次科技革命(有人将20世纪40年代到60年代的技术革命称为第三次科技革命的第一阶段)对经济和社会生活的影响在广度和深度上远远超过前两次。以电子计算机为本质特征的这次革命开辟了机器代替人的部分脑力劳动的新时代,工业劳动生产率成倍增长,新部门、新行业、新产品不断涌现,国际交换不断增加,跨国公司迅猛发展,世界市场迅速扩大。在它的带动下,全球化也经历了20世纪70年代以来的第三次高潮。20世纪70年代初开始,生物工程、微电子技术、信息技术等高技术迅速发展,第三次科技革命进入了深入发展阶段(相对于第一阶段而言,也被视为第四次科技革命)。以信息产业为主要内容的技术革命,为资本的大规模越出国界、加速国际资本的循环运动和金融服务的全球化创造了便利条件,大大缩短了世界各国在时间和空间上的距离,为世界市场的整合和全球化提供了物质保障。

三、经济全球化的主要推动因素

经济全球化是一个历史范畴,是世界经济发展到一定历史阶段的产物。经济全球化之所以在二战后获得快速发展,其主要有以下四个方面的推动因素。

(一)科技革命及生产力的发展

二战后科技革命及生产力的发展对世界经济的各个方面产生了巨大的影响,直接推动了经济全球化的产生。首先,它使得各国生产规模空前扩大,一个国家的国内市场无法容纳该国生产的全部商品,国内商品纷纷涌入世界市场。其次,现代化的运输和通信网络的应用,如集装箱、大型远洋货轮、视频多媒体、信息高速公路和卫星通信等技术的应用,大大降低了商品和资本的交易成本,缩短了时空,促进了经济全球化的各个方面。科技进步还使国际分工日益深化,促进了生产过程的国际分工合作,使国际贸易的内容更加丰富,贸易的规模不断扩大,生产全球化不断发展。

(二)经济自由化

二战后,全球贸易自由化得到很大发展。一方面,关税与贸易总协定和世界贸易组织对贸易自由化提供了组织保证。另一方面,二战后,特别是20世纪80年代以来,发达国家和发展中国家都积极推动经济自由化,扩大开放,出现了世界各国广泛参与国际分工和交换的局面。

在金融自由化方面,发达国家纷纷放松金融管制,而发展中国家则进行金融深化改革。金融是现代经济的核心,金融出现问题会影响整个经济的发展,所以过去许多国家都对金融系统进行严格的管制,国家以法律的形式对金融机构的建立、运行、经营范围和产品进行严格的规定。但是,对金融的过度干预会压制经济的发展。

(三)跨国公司的迅猛发展

跨国公司在二战后得到迅猛发展,跨国公司的发展加速了世界经济各生产要素流动,拓展了国际贸易领域,维护了国际局势稳定,对经济全球化产生了积极影响。1990年全世界有3.5万家跨国公司,其海外分支机构达到15万个。《2012年世界投资报告》数据显示,截至2011年底,全世界共有约8.2万家跨国公司,其国外子公司共计81万家。跨国公司的发展,从微观角度推动了经济全球化的发展。跨国公司在世界各地建立子公司,开展全球研发、生产和销售业务,在母子公司间调拨原材料、零部件、资金、技术和人员,直接带动了商品、资金和技术、人员等生产要素的全球化。

随着新冠肺炎疫情的蔓延,2020年全球外国直接投资流量比2019年的1.54万亿美元减少了40%。这使外国直接投资自2005年以来首次低于1万亿美元。外国直接投资在以后的几年里会进一步减少5%—10%。未来随着新冠肺炎疫情的消退,投资流量将缓慢回升,全球价值链的结构调整、资本存量的补充和全球经济的复苏将成为主导因素。

(四)区域经济一体化的发展

二战后,区域经济一体化发展迅速。其中,近80%的区域经贸协定是1990年以后登记的。区域经济一体化组织在其内部取消各种贸易和非贸易壁垒,推动生产要素自由流动,实际上是经济全球化在区域范围内更加深化的具体表现,是经济全球化的基础。区域经济一体化的发展对经济全球化的发展起到了促进和桥梁的作用。区域一体化对经济全球化的推动作用具体体现在区域一体化加强了组织内部的经济联系、推动了国际投资的快速发展这两个方面。

第二节 经济全球化的表现形式

经济全球化目前还只是不断加深的一个过程或逐步加强的一种趋势,在这一过程中,呈现出如下一些现象:

一、贸易自由化

贸易自由化是指世界各国和地区对进出口商品不加歧视,逐步减少以致消除各种贸易壁垒和贸易限制,实现国际商品的自由流动。全球贸易自由化主要是通过相关国家以缔结条约或协议的形式,以共同的贸易规则和多边协调机制来运行和推动的。贸易自由化是经济全球化的主要表现形式和重要内涵。

(一)贸易自由化的历史进程

贸易自由化是与贸易全球化相伴而行的,其过程可谓崎岖坎坷。一般认为,率先完成产业革命的英国是贸易全球化的起始国,也是贸易自由化的首推者。18世纪中叶,资本主义生产方式率先在英国确立,随着社会生产力的蓬勃发展,从19世纪40年代开始,英国就积极推行自由贸易政策。当时英国采取的主要措施有:废除谷物条例、改革关税制度、同其他国家签订自由通商条约、取消对殖民地的贸易垄断等。德国从19世纪60年代起逐渐放松以关税为主的贸易保护措施，出现了自由贸易的倾向。美国则在南北战争前就开始实行具有明显自由贸易色彩的贸易政策。1860—1880年，主要资本主义国家的自由贸易政策推动了贸易的自由化，使几乎所有国家都卷进了贸易全球化的旋涡，大大地推动了商品的跨国界流动和全球贸易的发展，贸易全球化经历了一个迅速扩张时期。但是，随着资本主义由自由竞争向垄断的过渡，自由贸易逐渐为保护贸易所代替。从19世纪80年代到第二次世界大战期间，全球贸易自由化处于低谷，全球性的多边贸易体系或世界多边自由贸易体制并未形成。

(二) 第二次世界大战后贸易自由化的发展

第二次世界大战以后，已经跻身于世界头号强国的美国，从自身的经济利益出发，竭力推崇贸易自由化，在其倡导之下，旨在消除贸易障碍、遏制贸易保护主义、推动全球贸易发展的多边贸易条约——《关税与贸易总协定》诞生。它的签署标志着全球性多边自由贸易体系的诞生，将全球贸易自由化的步伐推进了一大步。在总协定的推动下，全球的关税大幅度削减，贸易数量限制不断放宽，世界贸易迅猛发展，其增长速度大大高于世界生产的增长速度。随着国际贸易的迅速增长，国际贸易规模不断扩大。

(三) 20世纪90年代以来贸易自由化的新发展

进入20世纪90年代，国际贸易的增长速度继续加快。资料显示，世界贸易的年增长率在1979—1988年期间为4.5%，在1990—1996年期间提高到6.2%。世界范围的贸易自由化进程更加明显，其中一个重要原因是"乌拉圭回合"谈判达成协议和世界贸易组织取代了延续40多年的关税与贸易总协定。世界贸易组织的正式成立，将贸易自由化的范围扩大到服务贸易、农产品、纺织品、知识产权和与贸易有关的投资措施等更加广泛的领域，在完善世界多边贸易体制、规范国际贸易竞争规则和促进贸易发展等方面做出了历史性的贡献，标志着全球贸易自由化进程进入了一个新阶段。21世纪以来，全球贸易额的规模开始加速增长，2014年的全球贸易额已达到第一次世界大战时期的40余倍。与此同时，全球GDP的增长情况则明显低于这个速度。在1800年之前，全球的贸易额都未达到世界总产出水平的10%，但在2016年这一比例已超过50%。分地区来看，发达国家一直占据主导地位，在1996年，来自发达国家的总出口额达到4.057万亿美元，约占全球总贸易额的81.7%。但这样的局面在进入21世纪后有所改观，发展中国家间的贸易往来在2018年达到了5.5万亿美元,占全球贸易额的28%,其中以位于东亚的发展中经济体为主,占全部南南贸易的75%以上。就贸易结构来看,产品贸易仍占有绝对比重,但服务贸易的比重在缓慢上升,已经由1979年的17%升至2021年的28%。2021年的服务贸易额更是创纪录地达到28.5万亿美元,其增长的速度已经超过了发展中经济体和发达经济体的货物出口额的增速,而且服务贸易相对货物贸易出口更具韧性,在2008年席卷全球的金融危机和2015年贸易下降期间,其降幅都较低。发展中经济体的服务出口占全球的比重由2005年的23%升到2021年的32%,最不发达国家的服务出口在同期中更是经历了年均11%左右的增长,大大超过了其货物出口的增长速度,表明服务贸易对于发展中国家和最不发达国家出口增长的持续贡献。同时,国家间贸易壁垒不断被打破,1999年全球关于关税的贸易协定只有277项,到了2018年升至1526项,各国双边或多边的关税同盟普遍出现,所有产品的关税税率平均水平也由1999年的10.32%降至2018年的5.85%。除了商品贸易之外,伴随着服务贸易的蓬勃发展,一些新的针对服务贸易的政策壁垒也开始出现,这类壁垒的核心在于监管而非征收关税。这就使得服务贸易面临的政策壁垒相对要更加复杂,但大多数经济体仍尽力进行改革,开放自身的服务市场。

二、生产全球化

从微观层次来说生产全球化主要指跨国公司的全球生产。当今世界,单一企业在资金、技术等诸生产要素方面的比较优势和竞争优势有限。在国际市场竞争日益加剧的条件下,许多国家的公司、企业为实施既定发展战略,纷纷扩大生产和经营规模,拓展国内、国际市场,越来越多地选择在多国投资办厂,充分利用本公司专有生产技术、管理、营销网络、商品或技术开发能力,与东道国当地资本、技术、劳动力和市场等优势要素相结合,进行生产和经营,以期实现生产要素的最佳配置和利润最大化。

从宏观层次来说,生产全球化体现了国家之间的产业分工和产业关联。这一方面表现为由世界范围内的产业结构调整和转移带来的国家间产业分工。二战后,工业化在世界各国普遍展开,并形成了阶梯状产业布局。其中,发达国家的主导产业已由劳动、资本密集型转为知识、技术密集型,新兴工业化国家的主导产业已由劳动密集型转为资本密集型,而其他发展中国家则主营劳动密集型产业;在产业结构调整的过程中,各国都将已经成熟、标准化的产业向工业化程度较低的国家转移,从而形成了世界范围的、继动的梯次发展格局。

三、金融全球化

(一) 金融市场全球化

世界性的金融机构网络使大量的金融业务跨国界进行,跨国贷款、跨国证券发行和跨国并购体系已经形成。世界各主要金融市场在时间上相互接续、价格上相互联动,几秒钟内就能实现上亿美元的交易,尤其是外汇市场已经成为世界上最具流动性和全天候的市场。

二战之后,特别是 20 世纪 80 年代以来,世界市场发展的最显著特征是国际金融市场的扩张。国际金融市场是国际金融资产交换、配置与再配置的场所,也是金融利益在国际间分配与再分配的渠道。金融自由化还推动了金融领域里的创新活动,使新的金融工具、金融市场和金融机构不断涌现。

(二) 货币流通全球化

至今,虽然各国都有自己的货币,多数国家货币也只能在本国范围内自由流通。但是,随着全球金融市场一体化的发展,各国外汇管制的放宽和"电子货币"(信用卡)的流行,货币的国际交换和流动的规模日益扩大。据国际货币基金组织估计,目前外汇市场平均每日交易额达 2 万亿美元,远远超过各国中央银行的外汇储备,单是伦敦的欧洲美元市场的交易额,至少是世界贸易额的 25 倍。正如 1994 年 8 月 4 日的《泰晤士报》发表的文章所说:"谁来决定利率?是美国财政部长还是英格兰银行行长?都不是。利率是由世界市场决定的。利率最终反映全球储蓄和投资供求之间的平衡状况。"

(三) 投资活动全球化

投资活动的全球化,主要表现为私人对外直接投资的迅速增大。战后,发达国家的私人对外直接投资增长速度极快,规模巨大。1945 年仅为 200 亿美元,1978 年增加到 698 亿美元。80 年代以后,在投资自由化的推动下,随着跨国公司纵横世界,对外直接投资发展更加迅速,并遍及全球。90 年代以来,许多发展中国家纷纷调整经济发展战略,把大力引进外资作为政策目标。投资活动的全球扩展、国际投资的规范安排也开始被提上日程,保护投资和促进投资的双边投资条约大幅度增加。

四、科技全球化

由于科技的研发越来越具有高投入、高风险和更新周期加快的特点,世界各国和企业除了重视自主开发以外,都非常重视科学技术引进。获得外来科学技术已成为各经济体提高竞争力的重要手段。现在许多经济实体都已形成依靠技术进步推动经济增长的有效机制。技术创新国往往成为技术出口国,它们将其国内的标准化技术和成熟产业向国外转移,同时从技术转让中谋取利益,以再度开发新技术。而技术引进国通过模仿和创新提高自己的技术水平,从而只用相对较少的时间和经费就能缩短与技术先进国的差距。

第三节 经济全球化的影响及趋势

从上面的论述中可以看到,在新科技革命和跨国公司为主要动力的驱动下,二战后,特别是20世纪90年代以后,经济全球化的进程日趋加速,世界各国、各地区在经济上的相互渗透、相互融合和相互依存不断加深,一个名副其实的经济全球化时代已经到来。在这个过程中,所有民族和国家都面临着新的发展机遇和挑战,都在经历着振兴或是落伍的考验。经济全球化的进程方兴未艾,对其深刻的世界意义和深远的历史意义,人们尚难以全面领悟。但从总体和长远来看,经济全球化是不可逆转的历史趋势,是人类走向进步的过程,它为人类走向共同进步和繁荣提供了纽带,搭起了桥梁。

一、经济全球化的积极影响

(一)全球价值链趋于成熟与稳固

全球价值链(GVC)是指传统的产品生产过程不再局限在一个国家或地区,而是被分割分布到不同国家,企业专注于特定的生产环节而不再负责整个产品的生产。因为全球价值链条上的企业都高度的专业化,因此需要相互合作,从而推动所属国家参与进来,最终将经济全球化推向新的高度。据《2020年世界发展报告》显示,1970年GVC占全球贸易的份额不及40%,到了2015年,这一比例达到了近50%的水平,尤其在20世纪90年代后的发展最为迅速,这主要归功于交通、信息和通信领域的技术创新,以及贸易壁垒的降低促进了跨国公司将制造业延伸至国外。GVC的兴起推动了20世纪90年代后国际贸易的迅速增长,带来了前所未有的经济差距缩小:欠发达国家经济开始快速增长,并开始追赶发达国家,贫困率大幅降低。这主要是因为生产过程在全球分散,使得企业有可能在不同地区寻找效率最优的情况,原材料在世界各地穿梭,以中国为代表的广大发展中国家的参与又提供了大量优质的廉价劳动力,它们在促进生产最优化的同时,自身的生产率与收入都有所提高。当然,我们也应看到 GVC 的本质是跨国企业将自身的生产体系进行纵向分离,从而实现国际产业转移。在这个框架之下,链条中每一阶段的产品与服务价值创造同该链条上下游企业之间的治理关系密不可分。处于链条中不同层级的国家与地区所获取的价值增值与分配也是不同的,发达国家通常占据着一条生产链条上附加值率较高的上下游阶段,而落后与发展中国家虽然通过参与此框架能够引进外部资金与先进技术进而实现初步的工业化,但所从事的生产工序多集中在中游,此种生产关系从长期来看有被"锁定"的风险。虽然有着这种风险,但若放弃参与 GVC 的机会,又有遭遇被边缘化的危机。

(二)经济全球化为后进的发展中国家提供了发展机遇

据美国经济学家罗斯托在《世界经济:历史和展望》一书中估计,在 1948—1971 年的将近 1/4 世纪里,世界工业生产年平均增长率高达 5.6%,相当于 18 世纪至 20 世纪 70 年代初的 200 多年间的年平均增长率 2.8% 的 2 倍。而发展中国家的经济增长又高于发达国家。

总的来说,近几十年来,在经济全球化的大趋势驱动下,世界经济面貌发生了巨大的变化,各国和各地区在世界经济中的地位有升有降。总的趋势是,发展中国家经济增长快于发达国家;发展中国家中的亚洲国家和地区增长最快,对外开放程度最高,并成为带动世界经济增长的新的火车头;拉丁美洲和北非国家次之;撒哈拉以南非洲国家增长最为迟缓,成为被边缘化的主要地区。这说明凡是适应经济全球化历史趋势的后进国家,就能加快经济发展,追赶先进国家;游离于经济全球化进程之外,就将落在时代的后面。因为经济全球化意味着生产要素在世界范围内自由转移的客观障碍日益削弱,使得取得政治独立的后进国家在追求和实现国家工业化和经济现代化的历史进程中,可以比较便捷、比较充分地获得外来的资金、技术、人才和市场的支持,可以更好更快地开发和利用国内资源,可以更快地发展本国的产业和提升产业结构,从而可以加快经济增长,缩短追赶先进国家的时间。

(三)经济全球化为世界各国的和平共处创造了机遇

世界近代史是一部战乱史。争夺和分割世界领土和殖民地的帝国主义侵略战争,反对帝国主义侵掠、掠夺、奴役的民族解放战争连绵不断。二战后,随着帝国主义殖民体系的瓦解,特别是经济全球化的发展,国际关系发生了根本性的变化。尽管今天大国霸权主义依然存在,单边主义和军事干涉主义尚未消失,局部战争和冲突时有发生,但求和平、促发展、谋合作,已经成为时代的主旋律,对话交流、和睦相处、互利双赢、共同发展,已成为国际共识。从长远来看,经济全球化将构成世界和平共处的经济基础,也将是世界和平趋势不可逆转的基本条件。

1. 经济全球化促进了经济主权互让

经济全球化意味着各国间经济主权的相互约束、交叉和让渡。国家主权是一个国家存在和被承认的基本标志,维护国家主权是一国政权的基本职能之一,侵犯和剥夺别国主权一向是发生国际战争的重要原因。因此,现代国际法确认,国家主权神圣不可侵犯,承认各国主权是建立国际秩序、维护世界和平的基本条件。随着经济全球化的发展,即随着国际贸易和国际投资的扩大,国际性经济组织的增多,经济运行规则的国际化,诸如跨国公司、世贸组织、世界银行、国际货币基金组织以及各种地区性、行业性的国际经济组织,都在不同经济领域和不同程度上成为世界经济运行的新主体,都对民族国家的经济主权及其行使构成某种牵制和取代,使各民族国家经济主权形成互让和交叉。

2. 经济全球化促进了国际经济合作

经济全球化意味着生产要素的全球流动,意味着各国和各地区经济的相互渗透、依存和融合,意味着各国经济利益的相互交叉,从而在客观上使各国之间的关系从过去的"敌对关系""仆从关系"日益发展为"合作关系"和"伙伴关系",变成"一荣俱荣,一损俱损"的关系。这种关系的不断增强,必然促进国与国之间经济上合作、政治上协商、文化上交流的关系的发展,从而为世界和平奠定坚实的基础。世界各国通过相互贸易和相互投资形成了日益紧密的从产业到产品、从零部件到生产工艺的国际分工,形成了你中有我、我中有你的内在联结关系。只有通过加强国际合作和平等对话,才能够实现改革和完善全球经济治理体系,促进全球恢复发展的目标。

3. 经济全球化促进了世界多极化

所谓"极",就是指在世界经济政治中具有举足轻重作用的国家或国家集团。战后半个多世纪,世界格局也发生了巨大变动。总的来说,从战后初期的美国独霸天下,发展到20世纪60年代美、苏两个超级大国的两极世界。苏联解体和俄罗斯经济大幅下滑,使美苏两霸统治世界的局面结束,美国重新成为独一无二的超级大国。但是,随着经济全球化进程的加速,美国在世界经济中的统治地位在60年代以后受到了后起的日本和组成欧共体的西欧的冲击。美元作为国际货币体系的中心地位已经动摇,日元和马克的地位不断上升;美国的国际贸易地位也在不断下降,并成为世界上最大的贸易逆差国和债务国,发达资本主义国家进入了美、欧、日"三足鼎立"的状态。近20年来,中国经济每年以约9%的速度增长,到2010年中国GDP总量已超过日本,成为世界第二大经济体。近年来,印度继中国之后也出现了经济起飞的大好形势,经济年平均增长率8%左右,成为世界上最大的服务和软件大国。与此同时,俄罗斯已经度过了因"休克疗法"的激进改革给经济带来的混乱和下滑,在世界经济、政治、军事上的地位重新上扬。因此,世界上明显地出现了多极化的趋势。这种趋势是经济全球化的必然结果。

二、经济全球化的消极影响

经济全球化是历史发展的必然趋势,也是人类社会进步的表现。但是,当今的经济全球化是在追求利润最大化的资本主义制度主宰下发展的,是在弱肉强食的竞争规律支配下前进的,是在缺乏国际权威组织引领下展开的,因而对不同国家、不同阶级和不同利益集团带来的机遇和利益是不同的,并形成了一些消极影响。

(一) 对发展中国家的消极影响

对发展中国家来说,它们虽然在经济全球化中得到了加速发展的机遇,但其国家民族利益也受到了不同程度的损害。例如,发达国家严格限制尖端技术和尖端产品输出国外,造成了发展中国家与发达国家的技术差距拉大;发达国家时常以倾销、卫生标准不合格等为借口,对发展中国家的产品进行进口限制或经济制裁;一些发达国家的跨国公司为了最大限度和最快地采掘和利用发展中国家的自然资源,导致发展中国家环境恶化等。

(二) 对发达国家的消极影响

对发达资本主义国家来说,它们虽是经济全球化的主导者和最大受益者,但也受到了一些消极影响,部分人群的利益也受到了一些损害。例如,越来越多的发展中国家在工业化上取得了进展,依仗劳动成本和土地成本低廉的优势,使发达国家相关产业受到冲击,导致发达国家社会上结构性失业的增加;发达国家的跨国公司,为了垄断国际市场,将越来越多的生产环节转移到发展中国家,导致其国内一些工人失去了工作岗位;在经济全球化中,发达国家不同程度地放宽了对移民的限制,增加了对外籍工人的雇佣,从而减少了本国工人的就业机会。所有这一切,引起了发达国家一部分群众的强烈不满。这些国家的工会组织将国内工人的失业归咎于经济全球化带来的弊害,组织工人群众进行反全球化运动,加剧了社会阶级摩擦。

(三) 对整个世界的消极影响

对整个世界来说,在经济全球化中,伴随着生产要素在国际间的加速转移和移动,全球性公害问题日益突出。如非法收入的国际转移,非法移民的增多,毒品越境走私的泛滥,非法武器的国际扩散,传染病的国际蔓延,全球性的环境污染和生态恶化等,其中经济全球化带来的生态环境问题尤为严重。随着国际经济和贸易的日益发展,伴随经济全球化高效生产的是全球资源消耗量增多、环境污染日益严重、能源安全受到威胁等一系列问题。

三、经济全球化的发展趋势

(一)互动性增强

随着世界经济全球化的深入发展,各国之间货物、服务、资金、技术和市场高度融合,经济联系不断加强,形成了"你中有我,我中有你,一荣俱荣,一损俱损"的相互依存、相互制约、共同发展的统一整体。在这一整体的形成过程中,各国之间的经济日益相互渗透,逐步融合。但在各国经济相互传递的障碍减少的同时,风险的扩散速度和危机的传递速度也在加快,各国之间经济的互动性明显加强。一方面,发达国家把经济发展与衰退通过对外贸易与投资等渠道传递给发展中国家;另一方面,发展中国家的经济和金融波动也将影响到发达国家。在高度全球化的今天,无论国家的性质如何,只要一国经济或政治发生动荡,都会通过其与世界经济的紧密联系而影响到其他国家甚至全世界。

(二)贫富差距扩大

随着发达国家主导的全球化进程不断加快,经济全球化并没有使所有国家获得收益,而是使发达国家与发展中国家之间的贫富差距急剧扩大,贫困问题更加突出。在经济全球化的过程中,发达国家与发展中国家贫富差距扩大已表现出明显的趋势。

1. 贫困国家增多

许多发展中国家未能跟上世界经济增长的步伐,被无情地抛在后面,落伍者的队伍日益庞大。1975 年,联合国认定的"最不发达国家"有 29 个,1981 年增加到 39 个。目前全世界经联合国认定的最不发达国家进一步增至 49 个,其中非洲 34 个,亚洲 9 个,大洋洲 5 个,美洲 1 个。

2. 贫困人口增加

二战后 50 年中,世界财富增加了 7 倍,而世界绝对贫困人口(每天生活费不足 1 美元)却在不断上升。目前,在全球 70 亿人口中,有 30 亿人每天的生活费不足 2 美元,其中 15 亿人每天的生活费不到 1 美元。除中国以外的其他地区的贫困人口几乎都在增加,仅南亚地区极贫人口就从 4.95 亿增加到了 5.22 亿;撒哈拉以南非洲地区的极贫人口增加了4800万,达到2.91亿,消费水平每年实际下降1.2%。

3. 收入差距扩大

虽然在科学技术进步的推动下,发达国家和发展中国家的经济水平都在逐渐提高,但从总体上讲,后者慢于前者,且随着经济全球化的推进,二者之间的差距有加大的趋势。

4. 相对贫困加剧

以人文发展指标来衡量,发展中国家的贫困问题更加触目惊心。发展中国家的44亿人口中,1/3的人口得不到洁净的饮用水,1/4的人口缺少适当的居所,1/5的人口得不到现代医疗卫生服务,约1/5的儿童没有上完5年学,超过2.6亿的人根本就不能上学。全球化加大了穷国和富国的差距,最贫困国家的居民甚至享受不到发展的权利和过上富裕生活的权利。

(三) 冲突与合作并存

出于各自的经济利益和发展需要,伴随着经济全球化的漫长过程,发达国家与发展中国家之间的矛盾与冲突会长期存在下去,发达国家会利用其在方方面面的先发优势和在世界经济中的主导地位,继续在经济上掠夺发展中国家。但在"一荣俱荣,一损俱损"的全球化趋势下,越来越多的国家认识到,一国对另一国单方面采取"贸易保护""贸易制裁"或"贸易歧视"等措施,不仅伤害了别人,最终还会通过全球经济的快速传导机制而影响到自己,在制裁别国的同时也会使自己受到伤害。因此,人类需要各国共赢的经济全球化。只有增强全球意识,减少摩擦与冲突,增强协调与合作,保持南北双方和谐、平衡的发展,缓和及改善南北关系,世界经济才能健康地运行,各国才能从中受益。

因此,随着经济全球化的深入,国际竞争将逐渐由你死我活、以邻为壑的对抗性竞争,演化为"对内自强不息,对外协商共处"的合作性竞争;由非输即赢的"零和游戏"转变为"双赢"的博弈。发达国家与发展中国家的关系也将由领导与随从的关系转变为在抗衡性加强的基础上的更加紧密的相互依赖关系,发达国家和发展中国家将在"共同而有区别的责任"的原则下,发扬"全球合作伙伴关系"精神,进行更加紧密的国际合作。

(四) 国家主权淡化

经济全球化在带来经济利益的同时,也弱化了国家主权,并由此给每一个参与全球化的国家的经济安全带来威胁。全球化越深入,国家主权的让渡越多,对各国经济安全的威胁也就越大。其原因主要有以下几点:

1. 经济全球化要求各国溃化国家主权

国际经济发展的实践和实证研究都表明,一国经济的增长与其参与全球化的程度或称开放程度存在正向联系,越开放的经济,效率越高。在全球化迅速发展且趋势不断加强的情况下,各国为获得更多的机会和更快的发展,都积极投身于全球化之中。这就使得许多国家自觉地或被迫地放弃某些权力,放松某些管制,以便充分置身于国际市场,跟上全球化的步伐,并从中为自身发展谋求更大的利益及更好的条件。但是这样就形成了参与全球化与国家主权削弱的矛盾,而且经济全球化程度越深,各国的开放程度越高,这种冲突就会越尖锐。

2. 沉重的外债使受援国付出主权的代价

受经济发展水平制约,在国际经济的发展中,大量承受外债的往往是那些经济较落后的发展中国家,特别是那些经济基础薄弱、资金缺乏的最不发达国家。这些国家对所借债务不仅要偿付高额的利息,而且要付出主权的代价。发展中国家和最不发达国家的债务主要来自两个方面:发达国家和国际经济组织。来自西方发达国家的贷款有着极为苛刻的条件,它不仅只能用于某个项目,还常常要以购买债权国的某种商品为前提。通过这种方式,发达国家不仅扩大了其产品出口,还以此要挟控制了债务国的经济领域,使国家对国民经济的宏观调控力严重下降,无法按照自己的方式发展本国的经济。

3. 跨国公司侵蚀了国家的部分主权

当今世界,全球的经济实力和经济控制权实际上集中在发达国家的跨国公司手中,它们主宰着全球的投资、生产和贸易。一些跨国公司已富可敌国,年销售额甚至超过了一些国家的国内生产总值。正是这些跨国公司巨大的经济实力,使它们的母国和东道国对其难以控制。跨国公司一方面强化了西方发达国家对世界经济的控制权和主导权,另一方面控制了发展中国家的某些社会资源或某些行业,甚至是一些关键产业,如金融、通信、能源等具有战略性的行业,使东道国民族企业在西方巨型跨国公司的强大竞争压力下面临生存危机,从而严重损害了东道国对其经济命脉和经济发展的控制能力。

(五)逆全球化

全球化进程导致西方出现了全球化赢家与输家之间的结构性对立。西方社会中那些无法适应现代化进程,地位与声誉受到影响并遭受社会排斥的收入低、受教育程度低的群体表现出反全球化和反精英的态度,主张贸易保护、控制移民、制造业回流等措施,这些措施对经济与环境产生了显著的影响,直接影响了全球的可持续发展进程。如世界上第二大温室气体排放国美国在特朗普执政期间决定退出巴黎气候变化协议,对于全球应对气候变化的努力造成了巨大的负面影响,同时,特朗普执政期间美国退出世界卫生组织也给全球抗击新冠肺炎疫情造成重大困扰,并直接导致大量美国人感染、丧生。另外,逆全球化会迫使部分发展中国家在发展经济的巨大压力和冲动下放松对环境治理的要求,以牺牲环境来换取经济增长,从而对全球环境治理造成巨大挑战,而且逆全球化将使部分国家无法购买其发展急需的资源,被迫在国内开采品质低劣的矿物和生产对环境负面影响大的产品,进而造成严重的生态环境问题。

(六)新冠肺炎疫情对经济全球化的影响

逆全球化的持续升温,是经济、政治、社会等多重因素共同驱动的结果。如今世界经济又遭遇新冠肺炎疫情这一新的阻力,经济全球化发展进入了至关重要的转折期,疫情的全球扩散似乎与全球化有关,疫情使得全球经济下行压力陡增,但是逆全球化又会进一步促使经济衰退。

新冠肺炎疫情对世界经济、政治、科技和安全格局等多方面产生了重大影响,将加快引发世界秩序、全球供应链、产业布局的改变。全球化系统性风险上升,全球经济进入衰退状态,逆全球化和再全球化并存,世界秩序面临深度冲击和重新洗牌。新冠肺炎疫情并不能影响全球化的资本和技术驱动力,但是可能影响国家的开放程度。新冠肺炎疫情发生以来,造成了全球产业链运转困难甚至中断,对全球化进程产生了严重的负面影响。然而,经济全球化是社会化大分工的结果,是符合各国利益的共同选择。疫情对全球化的影响也仅限于疫情期间,而疫情终将得到控制,随着经济的逐步恢复,经济全球化的市场呼声将再度响起,经济全球化将继续调整、继续前行。

第四节 逆全球化思潮的发展及根源

一、逆全球化思潮的最新样态

逆全球化思潮是资本全球化纵深发展的衍生产物。在马克思看来,在"历史成为世界历史"的演进过程中,资本全球化是在总体上趋向于生产力普遍发展和世界交往普遍建立的基础上,呈现为"阶梯递进""螺旋交替"和"曲折演进"的历史发展状态。

因此,伴随全球化的动态发展,逆全球化思潮也会随之演变出特征迥异、形态不一的存在样态。本轮逆全球化思潮兴起于2008年的国际金融危机,凸显于2016年的一系列"黑天鹅事件",加速于2020年的新冠肺炎疫情,是一种仍处于强势勃兴但"尚未完全定型"的社会思潮,具有特定的现实主体、存在场域、生存土壤、生成动力和价值诉求。

(一)以西方发达国家为主导的社会各阶层之间高度共契,构成了本轮逆全球化思潮的现实主体

从英国"脱欧公投"成功到欧盟右翼政党崛起,从特朗普政府单方面发动对华贸易战、科技战到拜登政府联合"盟友"借抹黑中国人权之机围堵中国发展,从新冠肺炎疫情初期欧美国家率先停航停运到一年之后欧美国家大搞"本国优先"的"疫苗垄断"……一系列事实都将本轮逆全球化思潮的始作俑者指向了以美英为首的西方发达国家。但较之以往不同的是,本轮逆全球化思潮不只代表了西方发达国家底层民众的利益诉求,更是西方社会各阶层利益共识的一次集体呈现。这其中不仅包括由于社会两极分化造成利益绝对受损的"草根阶层",也包括因为国家整体实力趋弱导致利益相对受损的精英阶层,还包括既出于代表"草根阶层"和精英阶层的利益诉求、又鉴于自身在全球治理层面的实力下降而不得不暂缓领导全球化进程的统治阶层。

(二)世界百年未有之大变局为本轮逆全球化思潮提供了生存土壤

当今世界正在经历百年未有之大变局。科技革命方兴未艾、世界经济深刻调整、国际政局波诡云谲,加之新冠肺炎疫情全球肆虐等,都构成了世界百年未有之大变局的重要组成部分。然而,无论是在新一轮科技革命加速演进过程中发展中国家的强势发力、还是在世界经济新旧动能快速转换过程中新兴经济体的群体崛起、抑或是国际政治格局深度重塑过程中第三世界地位的快速攀升、甚至是在全球深陷新冠肺炎疫情困境漩涡过程中社会主义国家的率先经济企稳回升……种种迹象表明,世界百年未有之大变局,不仅正在将全球化红利朝向更有利于非欧美国家的方向转移,更为关键的是,它同时也开创了500多年前世界近代史开启以来权力重心第一次向非西方国家倾斜的先例。面对全球化福利的日益衰减和世界主导权的逐渐丧失,部分发达国家内部迅速爆发出抵制全球化的非理智情绪,这也在深层次上为逆全球化思潮的滋生提供了生存土壤。

(三)国际公共产品供求矛盾的日趋紧张,是推动本轮逆全球化思潮的生成动力

新一轮全球化的深入推进,使世界各国日益成为相互依存、彼此融合的利益共同体。面对与日俱增的全球性挑战与国际公共事务,世界各国对国际公共产品的需求也达到了前所未有的程度。实际上,作为近现代以来推动全球化的积极领导者和主要受益方,发达国家长期承担着提供大部分国际公共产品的"责任"与"义务"。然而,自新一轮全球金融海啸席卷以来,面对自身在全球利益分配格局中的日趋被动,以及因此造成的在提供国际公共产品方面的"收益产出比"不断降低这一客观事实,部分发达国家在继续履行"世界政府"责任、维护全球治理秩序等方面均表现出能力与意愿下降态势。其结果是,全球治理在国际公共产品得不到及时供应的状态下逐渐陷入"金德尔伯格陷阱",进一步加剧了逆全球化思潮的生成与蔓延。

(四)本轮逆全球化思潮的价值诉求是致力于重构当前的全球治理体系和全球治理规则

近代以来由资本主义国家主导推动的全球化,本质上是资本进行自我增值和自我扩张的一种逻辑呈现。这也就意味着,无论是特朗普政府通过大规模"退群"所表现出来的逆全球化"显潮",还是拜登政府通过暗中操纵国际舆论追究"中国责任"所蛰伏起来的逆全球化"暗潮",其真实意图,都并非是要阻逆能够促进资本扩张的全球化,而是寄希望于通过重构现阶段的全球治理体系和全球治理规则,重塑更有利于自身利益的全球治理秩序,从而在掌握全球治理的绝对领导权和占据全球竞争的绝对优势的基础上,使自身能够在全球利益分配格局中重新占据不被撼动的霸权地位。

二、逆全球化思潮的生成根源

逆全球化思潮反映和代表的是在全球化进程中利益受损者的集体意志与整体意愿。也就是说,逆全球化思潮的生成根植于全球化,是全球化症结累积到一定阶段的集中爆发和必然呈现。从生成根源上看,逆全球化思潮既是对"零和博弈"支配下的全球化"积极阻抗",亦是对新自由主义主导下的全球化"负隅反抗",更是对资本主义制度宰制下的全球化"正面抵抗"。

(一)"零和博弈"支配下的全球化是逆全球化思潮生成的思想根源

"零和博弈"是建立在"以邻为壑""输赢对立"和"损人利己"的思想范式基础之上的一种思维模式。自近代开启世界市场以来,欧美发达国家始终怀揣着敌我两分的政治偏见,遵循着弱肉强食的丛林法则,延续着国强必霸的发展逻辑,在由此塑成的西方社会主流意识形态中,"竞争与对抗"是全球化的永恒主题和历史铁律,具有价值层面和实践层面的双重优先性。相对而言,"合作与共赢"则被西方社会仅仅视作是实现自身利益诉求的一种有限性、暂时性、甚至是妥协性的方式与手段。以致当前欧美发达国家深陷于历史经验的思想窠臼而无力自拔,陶醉于自由市场的疯狂逐利而不愿清醒,这也为它们无视全球化发展大势、漠视人类社会日益成为命运共同体这一历史现实,至今仍固守"零和博弈"的对抗立场,提供了貌似具有历史合理性和现实正当性的"事实依据"和"思想凭证"。

(二)新自由主义主导下的全球化是逆全球化思潮生成的历史根源

作为与资本主义精神一脉相承的新自由主义,鼓吹"市场万能"与"政府无用",其根本目的是企图最大限度地释放资本增值活力,实现资本主义国家利润的无休止增长。马克思很早就指出,"资本害怕没有利润或利润太少,就像自然界害怕真空一样。"作为资本唯一的"生活本能",生产增值就是资本获取剩余价值、追求利润最大化的过程。为了能够满足资本的扩张逻辑和贪婪本性,一方面,新自由主义鼓励私人资本通过不断积累来进行扩大再生产,以此促进个人资本向垄断资本的有效转变,实现资本增值在"数量"上的无限增长。另一方面,新自由主义的深入发展,也在推动实体资本逐渐朝向虚拟化和金融化形态演变,其结果是不断缩短资本的循环周期,实现资本增值在"效率"上的不断提速。

(三)资本主义制度宰制下的全球化是逆全球化思潮生成的制度根源

究其根本,逆全球化思潮是资本主义的制度弊端在世界市场纵深发展中长期累积,进而集中爆发的一种思潮涌现。其重要依据在于,逆全球化现象的每一次出现,都紧随在先爆发于资本主义社会内部,进而又迅速扩散至全球层面的经济危机之后,并且愈演愈烈。事实上,逆全球化伴随资本主义经济危机的爆发而周期性回摆,绝不是偶然现象,而是对资本主义基本矛盾的一种现实回应,是对资本主义制度支配下的生产社会化与生产资料私人占有之间矛盾运动后果的一种"调试"和"修正"。马克思曾指出"世界市场危机必须看作是资产阶级经济一切矛盾的现实综合和强制平衡"。这就意味着,由资本主义基本矛盾引发的生产过剩危机,尽管能够在一定程度上依托于世界市场的不断扩展得到暂时性疏解,但世界市场的相对有限性与生产供给的无限性之间的矛盾,仍是资本主义制度无法彻底疗愈的"痼瘴顽疾"。

复习思考题

1. 怎样理解经济全球化的进程和内涵?
2. 试述二战后经济全球化进程加快的原因和表现。
3. 怎样认识经济全球化给发展中国家带来的机遇和挑战?
4. 怎样评价经济全球化下南北差距拉大的观点?
5. 经济全球化对国家主权和世界格局产生了哪些影响?

第八章 区域经济一体化与经济全球化

区域经济一体化和经济全球化是当今世界经济的重要特征,是20世纪90年代以来世界经济中最具活力的现象。但由于区域经济一体化具有天时(资源禀赋、市场自然联合)、地利(地缘、周边关系)与人和(政治制度、文化习俗相近)等有利条件,对不同类型的国家具有更加直接的利益和影响,因此区域经济一体化的发展表现得更为突出。第二次世界大战后,随着冷战的结束,各国之间经济上的竞争逐步取代政治上的对立,而成为世界政治经济发展的主流。区域经济一体化和经济全球化迅速发展,二者互相补充、互相制约、互相促进、并行发展,成为当代世界经济发展的重要特征。

第一节 区域经济一体化及其发展动因

一、区域经济一体化的定义

区域经济一体化(Regional Economic Integration),是指在世界范围内由国家出面结合而成的、区域性的、目的在于实现市场一体化乃至生产和发展一体化的各种国际经济组织的形成和发展的过程。

区域经济一体化往往通过条约的形式,组成各种类型松散或紧密的经济联合,建立起超国家的决策和管理机构,制定共同的政策措施,实施共同的行为准则,规定较为具体的共同目标,实现成员国的产品甚至生产要素在本地区内自由流动,促进地区性的专业分工,从而发挥规模经济效益,不断提高成员国的经济福利。它也要求参加一体化的国家让渡部分国家主权,由一体化组织共同行使这一部分主权,实行经济的国家干预和调节。

二、区域经济一体化的发展历程

区域经济一体化的萌发可追溯到19世纪中叶,1843年,由北德、中德与南德三个关税同盟联合起来建立的德意志关税同盟,是区域经济一体化的雏形。美国学者D. A.斯奈德在《国际经济学导论》(第四版)中指出,德意志关税同盟的建立可称为区域经济一体化的"历史原型",二战后才发展出比它结合程度较低和比它结合程度较高的其他类型。

第二次世界大战以前,少数发达国家的私人垄断组织曾签订过不少国际卡特尔协议,借以瓜分原料来源、分割世界市场、控制生产和确定垄断价格,但这种经济联合基本上仅限于流通领域。区域经济一体化的真正形成和发展是在第二次世界大战以后。二战以后,随着国际生产专业化和社会化程度的迅速提高和跨国公司的广泛发展,各国之间的经济联系和相互依赖关系日趋加强,国家、地区间的竞争和矛盾加剧,使国家之间的经济联合有了进一步的发展。其突出表现就是出现了区域经济一体化的新趋势。区域经济一体化究其发展历程而言,主要可分成以下几个阶段:

(一)形成阶段(20世纪40年代末—50年代)

第二次世界大战期间,美国本土因远离主要战场,未受到战争的破坏,反而在战争的刺激下,经济实力迅速增强。而其他资本主义国家的经济,或因战败而遭到严重破坏,或因战争而蒙受巨大损失。同时,二战也给苏联经济造成了极大创伤。在此背景下,苏联及其东欧盟国为维护自身利益联合起来,建立区域性经济组织,巩固和发展本国的国民经济;西欧主要资本主义国家也迫切希望通过加强合作扩大生产、提高效益,共同对付来自美国的压力和苏联的潜在威胁。经过长期酝酿,在欧洲形成了3个地区性经济一体化组织。

(二)扩展阶段(20世纪60年代后半期—70年代初)

在经互会、欧共体和欧洲自由贸易联盟示范效应的影响下,从20世纪60年代后半期开始,区域经济一体化组织蓬勃兴起。其中除澳新自由贸易区属于发达国家的经济一体化组织外,其余都是由发展中国家组成的经济一体化组织。这一阶段,发展中国家共建立了20多个区域经济和贸易组织,主要有东南亚国家联盟、南亚地区合作组织、拉美一体化协会、安第斯条约组织、中美洲共同市场、西非国家经济共同体、西非共同体、海湾合作委员会、阿拉伯委员会和阿拉伯马各里布联盟等。发展中国家的经济一体化组织大多以关税同盟为基础,不同程度地涉及其他领域。

(三)停滞阶段(20世纪70年代中期—80年代中期)

20世纪70年代中期—80年代中期,西方发达国家正处于"滞涨(Stagflation)"阶段,其一体化进程相对缓慢,而发展中国家的经济一体化大多遭受挫折,一些组织中断互动活动或解体。

(四)迅速发展阶段(20世纪80年代中期以后)

20世纪80年代中期以后,在世界经济国际化、全球化和新技术革命的推动下,区域经济一体化进程出现新的高潮,且有进一步发展壮大的趋势。区域经济一体化浪潮已席卷世界各个地区和各种类型的国家。几乎所有的世界贸易组织成员都参加了区域经济一体化组织,有的成员方甚至同时加入多个一体化组织。

三、区域经济一体化的主要推动因素

世界各个地区建立经济一体化组织的初衷各不相同,其成员国的动机和目的也各种各样。但就深层次和根本性来说,区域经济一体化是世界经济生活国际化和全球化的产物,具体地说:

(一)国际分工的深化是区域经济一体化发展的主要经济基础

在战后新技术革命的推动下,世界各国、各地区之间的分工与经济依赖日益加深,生产社会化、国际化程度不断提高,使各国的生产和流通及其经济活动进一步越出国界。这就必然要求消除阻碍经济国际化发展的边界障碍、市场障碍和体制障碍,必然要求改变旧的国家关系和经济关系,建立新的更加密切的经济政治合作关系,建立区域性经济一体化组织就是这一要求得以实现的载体或形式。经济全球化带来国际生产分工的细化和生产环节的全球分解,进而形成全球价值链,国际贸易和国际投资与全球价值链的形成互为因果关系,影响着区域经济一体化进程。

(二)世界经济多极化是区域经济一体化形成的重要原因

世界经济走向一体化是社会经济发展的客观趋势,是经济全球化发展的必然结果。但是,经济政治发展不平衡又是世界各国和各地区发展长期存在的客观现实。这个现实决定了世界或全球经济走向一体化的过程必然经历许多过渡性步骤,不可能一蹴而就。20世纪70年代以来,作为世界经济霸主和超级大国的美国,经济地位相对下降,经济实力相对削弱,因而在资本主义世界日渐形成了美国、西欧、日本三足鼎立的局面,或称之为"三极"结构。战后出现并不断扩大的欧共体,其重要发展动力之一就是要摆脱美国的控制,增强欧洲国家内部的凝聚力,扩大自己的势力范围;西

欧力量的增强,严重威胁着美国的世界地位和世界利益,因而美国积极倡导和组建北美区域一体化组织和亚太区域一体化组织,以同欧洲经济集团相抗衡;已经成长为世界第二经济大国的日本,当然不甘孤立于经济集团之外,不甘坐视欧洲和美洲经济集团化的发展,也力图在亚洲建立以自己为核心的区域一体化组织,以取得"三分天下有其一"的地位。此外,广大发展中国家虽处境不同,但在现存世界经济秩序下,在国际竞争中都处于不利的地位,它们为了促进本国经济的稳定和发展,寻求有利的贸易条件和投资环境,一方面在加强发展中国家相互之间的联合与合作,组成层次不同的区域一体化组织,另一方面这其中一些国家也在积极地向发达国家的区域一体化组织靠拢。这些情况无疑也促进了区域经济一体化的形成和发展。

(三)日益激烈的世界市场竞争是区域经济一体化发展的直接动因

列宁指出:"从自由竞争中成长起来的垄断并不消除竞争,而是凌驾于竞争之上与此并存,因而产生许多特别尖锐激烈的矛盾、摩擦和冲突。"当今的世界经济也正是这样。在日益激化的竞争面前,各个国家都在寻求进一步消除贸易障碍、提高竞争力、缓解国家之间的经济摩擦和矛盾的途径。而建立区域经济一体化组织,是实现这一目标的重要途径。

(四)区域经济一体化是国家广泛干预国际经济关系的表现和产物

世界上形式多样、层次各异的区域经济集团,都是由有关国家直接出面建立起来的,都是以条约或协定固定下来的,并没有超国家的共同决策机构。没有国家的直接参与,国际经济一体化组织的形成和发展是不可能的。此外,在政府主导区域一体化过程中,政府直接干预的效果比市场引导的效果更佳。在现代市场经济条件下国家不仅广泛而有力地干预国内经济的运行过程,而且也广泛地干预并直接参与国际经济活动。区域经济一体化是面对国际竞争日益激化,国家积极干预经济生活的一个结果。

第二节 区域经济一体化的形式、特征与实质

一、区域经济一体化的形式

区域经济一体化是一种客观的经济过程,一体化组织则是它的载体。不同的学

科、不同的学者对区域经济一体化组织的形式有大致相同而又有差别的表述。但总的来讲,有如下三种分类方法:

(一)以经济一体化组织的发展程度或水平为标准

即按照贸易壁垒取消的程度、商品及服务自由化程度,以及在产业、财政、金融、政治等方面的联系程度,将区域经济一体化组织划分为:优先贸易安排、自由贸易区、关税同盟、共同市场、经济同盟和完全的经济一体化等六种类型。而这也是被众多学者承认并普遍应用的表述方式。

1. 优先贸易安排

优先贸易安排(Preferential Trade Arrangements),是指在成员国之间通过签署优先贸易协定或其他安排形式,对其全部贸易品或部分贸易品互相提供特别的关税优惠,对非成员国之间的贸易则设置较高的贸易壁垒的一种区域经济安排。其特点是以商品特惠关税待遇为主要手段。

2. 自由贸易区

自由贸易区(Free Trade Area),是指在两个或两个以上的国家或行政上独立的地区经济体之间通过达成自由贸易协议,相互取消进口关税和非关税壁垒,但对非成员方仍保留独立的贸易保护措施而形成的一种经济一体化组织。自由贸易区是一种较为松散的区域经济一体化组织。其最重要的特征是一体化组织内部的自由贸易。

3. 关税同盟

关税同盟(Customs Union),是指在自由贸易区的基础上,两个或两个以上成员方通过签署协议,彼此之间减免关税,并对非成员方实行统一的进口关税或其他贸易政策措施的一种区域经济一体化组织。从经济一体化的角度看,关税同盟也具有某种局限性。随着成员国之间相互取消关税,各成员国的市场将完全暴露在其他成员国厂商的竞争之下。为保护本国的某些产业,各成员国往往采取一些更加隐蔽的措施。因此,关税同盟包含着鼓励成员国增加非关税壁垒措施的倾向。同时,关税同盟只解决了成员之间边境上的商品流动自由化问题。当某一成员国商品进入另一个成员国境内后,各种国内限制措施仍然构成了自由贸易的障碍。因此,解决这一问题的最好办法是向"共同市场"迈进。

4. 共同市场

共同市场(Common Market),是指在两个或两个以上的成员方之间,不仅完全取消了关税和非关税壁垒,建立了共同对外关税,实现了自由贸易;而且还实现了服务、资本和劳动力等生产要素的自由流动。

5. 经济联盟

经济联盟(Economic Union),是指在成员方之间不但废除了贸易壁垒,建立了统一的对外贸易政策进口关税制度,实现了商品、生产要素的自由流动,而且在协调的基础上,各成员方还制定和执行了许多共同的经济政策,并采取某些统一的社会政策和政治纲领,从而将一体化的程度从商品交换扩展到生产、分配乃至整个国民经济的一种区域经济组织形式。经济联盟与共同市场最大的区别是各成员方必须把更多的经济主权移交给超国家的机构统一管理,这意味着各成员不仅让渡了建立共同市场所需让渡的权力,更重要的是成员国让渡了使用宏观经济政策干预本国经济运行的权力。而且成员国不仅让渡了干预内部经济的财政和货币政策、保持内部平衡的权力,也让渡了干预外部经济的汇率政策、维持外部平稳的权力。这些政策制定权的让渡对共同体内部形成自由的市场经济,发挥"看不见的手"的作用是非常有利的。

6. 完全的经济一体化

完全的经济一体化(Complete Economic Integration),是指成员国在实现了经济联盟的基础上,进一步实现经济制度、政治制度和法律制度等方面的协调,直至形成统一的经济体的一体化组织形式。完全的经济一体化的特征是形成一个类似于国家的经济一体化组织。就其过程而言是逐步实现经济及其他方面制度的一体化。从结果上看,完全经济一体化的形式主要有两种:一是邦联制,其特点是各成员方的权力大于超国家的经济一体化组织的权力,如今后的欧盟。二是联邦制,其特点是超国家的经济一体化组织的权力大于各成员方的权力。联邦制的国际经济一体化组织类似于一个联邦制的国家。

以上六种经济一体化的形式:优先贸易安排、自由贸易区、关税同盟、共同市场、经济联盟和完全的经济一体化,是处于不同层次上的国际经济一体化组织。根据它们让渡国家主权程度的不同,一体化组织也从低级向高级排列,如表 8-1 所示。但是这里并不存在低一级的经济一体化组织向高一级的经济一体化组织升级的必然性。各成员方可以根据自身的具体情况决定经过一段时期的发展是停留在原有的形式上,还是向高一级经济一体化组织过渡,关键是各成员方需要权衡自己的利弊得失。

表 8-1　区域经济一体化的组织形式及区别

	关税优惠自由贸易	区域内外关税	共同对自由流动	区域内要素协调一致	经济政策一体化	完全的经济一体化
自由贸易区	√	√				
关税同盟	√	√	√			
共同市场	√	√	√	√		
经济联盟	√	√	√	√	√	
完全的经济一体化	√	√	√	√	√	√

二、区域经济一体化的特征

作为区域经济一体化的载体和结果,在当前仍能有效运转的四五十个区域经济集团中,既有像"欧盟(European Union)"这样高度成熟的地区经济一体化组织,也有中国与"东南亚国家联盟(CAFTA)"这样刚刚开始搭建的自由贸易区;既有像曾经的"欧洲经济共同体(European Communities)"这样纯粹的"北北"合作组织,也有如"南方共同市场(MERCOSUR)""欧佩克(OPEC)"这样纯粹的"南南"合作组织,还有"北美自由贸易区(NAFTA)"和现在的"欧盟(27国)"这样发达国家与发展中国家混杂的"南北"合作组织。尽管区域经济一体化在组织形式上越来越扑朔迷离、纷纭杂乱,但是这些区域经济集团还是具有许多共通的特征的。

(一)成员国和地区资格的区域性

典型的区域经济集团总是先在相邻或相近的国家建立起来,并不断沿"同心圆"规律向外拓展,即便是后续加入的成员也多是同一地区的地理上的邻近国家或者在经贸上、经济体制上、文化习俗上极其相近的国家和地区。

(二)区域经济一体化组织的内部开放性

各区域经济集团虽然在合作形式、合作规模、合作程度、合作范围、合作机制等方面存在着差异性,但是在实践上都在推行内部成员间的全面降低关税、取消非关税壁垒,实现商品的自由流通,并放宽内部的投资限制,促进地区的资本和其他生产要素的自由流动,从而达到改善资源配置、降低生产成本、互相得益的目的。发展中国家以输入为特征的国际区域一体化有利于降低一体化的成本、统筹资本所有者和劳动者利益,并成为具有持续生命力的一体化新模式。

(三)区域经济一体化组织对外的排斥性

区域经济集团建立的目标是为了形成一个封闭性的经贸集团,以集团的力量抢夺国际市场,对外实行共同的关税,并利用天时(周边关系、市场自然联合)、地利(地缘政治、资源禀赋)与人和(政治经济制度和文化习俗相近)的有利条件,实施种种显性和隐性的贸易保护主义措施来约束、限制与集团外非成员国家和地区的经贸关系的发展。但是随着1992年亚太经合组织推行"开放性地区主义"原则和1995年世界贸易组织全球多边贸易自由化体制确定以来,这一特征也在开始模糊化。

(四)区域经济一体化组织的利益放大性

区域经济一体化的根本出发点是谋求每一个成员方能获得比单独一方更大的利益。对每一个成员国而言,他们之间降低关税、削减非关税壁垒的目的不仅仅顺应了生产要素自由流动的内在要求,而且按照规模经济原理,从最佳的国际生产分工出发,实现了资源的优化配置,提高了效率,增强了与区域外国家或经济集团对抗的实力。

三、区域经济一体化的实质

(一)区域经济一体化是通向未来的"世界经济一体化"的一个必经阶段

区域经济一体化是二战后第三次科技革命所推动的社会生产力大发展的必然结果,也是二战后国际分工不断深化的必然结果。区域经济集团在二战后的蓬勃发展表明,生产力发展在客观上要求打破国家地理边界对资源配置的限制,要求地理上邻近的国家在经济上相互联系、相互依赖、相互渗透,实现对资源的跨国配置及对宏观经济和市场运行规则的国际联合调控。未来的世界经济是走向全球一体化的经济,它所显示的发展方向是全球范围的商品贸易、生产要素流动、资源优化配置、金融投资的自由化和财政、金融体制的分工协调,即构成一个类似于放大了的国民经济的运行体制。可以说正是世界经济的发展要求在区域范围内率先进行一体化经济功能和体制的培育,为世界经济一体化做阶段性准备。

(二)区域经济一体化是一种次优选择

世界经济一体化是一个逐渐趋同、融合的过程,区域经济一体化则是在谋求已有趋同基础上的区域内融合。由于存在着对区域外非成员方的歧视和一般均衡分析下的福利损失,尽管区域经济一体化的目标不是最优的制度安排,但因为其存在着动态和局部福利的增进,更易促进区域内成员方局部福利的全面提高。因此,区域经济一体化往往被视为次优。同时,正因为世界经济一体化面临种种障碍,障碍相对较小的区域经济一体化也就顺理成章地成为世界经济一体化发展过程中的一种次优选择。

(三)区域经济一体化同时也是一个矛盾体

在区域经济集团内部,自由贸易和保护贸易是一对既相互排斥又相互依存,既相互斗争又相互促进的矛盾体。从有利于自由贸易的角度看,区域经济一体化集团的建立,使联合起来的集团经济实力得到加强,在国际贸易谈判中能以统一的声音同非成员方谈判,敢于抗衡任何一个大国或集团。并且随着其贸易流向与投资流向的改变,贸易规模与投资规模的扩大,还会使国际贸易格局发生变化。但是我们又要看到,区域经济一体化无论是成立的目的,还是其所制定的政策与措施,都充满了矛盾。

第三节 主要区域经济一体化组织

在众多的区域经济组织中,要数欧洲联盟(EU)、北美自由贸易区(NAFTA)、亚太经合组织(APEC)的规模最大,影响最深,地位最重要。

一、欧洲联盟

(一)欧洲联盟的演变及扩充

欧洲联盟(European Union,EU)是到目前为止发展最为完善、一体化程度最高的区域经济组织。欧盟的前身是1952年西欧6国(法国、比利时、荷兰、卢森堡、联邦德国、意大利)成立的欧洲煤钢共同体。1957年6月,西欧6国政府在意大利罗马签订了《建立欧洲原子能共同体条约》和《欧洲共同体条约》。这两个条约统称为《罗马条约》,并于1958年1月1日正式生效,标志着欧洲原子能共同体和欧洲经济共同体正式成立。其后,欧共体不断发展壮大,成员国不断增加。1967年7月1日,欧洲煤钢共同体、欧洲经济共同体的所属机构合并,统称欧洲共同体(European Community),简称"欧共体"(EC),总部设在比利时首都布鲁塞尔。《马斯特里赫特条约》生效后,1993年11月1日欧洲共同体更名为欧洲联盟。

自成立至今的半个世纪,欧盟迅速发展,一体化程度不断加深,而这种发展是与其组织规模的不断扩大相伴而行的。到目前为止,欧盟经历了7次扩展,这使欧盟几乎覆盖了欧洲的所有国家,欧洲统一大市场最终形成。2016年6月23日,英国就是否留在欧盟举行全民公投。投票结果显示支持"脱欧"的票数以微弱优势战胜"留欧"票数,英国将脱离欧盟。2020年1月31日,英国正式"脱欧",结束了其47年的欧盟成员国身份。

(二) 欧盟的一体化进程

在欧洲联盟的规模逐渐由西欧向中欧和东欧扩展的同时,一体化的内容也不断丰富,程度逐渐加深,由最初的关税同盟发展到现在的经济和货币联盟。在其40多年的发展历程中,欧盟经历了3次一体化程度的飞跃。

1. 从各自为政到关税同盟(1957—1968年)

《罗马条约》规定,从1958年1月1日起,欧共体成员国分三阶段逐步降低直至最终取消相互间的关税,与此同时,逐步拉平对外关税标准,实现统一对外。1968年7月1日,取消了共同体内部的工业品关税,对外实行统一的关税税率。统一对外关税的建立,标志着关税同盟的建立,为经济一体化的深入发展奠定了基础。

2. 从关税同盟到共同市场(1968—1992年)

按照《罗马条约》,欧共体成员国之间不仅要相互减少关税,还要取消数量限制及其他贸易壁垒,不仅要取消工业品方面的关税和非关税壁垒,还要取消所有产品的贸易壁垒,以促进商品在区域内的自由流动。在实现了商品自由流动之后,欧盟一体化的脚步并没有停止,1986年5月,签署了《欧洲一体化文件》。文件规定,在1992年12月31日,建立一个商品、人员、劳务和资本自由流动的统一市场。1992年底,成员国内部实现了商品、人员、劳务和资本的自由流动,建立欧洲统一市场(共同市场)的目标如期实现。

3. 从共同市场到经济与货币联盟(1993—2002年)

虽然1993年11月1日正式生效的《马斯特里赫特条约》(简称《马约》)标志着建立欧洲经济货币联盟的具体实施,但事实上,经济与货币联盟的推动,并不是从商品和要素自由流动的统一市场建立后才开始的,而是伴随着欧洲经济一体化的整个过程。此外,美元危机造成的世界货币危机和大量欧洲美元在欧洲货币市场的兴风作浪,也会给各国经济带来影响。因此,随着一体化程度的加深,实行统一的货币金融和其他经济政策,实现经济货币同盟,越来越成为成员国的共同愿望。

(三) 欧盟发展的趋势与特点

第一,扩大还有余地。乌克兰、白俄罗斯和摩尔达维亚同欧盟的关系将进一步密切,这些国家是否合适加盟将取决于形式的发展变化,其中顾忌俄罗斯的反应是一个重要因素。土耳其虽已被确认为入盟候选国,而且美国也不时地施压欧盟尽快吸纳土耳其入盟,但欧盟内部在是否赞成土耳其正式加入的问题上尚有争议。

第二,欧盟当务之急是加强内部建设,消化新成员国,并致力于建设共同外交与欧洲独立防务,对外能够真正用一个声音说话。这些任务都很艰巨和复杂。虽然欧盟宪法已经通过,但在一些国家尚需经过公民投票才能批准生效。欧盟宪法在有的欧盟成员国通不过而受挫的可能性不能排除。欧盟真正建成政治联盟的过程将是漫长而曲折的,前景难测。区域内部实现标准统一对区域发展具有重要意义,事实证明,欧盟标准化能极大地促进该区域经济一体化的发展。

第三,基于处境和利益的不同,欧盟各成员国对进一步一体化的需求和态度不尽相同,将出现在不同问题上不同速度的一体化发展。这将导致欧盟内部出现若干个一体化程度不同的集团,呈现一个多样化的联合体。这就是说,根据欧盟宪法的规定,一些国家按照资源结合的原则,在某些问题上先行联合,其他国家待条件成熟后跟进,或长期留在外面,如同《申根协定》[①]和欧元区目前还不是所有成员国都参加那样。

第四,成员国数量增多后,由于情况变得更加复杂,进一步一体化单靠法、德"双发动机"拉动将更加困难,有些问题尚需同英国组成"三驾马车"。由于英国对欧洲联合一直三心二意,既要保持同美国的特殊关系,借以突出英国在欧美关系中的重要地位,又要在欧盟内部发挥影响,借以提升其在美国面前的价值。而波兰的态度也是独特的,它在经济上靠欧盟,安全上靠美国,又以中东欧国家的领头羊自居,希望在欧盟内部发挥主导作用。因此,英、波的政策取向对欧盟的发展有重要影响。

第五,美国对欧盟的牵制会加强,欧美关系中竞争的一面将凸显。过去,美国为了对付苏联而支持西欧联合,共同挖苏联在东欧的墙脚。如今则担心欧盟会挑战美国的领导地位,因而对欧盟采取既要利用,又要分化、离间的政策,并力图在欧盟内部培植"亲美势力"或"特洛伊木马"。拉姆斯菲尔德提出的"新老欧洲"之说即反映了这一点。可以预料,美欧争夺欧洲主导地位的角逐将加剧。

二、北美自由贸易区

欧盟的发展壮大和日本经济地位的增强对美国造成了很大的冲击,为了维护自身的利益,并同欧盟和日本相抗衡,美国积极倡导了北美自由贸易区的建立。北美的经济一体化最先是在美国和加拿大之间进行的:1988年1月,美、加签署了《美加自由贸易协定》,该协定在1989年1月1日分别获得了美国国会和加拿大议会的批准,正式生效。协定规定两国10年内取消商品进口关税和非关税壁垒。为防止转口逃税,确定了原产地规则。另外,对农产品、能源、汽车、劳务、金融、服务贸易也做了规定。

在《美加自由贸易协定》的基础上,美国、加拿大、墨西哥于1992年12月17日签

---

① 1985年6月14日,法国、德国、荷兰、比利时、卢森堡5国在卢森堡小镇申根签署了相互开放边境协定,因签字地点在申根,故称《申根协定》(Schengen Accord),其参与过目前已经扩大到24国。

署了《北美自由贸易协定》(North American Free Trade Agreement, NAFTA),该协定于1994年1月1日正式生效。

三、亚太经合组织

亚洲太平洋经济合作组织(Asia-Pacific Economic Cooperation)简称亚太经合组织(APEC),正式成立于1989年,其历史可以追溯到20世纪60年代初期。

目前,亚太经合组织有21个成员,它们是:澳大利亚、文莱、加拿大、智利、中国、中国台湾、中国香港、印度尼西亚、日本、韩国、马来西亚、墨西哥、新西兰、巴布亚新几内亚、秘鲁、菲律宾、俄罗斯、新加坡、泰国、美国和越南。是当今世界最大的区域国际经济合作组织。

然而,亚太地区要实现合作目标,障碍依然很多,路途还很长远。亚太区域广大,各国经济政治制度差异明显,这就决定了这种经济合作不可能像欧盟和北美自由贸易区那样紧密,而只能是一种建立在共同利益上的松散合作。基于对自身所面临的机遇和挑战的认识,亚太经合组织应在不断完善自身机制建设的基础上,为未来一个阶段的亚太区域经济合作进程制定新的顶层设计和整体规划,从而为自身发展注入新的活力。

四、《区域全面经济伙伴关系协定》(RCEP)

《区域全面经济伙伴关系协定》(RCEP)是2012年由东盟发起,历时8年,由包括中国、日本、韩国、澳大利亚、新西兰和东盟十国共15方成员制定的协定。2020年11月15日,第四次区域全面经济伙伴关系协定(RCEP)领导人会议以视频方式举行,会后东盟10国和中国、日本、韩国、澳大利亚、新西兰共15个亚太国家正式签署了《区域全面经济伙伴关系协定》(Regional Comprehensive Economic Partnership, RCEP)。《区域全面经济伙伴关系协定》的签署,标志着当前世界上人口最多、经贸规模最大、最具发展潜力的自由贸易区正式启航。

《区域全面经济伙伴关系协定》的签署具有多重影响和意义。从政治角度来说,RCEP彰显了亚太地区经济一体化的决心,有利于增强区域国家间的政治互信;从经济角度来讲,RCEP推动了区域经济一体化的进度与深度,将提升亚太地区整体的福利水平;从地区角度来说,RCEP整合了原有的诸多自贸协定,有助于缓和"意大利面条效应",改善地区治理;从全球角度来看,RCEP为处于低潮的经济全球化带来了新的契机,提振了多边贸易谈判和全球化的信心。

第四节 区域经济一体化对世界经济发展的影响

目前,全球贸易的三分之一以上都是在各个区域经济一体化组织内部进行的。区域经济合作对世界贸易和经济发展的影响越来越大,主要体现在以下几个方面:

一、区域经济一体化的内部影响

(一)促进了集团内部贸易的自由化并促进了贸易的增长

区域经济一体化组织成立后,通过消除关税和非关税壁垒,形成区域性的统一市场,加强了区域内商品、劳务、技术和资本等生产要素的自由流动,加深了成员国在经济上的相互依赖程度,推动了成员国内部贸易的发展,使集团内部贸易在成员国对外贸易总额中所占的比重显著提高。在全球自由贸易难以实行的情况下,区域经济一体化无疑为小范围内资源的合理利用和配置提供了可能。由于成员国之间生产要素能更大程度地自由流动,这就为区域一体化内部厂商实现规模经济提供了条件。厂商规模经济的取得和提高使得国民收入水平提高,从而直接增加了市场容量。这一结果带动了区域经济一体化成员国贸易规模的扩大。

(二)改变了国际贸易的地区分布格局

区域经济一体化组织成立后,通过削减或免除关税、取消贸易的数量限制等非关税壁垒,形成区域性的统一市场。由于区内成员间的贸易环境比区外贸易环境好得多,从而使贸易更多地趋向于区域内部,集团内部贸易在成员国对外贸易总额中所占的比重明显提高。

(三)促进了国际贸易商品结构和产业结构的改善

区域经济一体化的建立使生产要素能够在集团内部自由流动,内部各国间的商品、资本、人员和服务可以像在一个国家一样畅通无阻而不存在障碍,使资源在更大的范围内优化配置。在当代世界经济的竞争中,科学技术的研究和开发成为各国竞争的焦点,同样也促进了区域内部科技的一体化进程,为各国生产力的提高提供了必要的条件。并且,区域经济一体化所创建的自由贸易区和共同市场,给内部企业提供了重新构建生产函数和提高竞争能力的机会和客观条件。通过兼并和企业间的竞争,促进了生产效率的提高,从而实现了产品结构和产业结构的高级化。对于发展中国家来说,发展区域经济一体化,可以充分利用区域内的资金、技术、设备和各种资源,逐步改变单一的经济结构,优化本国的产业结构,提高产品的竞争力。

二、区域经济一体化的外部影响

区域经济一体化对区域外非成员国的经贸活动也有一定积极影响。这主要表现为:区域性经济集团实现内部经济一体化后,其成员国自身会增强经济活力,促进经济加速发展,扩大对外需求,从而在一定程度上促进世界贸易总量的增长。这就为各国经济发展提供了更多的机遇,即产生"收入溢出效应"。然而,区域性经济集团一体化内外有别的各项经济政策对区外的非成员国更多的是不利影响,主要表现为:

(一)加大了对区域外国家的贸易歧视,产生贸易转移效应

区域经济一体化扩大内部贸易是以牺牲与一体化外的国家的部分贸易额为代价的,导致了区外国家本可以进入区内的商品和劳务受到贸易保护主义的打击,反映了其固有的排他性和歧视性。区域内部成员间的自由贸易协定,使得一国原本从区域外较低生产成本的国家进口转向到区域内较高生产成本的成员国进口,由此产生了贸易转移效应,会导致该国部分福利的损失。对内自由贸易、对外保护贸易的双重做法将可能使成员国的产业国际竞争力降低。

(二)改变了国际直接投资的地区流向

由于贸易转移的影响,原来以出口方式进入市场的区外跨国公司,因受到歧视而改为以直接投资取代出口,在一体化区域内部直接生产,从而绕开进口国的关税与非关税壁垒,保护以前通过出口占领的市场。一体化区域内外国直接投资的增加,意味着一体化区域外的投资规模相应的下降,从而改变了国际直接投资的地区流向。国际资本大量流入区域性经济集团内部,以寻求安全的"避风港"和突破集团内部的贸易壁垒。这样,广大发展中国家发展经济贸易急需的资本不能引进,加剧了其国内资金短缺的矛盾,阻碍了其经济贸易的发展和竞争力的提高,使南北经济差距进一步扩大。

(三)不利于全球贸易体制的推进和完善,增加了多边贸易谈判的复杂性

国际区域经济一体化的发展,将使若干个实力相当或接近的区域性经济集团出现在世界经济的舞台上。可以预计,在它们之间,合作与竞争并行不悖。这样,现在的国与国之间的协调将转化为区域性经济集团之间的国际经济协调。由于区域性经济集团有着错综复杂的利益格局,任何一种国际协调都不可能完全符合各国的经济

利益。因此国际协调将受到重重阻力,不能完全或顺利地贯彻。

三、新形势下区域经济一体化对世界经济的影响

世界发展的速度在不断加快,与此同时更加严峻的世界形势也对区域经济一体化造成了影响。经济与政治一直以来都是相辅相成的,现如今的世界形势随着政治、资源、人文等因素不断变化。当前的新形势下,中国已经成为区域经济一体化的重要组成部分。随着科学技术的不断发展,中国经济稳居世界第二,GDP 增长率稳居世界前列,已然成了世界经济中最活跃的存在,为国际经济发展做出了突出的贡献,由中国引领的新型经济浪潮正在逐渐改变世界的经济结构。新形势下的区域经济一体化逐渐融合了严峻的世界经济形势,各个国家、地区也在积极地制定并实施结合自身经济环境的有关政策。区域经济一体化更是迎来了第三次巅峰。区域经济一体化的发展已经走过了两个巅峰,第一次发生在世界大战时期,动荡的世界经济环境为区域经济一体化提供了充分的养料,国际之间的经济、政治分割将时代划分,大批量的国家、地区开始趋向集团化的经济变革,这一时期涌现出了很多区域经济一体化组织。第二次则是欧洲经济共同体在实践中取得了巨大的成功,直接作为积极结果为一部分仍在犹豫中的国家及地区提供了信心,成了美洲、欧洲、东南亚等地区的区域经济一体化的发展榜样。

(一)优化了国际间的分工协作

区域一体化内的成员国能够通过优惠的贸易政策来细化、优化成员国之间的分工,使得成员国之间的国际贸易往来变得更加便利。擅长不同领域的成员国能够发挥出自身的长处,将这种优势转化为一国的经济效益,使得成员国能够有强大的经济去支撑国家的进一步发展。在新形势下,国际间的分工合作界限越来越模糊,许多国家在发展自身优势的同时也不忘对自身的劣势进行弥补。但从整体大环境下分析,国际间的分工协作在区域经济一体化的促进下得到了极大程度的优化,区域经济一体化通过成员国之间的企业加速了对区域内的产业结构转变,使得成员国的分工协作得到了一定的调整及优化,进而使区域内的成员国能够获得良好的经济效益及经济地位。

(二)对世界贸易经济格局的转变

区域经济一体化极大地提高了世界经济活跃度,而世界经济格局随着经济的活跃程度逐渐转变。区域内的成员国由于享受良好的优惠贸易政策,没有过高的贸易壁垒,因而获取了良好的经济效益。长此以往,区域内的成员国就会凭借这一优势提

高其经济地位,进而获得更多的经济效益,其最终结果就是区域内成员国的贸易发展远快于区域外的国家。世界贸易经济格局也会随着世界经济的转变而逐渐发生变化,其主要原因在于,参与了区域经济一体化的国家或地区的经济效益能够拉动世界的经济,使得世界的生产要素逐渐倾斜至经济回报率高的地区,从而使丰富的生产要素加上优惠的贸易政策更能加快经济的发展。由此看来,在新形势下参与区域经济一体化的国家或地区能够使其国际贸易的效率更高、发展更便利。

(三)加大了国际间的贸易竞争

在新形势下,区域经济一体化同样也带来了更大的挑战,使得国际间的贸易竞争变大了。随着世界的不断发展进步,世界经济也同样迎来了新的改变。区域经济一体化内的成员国由于具有很大的经济、政治影响,对本区域内的成员国有着良好的促进、带动作用;对于非区域内的国家则意味着建立起了更高的贸易壁垒,直接加大了国际间的贸易竞争,这对于国际贸易来说是一个不利的影响。此外,由于区域一体化的中坚力量是发达国家,因此在对待成员国的申请上具有浓重的政治倾向,国家之间的竞争逐渐演变为区域内经济集团的竞争,这样就会出现更为严峻的国际贸易竞争,这给国际贸易的发展也带来了不利的影响。

第五节 多边贸易规则与区域经济一体化

从1947年《关税与贸易总协定》(GATT)的签署,到1995年世界贸易组织(WTO)成立,它们所代表的世界多边贸易体制已经存在和运行了50多年。半个多世纪以来,在GATT/WTO推动贸易自由化并带动经济朝着全球化方向发展的同时,特定区域范围内的相邻国家之间通过协议组成的区域经济合作组织也在迅猛发展。目前,世界上的区域和次区域经济合作组织有110多个,其中有以欧盟、北美自由贸易区、亚太经合组织等为代表的区域经济组织,也有以海湾合作委员会(1981年5月25日成立)和南方共同市场(1995年1月1日正式运行)等为代表的次级区域经济组织。

一、GATT/WTO对区域经济组织的规定及约束

虽然从总体上看,区域经济组织的成员国也大多是WTO的成员,但毕竟它们是

两个不同性质的组织,其自由化所涉及的范围、内容和深度不同,局部利益与整体利益相矛盾的情况也会发生。为了避免一些国家利用区域组织之名,造成区域组织与个别国家的对抗,或由于区域经济组织一些成员片面实施贸易措施而导致不公平贸易的产生,从而使区域经济组织的目标同多边贸易体制所追求的目标基本一致,顺利推进贸易与投资自由化,并达到促进要素全球自由流动的最终目的,WTO 在对区域经济一体化组织持肯定态度的同时也对其成立的目的、涵盖范围、过渡期限、审议程序等进行了规定和约束(主要集中在《1994 年关税与贸易总协定》第 24 条和《关于解释〈1994 年关税与贸易总协定〉第 24 条的谅解》及《服务贸易总协定》第 5 条中)。

(一)确定区域经济组织成立的目的

《1994 年关税与贸易总协定》第 24 条及《服务贸易总协定》第 5 条规定了区域经济组织成立的条件:不论是自由贸易区或关税同盟,任何区域经济组织的成立都必须有利于促进成员间的贸易,同时不应增加对非成员的贸易壁垒和对其造成不利的影响。《服务贸易总协定》也规定:区域化服务贸易的目的,必须是为了促进成员国之间的贸易,而非提高对外服务贸易的整体贸易障碍。

(二)对区域经济组织进行适当约束

WTO 对区域经济组织的约束主要体现在以下几个方面:

第一,在审查程序上,WTO 总理事会于 1996 年 2 月成立了区域贸易协议委员会(Committee or Regional Trade Agreements,CRTA)。该委员会负责审理各国所提出的有关区域贸易协议的申请,并制定了一个可供依循的标准模式,评估区域贸易协议对多边体制所造成的影响。

第二,对区域经济组织涵盖范围的规定。为了避免发生"并非真正要在区域之内实施自由贸易,而只欲就某些特定产品形成优惠待遇,以排斥或限制其他国家的产品进入其市场,从而形成区域壁垒现象",即区域性贸易组织必须实质上涵盖所有的贸易范围。

第三,对过渡期的限制。GATT 第 24 条第 5 项(C)款规定,签订任何临时的、最终将形成关税同盟或自由贸易区的过渡性协议,均应将形成关税同盟及自由贸易区的时间表及计划包括在内,其时间应不超过合理时间,合理时间一般最长为 10 年。

(三)对区域经济组织关税调整的限定

GATT 第 24 条第 5 项(A)款规定,关税同盟或自由贸易区对非区内成员的关税或其他贸易限制,在整体上不得高于或严于自由贸易区或关税同盟建立之前的水平,即不能对区外非成员提高贸易壁垒,以最大可能地避免对 GATT 其他成员的贸易造成不利影响。当与这一规定发生冲突时,应对受影响的区外成员给予补偿。GATT 第 24 条第 6 项规定,在符合第 24 条第 5 项(A)款的前提下,若成员方为成立关税同盟而必须提高关税,而此项提高并不符合 GATT 第 2 条(减让表)规定的,则必须适用 GATT 第 28 条所规定的"调整关税时对受影响国家的补偿"。《关于解释〈1994 年关税与贸易总协定〉第 24 条的谅解》第 5 项规定的补偿形式为:调低其他关税类别的关税。如果不被接受,双方应继续谈判;若在合理时间内仍无法达成协议,关税同盟有必要进行修改或撤回其减让。

二、区域经济一体化对 GATT/WTO 的影响

20 世纪 90 年代伴随着冷战的终结和世界贸易组织(WTO)的诞生,经济全球化进入了一个全新阶段。不仅形成了真正意义上的世界市场,而且出现了统一的有约束力的国际经济规则。与此同时,全球性的区域经济合作也呈现出前所未有的发展。经济全球化通常以多边合作机制为基础,如世界贸易组织及其前身关税与贸易总协定(GATT)、国际货币基金组织、世界银行,以统一的世界市场和国际经济规则为标志,促进全球生产要素和商品服务的自由流动。区域经济合作则以双边或诸边合作机制为基础,以区域内的市场统一和规则统一为标志促进区域内生产要素和商品服务的自由流动。

(一)区域经济一体化对 GATT/WTO 的消极影响

如果区域经济一体化把自身看成是世界贸易自由化和经济一体化进程的一部分,它对外界是开放的、无歧视的和非排他的,那么区域经济一体化的发展就不会威胁全球自由贸易体系的建立与发展。但事实并非如此,随着越来越多的国家被卷入区域经济一体化组织,这些一体化组织的成员体发展水平不一、文化背景各异,使得这些区域经济一体化组织往往只能顾及自身的利益,甚至利用区域经济一体化组织与他国对抗,表现出了极强的排他性。简言之,区域经济一体化在一定程度上创建了新的贸易壁垒。主要表现在以下四个方面:

1. 区域经济一体化组织的贸易转移效应,违背了 GATT/WTO 所倡导的自由贸易原则

GATT/WTO 之所以积极推动在全球建立自由贸易体制,主要原因是认为自由贸易可以使整个世界的资源得到合理配置,并且通过有效的国际分工使各国都能够实现经济福利的最大化。贸易增长的来源包括两部分:一部分起因于贸易创造效应,即原来的非贸易品在贸易壁垒消除后变成了成员国之间的贸易品;另一部分则起因于

贸易转移效应,即原来从非成员国的进口开始转变为从较低效率的成员国进口,从而减少了最具效率的商品的生产和销售,扭曲了国际分工关系。这与 GATT／WTO 所倡导的公平的自由贸易原则是相矛盾的。

2. 区域经济一体化增加了达成多边市场开放的难度

区域经济一体化各成员国让渡了对外贸易壁垒的制定权,使非成员国面对的是一个贸易壁垒同样高的多国市场,从而使非成员国难以寻找到打破该区域经济一体化组织市场壁垒的突破口。其最主要的表现是区域一体化组织的形成大大加强了集团在多边贸易谈判中的讨价还价能力,从而增加了达成多边市场开放协议的难度。长期以来,欧盟的强硬立场一直是阻碍多边贸易体制在许多领域达成市场开放协议的重要原因。

3. 区域经济一体化组织新的贸易壁垒措施影响了多边关税减让的积极效果

从关税水平来看,二战后区域经济一体化组织的迅猛发展并没有对多边自由贸易体制造成大的影响。据统计,二战后初期,世界各国进口关税平均水平为40%,而目前工业品的加权平均关税水平在发达国家仅为3%左右,发展中国家也下降到了14%左右。同样,北美自由贸易区的原产地规则也成为非成员国面临的一个重要的非关税壁垒。面对非关税壁垒的泛滥,GATT 在"肯尼迪回合"之后加大了消除非关税壁垒协商的力度,并在"东京回合"制定了9个致力于消除非关税壁垒的文件,但是由于有关文件的约束力有限,而且新的贸易集团间的非关税壁垒措施不断涌现,致使非关税壁垒已经成为影响全球建立开放的、自由的多边贸易体制的重大障碍。

4. 区域经济一体化的发展影响了各成员国对多边贸易体制的关注程度

在区域经济一体化组织建立伊始和刚刚成立之后的一段时间,各成员国都把主要精力放在区域一体化组织的组建原则、方式等问题上,而对全球多边贸易体制建设则采取相对冷淡和拖延的态度。欧盟的崛起和日本经济的迅速发展,特别是以中国为代表的新兴经济体经济的快速增长,使美国感受到了空前的国际竞争压力。

(二) 区域经济一体化对 GATT/WTO 的促进作用

尽管区域经济一体化对建立和发展多边自由贸易体系存在一定的消极影响,但我们不能就此认为区域经济一体化就是多边自由贸易体系的障碍,因为此类区域经济一体化也存在着有利于多边自由贸易体系发展的因素。

1. 区域经济一体化的贸易创造和扩大功能

区域经济一体化组织的建立和运作,能够使各成员国在比较优势基础上使生产更加专业化,成员国的一些国内产品将被其他生产成本更低的进口产品取代,从而提高资源的利用效率,扩大生产利益。为了尽可能降低区域经济一体化组织的对外贸易壁垒,许多非一体化组织成员国积极推动多边关税减让和市场开放谈判。

2. 区域经济一体化可以有效地抑制贸易保护主义

在大多数情况下,贸易保护主义政策都源于国内特殊的利益集团的压力,而区域经济一体化的发展则可能会削弱特殊利益集团对贸易政策的影响力。在关税同盟、共同市场等经济一体化组织形式下,一体化组织的决策机构统一掌握对外贸易政策的决策权。贸易政策决策权的转移可以产生以下两种抑制贸易保护主义的机制:一是"优惠淡化效应",即随着区域一体化组织的建立,各国原有的一些特殊利益集团在整个一体化组织范围内的代表性可能会大大降低,从而削弱对制定共同政策的影响力。二是"优惠非对称性",即由于各成员国从某种贸易保护主义政策中获益不同,所以对政策主张也会存在较大的差别。因此,作为妥协产物的贸易政策可能会降低保护程度。

3. 区域经济一体化为更好的全球经济合作提供了经验和基础

区域经济一体化的建立需要以组织内各成员国相互开放为前提,在这种市场开放过程中,成员国的政府、企业和人民都将逐渐体会到经济自由化的积极意义,并掌握应对经济自由化和进行经济结构调整的措施。经济合作与发展组织(OECD)的研究表明,达成区域性贸易协定与多边贸易协定所面临的问题基本相同,所不同的仅仅是问题的尖锐程度和解决的可能性。因此可以认为,区域经济一体化为各国进行市场开放和政府处理越来越复杂的国际经济问题提供了一个重要的试验场。地区性的自由贸易协定经常可以成为确定多边国际协定的基础。回顾 GATT / WTO 所进行的各轮多边贸易谈判,我们会发现,许多重要的议题在一些区域一体化组织内部已经得到解决,一些国家或区域一体化组织希望把有关的区域性协定上升为 GATT / WTO 框架下的多边国际经贸协定。

第六节 区域经济一体化与经济全球化的关系

一、区域经济一体化与经济全球化的一致性与差异性

经济全球化与区域经济一体化是既相互联系又相互区别的两个范畴。区域经济

一体化所表达的是各国经济在机制上的统一,而经济全球化所表达的是世界经济在范围上的扩大;区域经济一体化所指的是成员国经济高度融合的状态,而经济全球化则反映了各个相对独立的国家之间在经济层面的联系越来越密切、并逐渐走向统一的过程。因此,这种全球经济纵向深化与横向扩张的过程,既表现为区域经济一体化与经济全球化在某些方面高度的一致性,同时也反映出二者在另一些方面的差异。

(一)区域经济一体化与经济全球化的一致性

1. 区域经济一体化是经济全球化的过程,是最终达到全球经济一体化的必经阶段

世界上为数众多的国家和地区不可能同时实现贸易一体化,更不用说更高层次的生产一体化和金融一体化了。而一些在地域上、文化传统上、经济上密切相关的国家和地区实现区域经济一体化,有助于推进经济全球化进程。因为与分散孤立的各国经济联系相比,组成区域经济一体化组织不仅在实际上已在全球经济的不同部分、不同层次实现了经济一体化,而且也更有可能和更容易通过联合或合并的方式向经济全球化的完成形式——全球经济一体化过渡。

2. 区域经济一体化和经济全球化是相互适应的

初级阶段的经济全球化以贸易全球化作为核心内容,此时区域经济一体化也处于开始起步的阶段,主要采取关税同盟或自由贸易区等形式,基本目标是解决一定范围内的贸易自由化问题。早期的区域经济一体化理论与经济全球化理论也是基本一致的。

3. 区域经济一体化和经济全球化是相互促进的

从某一个角度看,经济全球化与区域经济一体化所追求的目标是一致的,即实现规模经济、提高经济效率和增强产品竞争力,只不过是范围大小的不同而已。区域经济一体化是经济全球化过程的有机组成部分,既是经济全球化的一个步骤或阶段,又是经济全球化进一步发展直至形成全球经济一体化的基础。

(二)区域经济一体化与经济全球化的差异性

经济全球化指世界各国的经济运行在生产、分配、消费等方面所发生的一体化趋势。区域经济一体化是经济全球化的一个中间过程。但是区域经济一体化与经济全球化的区别十分明显,主要体现为:

第一,区域经济一体化产生于相邻近区域或经济结构相近或互补区域内的主权国家的制度安排,是区域内各国突破了主权国家的界限,放松主权约束,以国家出面签订的协约为基础而建立起来的一种国际经济合作的组织形式。它以主权国家为核心,还渗入了政治因素。与区域经济一体化不同的是,经济全球化是一种自发的市场

行为,是一种"超主权"的概念。市场经济无限高度发展的结果,就是经济全球化。因此,经济全球化要求最低限度的政府干预,是一种超国家主权的概念。经济全球化的超主权性质决定了它缺乏区域经济一体化中那种有效的政府间的协作与对市场的监督。

第二,经济全球化与区域经济一体化范围不同。有时区域经济一体化的趋势与经济全球化的趋势也不完全一致,区域一体化经济组织的某些规定在一定程度上不利于经济全球化的发展。

第三,经济全球化是以跨国公司为微观经济行为主体,在市场力量作用下的生产、贸易、投资、金融等经济行为在全球范围内的大规模活动,是生产要素的全球配置与重组,是世界各国经济逐渐高度依赖和融合的过程。因此,经济全球化主要由企业带动,是从下到上的一种微观经济行为。而区域经济一体化又被称为制度性一体化,是通过签订条约和建立超国家组织的主观协调,由国家出面让渡那些阻碍经济行为跨国界活动的主权,以保证该过程顺利进行的高级形式。可以说,区域经济一体化已经造就了维护自己存在的上层建筑,而经济全球化的上层建筑仍在进一步探索、形成之中。

二、区域经济一体化与经济全球化相辅相成

如上所述,区域经济一体化与经济全球化之间存在一定的隔阂,甚至在某个时期,区域经济一体化会削弱多边体系的约束力。但是从历史发展的全过程和经济发展的本质分析,二者绝非相悖、互不相容的,而是同一目标的不同实现形式和必要步骤,是相互促进、相互补充、相辅相成的关系。这种关系表现在以下几个方面:

第一,从理论上分析,区域经济一体化具有对内自由、对外保护的倾向,因而产生贸易创造和贸易转移的双重效应。根据经济学理论,贸易创造与贸易转移的对比程度,是判断一体化集团是否合理、是否具有积极意义的标准。即如果二者相比,贸易创造占主导地位,大于贸易转移,则意味着贸易集团的建立使一定量的资源产生出更多的产品,带来效率提高的净利益,正面效应大于负面效应。事实上,许多数字和实证分析都说明,虽然区域经济集团对外实行不同程度的保护政策,但只要区域经济一体化组织的成立不对区域外的国家和地区形成额外的要素自由流动的壁垒,那么,对世界经济推动和贸易自由发展而言,其开放性就高于排他性,进步作用超过阻碍作用。

第二,从二者产生的动因看,以多边贸易体制为代表的经济全球化倡导的是全球

自由贸易体系的建立,其根本宗旨和目的是清除妨碍要素流动的各种障碍,推动要素在全球更加合理地配置,而区域经济集团正是为了能够抵御和有效地攻破各种障碍。区域经济一体化内部实行生产要素的自由流动,必将加速资本的相互渗透,深化成员国之间的相互依存和国际分工,从而进一步推动全球的生产和资本一体化的过程。

第三,从制约程度上看,毋庸置疑,区域经济一体化的运作会在无形中助长区域保护主义,带来区域集团间的摩擦,甚至有时会削弱多边贸易体制,但是 WTO 的多边贸易体制仍然是指导世界贸易政策的主要机构和主导力量,区域经济一体化组织要接受世界贸易组织的领导,并始终在 WTO 的框架内运行。经济全球化的努力,将保障日益兴起的区域经济一体化浪潮健康发展,并使之成为全球经济一体化发展的推动力。

2008 年金融危机之后,全球保护主义迅速抬头,以邻为壑的贸易政策层出不穷。WTO 成员国自危机后颁布了 2978 项新的贸易限制措施,到 2016 年 10 月这其中仅有 25% 的比例被各国取消。贸易增速也逐渐减少到和产出增速相同的水平,2016 年贸易增长率仅为 1.3%,与产出增速的比值更是低至 0.6,危机后首次低于 1,而在全球化最为鼎盛的 20 世纪 90 年代,贸易增速基本比世界经济的增长速度快 1 倍。政治层面上,推崇民粹主义政党的势力有所加强,英国脱欧、美国特朗普胜选后的保护主义政策,以及意大利修宪公投失败,为全球化的发展蒙上了一层阴影。现阶段的经济全球化已经形成,短时间内被逆转的可能性很小,全球化将继续在波动中前行。从中国提出"一带一路"国际合作倡议后得到众多响应,可以看出大多数国家仍是全球化的支持者,逆全球化并没有表现出规模化趋势。事实上,对经济全球化的不满始于经济层面,通过投票选举等方式传导至政治层面,再由政治决策左右一国的经济行为。作为结果,逆全球化之于东亚经济合作,如特朗普政府决定退出 TPP、重新商谈美韩自贸协定等政策行为,也确实对东亚国家的地区策略造成了一定的冲击。对逆全球化现象的再认识有助于寻求下一阶段东亚经济合作的新机遇。

新冠肺炎疫情来势汹汹,但东亚国家相对较早地采取了针对性的防控措施,较好地控制住了国内疫情,并且在确保安全的情况下开始复工复产。因此,在后疫情时代,东亚国家综合实力将出现明显变化,东亚区域秩序也将得到相应调整。中国政府提出"加快形成以国内大循环为主体、国内国际双循环相互促进的新发展格局"是非常及时且必要的。在当前国内外经济环境发生巨大变化的背景下,要充分利用 RCEP 签署等有利因素促进新发展格局的形成。RCEP 的签署为中国更顺畅地融入国际大循环创造了良好的政策支持,也为东亚区域经贸合作打开了一扇畅通的大门。中国在形成新发展格局的过程中,如何更好地利用已签署的 RCEP 协定促进东亚区域经贸合作,提升国际大循环在推进区域发展中的作用显得尤为关键。中国应在"战略、技术、市场、规则"四位一体的重构战略指引下,以 RCEP 合作为契机,推动和引导逆全球化背景下东亚区域价值链实现重构。

复习思考题

1. 区域经济一体化的内涵是什么?试以欧盟为例,谈谈区域经济集团中制度性一体化和功能性一体化是如何促进区域经济一体化的发展的。

2. 区域经济一体化有哪些类型,它们的特征分别是什么?

3. 区域经济一体化的特征和实质分别是什么?试结合当今某一主要的区域一体化组织加以阐述。

4. 区域经济一体化对多边贸易体制有什么影响?

5. 试论述区域经济一体化与经济全球化的关系。

6. 简要说明 GATT/WTO 是怎样协调它与区域经济一体化的关系的。

第九章 世界经济周期及其传导机制

经济从来都是遵循着波浪线式的运行轨迹不断发展的。自从1825年英国爆发了资本主义历史上的第一次生产过剩型经济危机以来,每隔一段时间,世界经济都会出现类似波动。面临着这样的经济衰退,甚至是金融危机,一国经济的总产出下降,失业率骤升。而当经济探底时,便开始复苏,经济活动回暖。

与历史相异的是,当今,伴随着经济全球化,各国间的联系日益紧密,使得一国内的经济波动跨越国界甚至扩展到全球,波动的范围更大,影响也更为显著,由此产生了对世界经济周期的研究。世界经济周期的研究对象并非是世界各国的加和经济总量,而仍然是世界各国的经济总量、经济分量和单一经济因素。但是这些不同国家的经济变量具有显著的相关性并表现出时间序列运动的高度同步性,进而受某个或某些经济冲击的扰动造成实际经济变量的波动,并通过国际传导和内生演变,造成世界大量国家的实际经济活动呈现同步的扩张、衰退、萧条和复苏,这种运动序列会重复发生,最终形成持续时间不同的世界经济周期运动。

第一节 经济周期的含义及成因

一、经济周期的含义

所谓经济周期,是指经济运行中,由于受到外部干扰或内部因素的影响,出现周期性经济扩张与经济紧缩交替更迭、循环往复的一种现象。一个经济周期通常包括四个阶段:繁荣、衰退、萧条、复苏。图10-1为描绘经济周期的曲线图。

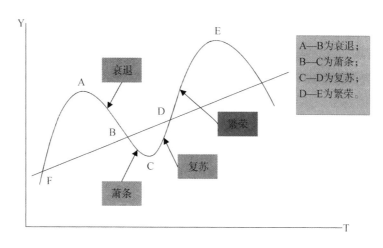

图 10-1 经济周期

二、经济周期的类型

经济学家在研究经济周期问题时,根据周期的长短将经济周期分为短周期、中周期及长周期。

(一) 短周期

短周期(短波),指一个为期3—4年的经济周期。它最早由英国经济学家基钦于1923年提出,故又称基钦周期。基钦根据美国和英国1890年到1922年的利率、物价、生产和就业等统计资料,从厂商生产过多时就会形成存货导致生产减少这一现象发现经济周期实际上有主要周期(major cycle)与次要周期(minor cycle)两种。主要周期即中周期,次要周期为3—4年一次的短周期,主要周期是若干次要周期的总和,一个主要周期可能包括多个次要周期。

(二) 中周期

中周期(中波),指一个为期8—10年的经济周期。这一概念于1860年由年法国经济学家朱格拉首次提出,因此又称朱格拉周期。朱格拉在研究人口、结婚、出生、死亡等统计时开始注意到经济事物存在着有规则的波动现象。他认为,存在着危机或恐慌并不是一种独立的现象,而是社会经济运动三个阶段中的一个,这三个阶段是繁荣、危机与萧条。三个阶段的反复出现就形成了周期现象。

(三) 长周期

长周期(长波)指一个平均时间长度超过10年的经济周期。其具体形式主要包含库兹涅茨周期与康德拉季耶夫周期。库兹涅茨周期是由美国经济学家库兹涅茨于

1930 年在《生产和价格的长期运动》中提出的一种为期 15—25 年,平均长度为 20 年左右的经济周期。

三、经济周期的成因分析

(一) 传统经济周期理论

传统经济周期理论可分为六大类,每一类之中又包含着不同的理论分支。另外又可将传统经济周期理论按照对内外影响作用角度,分为外部因素论和内部因素论。外部因素论认为造成经济周期的原因来自经济之外,如战争、科技发明、资源发现等;内部因素论则强调速度快慢来对经济周期的四个阶段进行解释。

1. 纯货币理论

以英国经济学家霍特里的观点为代表的纯货币理论,认为经济周期是一种纯货币现象,以"消费者支出"概念解释社会有效需求的来源,总结"消费者支出的变动就由货币量变动决定,通货收缩会对经济活动产生抑制影响,相反,通货增长则会形成通货膨胀对经济活动产生刺激作用"。

2. 投资过度理论

投资过度理论从投资的角度分析经济周期的形成,中心论点是"生产资料或资本品工业,跟生产消费品工业对照,有了过度的发展","促使繁荣趋于崩溃的原因,是生产结构实际上的失调,并非仅仅是由于银行准备不充分而形成的资金不足"。根据对引起投资原因解释的不同,投资过度理论学派内部又分为货币投资过度理论、非货币投资过度理论和加速原理派等三种观点。

3. 消费不足论

消费不足论是历史最悠久的理论,代表人物有马尔萨斯、西斯蒙第、霍布森等。具体来说消费不足论的共同思想是认为由于购买力自身的不足,使购买力低于社会产品总价值、总产品不能按包括成本在内的价格全部销售,由此引起产量过剩、经济萧条。而具有代表性的储蓄过度论提出,会发生危机和萧条并不是没有充分的购买力,而是现时收入储蓄比重过大打乱了生产和销售间的平衡。该理论甚至还以收入分配的不均解释过度储蓄等。

除了以上的三个类别,传统经济周期理论还有成本改变理论、关注心理因素影响的心理理论,主要内容涉及气象学说气的农作物收获理论等。

(二) 凯恩斯主义周期理论和后凯恩斯主义周期理论典型

凯恩斯在其《通论》中提出,有效需求包括消费需求和投资需求,是由消费倾向、收益预期、流动偏好和货币供应量相互作用而决定并引发有效需求不足导致的失业和萧条；核心理念强调国家对经济干预，采取财政金融政策，增加公共开支，降低利率以刺激投资和消费，提高有效需求，实现充分就业。二战以后得到发展的凯恩斯主义提出以总需求分析中的投资分析为中心来分析投资变动的原因及其对经济周期的影响，积极推动从外因论转向内因论的态度转变。后凯恩斯周期理论研究中的主流派代表应属萨缪尔森乘数－加速数动态周期模型理论。该理论拓展了数学模型在经济学研究中的运用，启发了此后经济学研究中的数学工具运用。

(三) 理性预期周期理论和实际经济周期理论理性预期学派

理性预期周期理论和实际经济周期理论理性预期学派也被称为新古典宏观经济学派，作为向凯恩斯主义挑战的重要的代表性学派成型于20世纪70年代，代表人物有美国经济学家罗伯特·卢卡斯等。理性预期学派观点被认为是带有"激进色彩"的货币主义，"随机的货币因素的冲击导致了经济的周期波动"。他们指出，是随机的实际因素的冲击导致了经济的周期波动；并指出这里的实际因素的冲击既包括个人需求偏好的变化、政府需求的变化等来自需求方面的冲击，也包括技术进步带来的生产率变动、生产要素供给变动等来自供给方面的冲击。

(四) 经济制度危机论

经济制度危机论的代表人物是马克思。马克思认为经济危机只有在资本主义制度下才会发生，其实质是生产相对过剩的危机。其根源在于生产社会化和生产资料的资本主义私人占有之间的矛盾，即资本主义基本矛盾。这个矛盾随着资本主义生产方式占据统治地位而充分展开，当这一矛盾达到尖锐激化程度时，就会引发经济危机。资本主义基本矛盾引起经济危机具体表现为两个矛盾的激化：一是个别企业内部生产的有组织性和整个社会生产的无政府状态之间的矛盾；二是资本主义生产无限扩大趋势同劳动人民有支付能力需求相对缩小的矛盾。

第二节 世界经济周期的特征与传导机制

一个国家经济发生的周期性运动，会通过世界经济周期交往在国际间传导和扩散，并发生变化，从而形成世界性的经济周期。世界经济环境不断演变，各类国际市场的相互依赖性不断增强,自由企业制度在世界范围内广泛扩散,私有金融资产和资本商品的数量不断膨胀,这些都为经济周期在世界范围内相互联系的增强提供了前提条件。而且,国际商品贸易和金融交易迅速扩大,国家制度和国际制度不断优化,一国经济对外部冲击的敏感性增强,各国经济运动越来越协同一致,经济周期跨国联系不断增强。

一、世界经济周期的特征

世界经济周期一般依据主要的世界事件分为四个区段:第一次世界大战的战前时期(Prewar,1913年以前);第一次世界大战结束到第二次世界大战战前的间隔时期(Interwar,1919—1938年);布雷顿森林体系时期(Bretton Woods,1950—1972年);后布雷顿森林体系时期(Post-Bretton Woods,1973年后)。布雷顿森林体系时期,经济周期的扩张期特别长,大约平均持续10年,有些扩张持续20年,而且有几个国家(如日本、德国等)的经济根本就不曾经历负增长。长波扩张部分地反映了二战后许多国家的技术进步。近百年来,世界经济周期总体来说,扩张期变得越来越长,衰退期则相对越来越短。

总结世界经济周期的主要特征,包括:①多国的产出总量和产出增长具有很强的正相关性;②多国的索洛剩余具有正相关性,但其程度比产出的相关性低;③多国的消费具有正相关性,和产出的跨国相关性几乎相同,但要低;④多国的投资和就业具有正相关性;⑤工业化国家的衰退程度在20世纪90年代比20世纪七八十年代要"浅(Shallower)"得多,复苏的持续时间和前期衰退的持续时间及严重程度并没有显著的相关性,重复衰退和深度衰退已经减少;⑥1973年后(即布雷顿森林体系瓦解后),国家间消费和产出的相关性增强,国家间的同步衰退变得更为普遍,而20世纪90年代的世界经济衰退则显示出差异,不同国家特别是经济发达国家进入衰退的时间明显不同;⑦与19世纪末期相比,近几十年所有的衰退伴随着私人固定投资(Private Fixed Investment)的收缩,国家间的投资收缩比经济衰退更加同步,说明在经济衰退中,投资的衰减比起其他的世界经济周期联结来说,它的影响力更强大;⑧投资的收缩对世界经济衰退有重要作用,而消费的向上逆转趋向于推动世界经济向上复苏,在世界经济的衰退和复苏中,存货作用正在逐渐减弱;⑨国家间证券价格波动的波峰通常领先于产出的波峰,而波谷则大致同步,国家间证券价格衰退的同步性比国家间经济衰退的同步性要强;⑩国家间利率波动的波峰通常领先于产出的波峰或紧随产出波峰之后,利率达到峰值前持续上涨和经济持续衰退有很强的正相关性。

二、世界经济周期的传导机制

随着经济全球化的迅猛发展,各国经济运行及其状态越来越取决于世界经济的总体状况,国家经济对世界经济的依赖性明显增强。各国经济的相互依存程度越来越深,依存的形式也越来越多。首先,对外贸易在各国国民经济活动中所占的比重普遍提高。国际贸易,特别是产业内贸易和企业内贸易的发展,反映了各国生产活动相互依存的深化。其次,国际资金流动规模日益扩大,金融全球化发展迅速,发达国家与发展中国家都参与其中。此外,技术交流、国际人员流动对各国经济活动的影响也在不断增强。随着国家间贸易一体化程度的加深,国家之间的经济周期同步性会通过贸易传导而加大。

世界经济周期传导机制是指由于经济全球化加深了各国经济相互依存相互影响的程度,一国经济现象会通过一些渠道传递或者溢出到其他国家或经济体,由此形成的相关经济变量的一系列变动过程。经济现象主要指通货膨胀、失业、景气等。

(一)通过国际贸易渠道进行的世界经济周期传导机制

由于国际贸易是世界经济周期联系的基本纽带,所以国际贸易成为世界经济周期传导的基本渠道。

1. 通过国际贸易渠道进行世界经济周期传导的环节

国际贸易是经济周期传导的重要途径。全球价值链分工体系的发展使国家间贸易关联程度与生产分割程度提高,对经济周期协同性产生影响。国际贸易最先影响开放部门并随即影响非开放部门。开放部门指有着直接商品、劳务交换行为的部门,如发达国家的资本密集型和技术密集型产业,发展中国家供国外使用的资源密集型和劳动密集型产业,这些产业的产品直接进入国际市场。非开放部门则指与国际市场没有直接联系的部门,一般认为电力工业、铁路、公路等公共部门即属此类。

2. 通过国际贸易渠道进行世界经济周期传导的起因

通过国际贸易渠道进行的世界经济周期传导主要是由于相关国的需求或价格变动引起的,如果两者共同发挥作用,则产生的影响更大。

(1)需求变动引起的国际传导

需求变动引起的国际贸易传导的一般过程是:A 国经济繁荣→需求旺盛→进口增加→B 国出口增加→出口收入增加→经济增长。需求变动主要指需求总量和需求结构的变动。一般来说,某国经济发生衰退,需求量减少,于是进口规模萎缩,导致其主要进口国的出口规模缩小,如果没有弥补措施,价格又不可调,则该主要进口国的产量将下降,失业也将增加,需求减少,经济衰退。这样,衰退现象就从一国传导到另一国。例如,由美国次贷危机引发的全球金融危机导致全球经济受到很大冲击,从图9-1和图9-2所示结果可以很容易发现,从2008年12月份开始,中国进、出口贸易全面出现负增长,其中出口贸易额在2009年2月份下降至样本区间内历史最低值,仅为871.96亿美元,进口贸易额在2009年1月份下降至样本区间内历史最低值,仅为574.96亿美元。

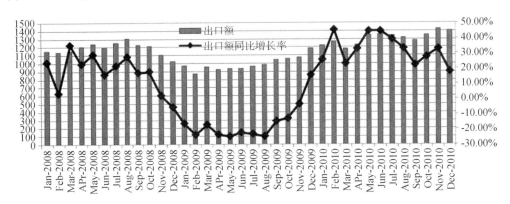

图9-1　2008—2010年中国月度出口额及其同比增长率

资料来源:中华人民共和国海关总署网站(http:www.customs.gov.cn/publish/portal0/)。

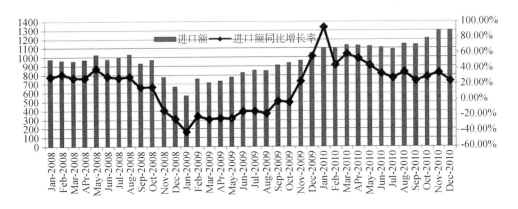

图9-2　2008—2010年中国月度进口额及其同比增长率

资料来源:中华人民共和国海关总署网站(http:www.customs.gov.cn/publish/portal0/)。

又如,西方发达国家对绿色消费的追求,使得某国生产该类产品并供出口的部门扩大生产,国内其他部门也因之得到扩展,该国经济收入提高。

(2)价格变动也可以引起某种经济现象的国际传导

由价格变动引起的国际贸易传导的一般过程是:出口国通货膨胀→国内物价上

涨→出口价格提高→进口国进口价格提高→国内生产成本增加→国内价格上涨→通货膨胀→生产成本增加→经济增长减慢。石油作为世界性产品,其价格已经成为影响世界经济增长的传递工具。据 OECD 的估计,石油价格每上升 10 美元/桶,欧元区的通货膨胀率将上升 0.5%,其国内生产总值将减少 0.3%,美国的经济增长率将下降 0.1%。

3. 通过国际贸易渠道进行世界经济周期传导的干扰因素

通过国际贸易渠道进行的世界经济周期传导,在现实世界中要受到多种因素的干扰和影响,这些因素起着削弱或扩大传导结果的作用。影响国际贸易传导渠道的影响因素包括:

(1)一个国家与国际市场联系的紧密程度或开放度

一个国家国民经济中与国际市场有直接联系的部分所占比重越大,则越容易受到国际市场变动的影响。贸易依存度经常被视为一国与世界经济联系程度的基本指标。一国贸易依存度越大,国际贸易传导对该国的影响也就越强。

(2)一个国家在世界市场中的地位

一个国家在世界市场中的地位主要看一国或一国的某类产品对外贸易额在世界进出口量中所占的比重。占世界进出口比重大的国家更易受世界经济周期传导的影响。当然,在具体分析时还要看该国贸易结构,其主要进出口产品是制成品还是初级产品,是需求、供给弹性低的产品还是弹性高的产品。

(3)一国经济体制、经济政策

一般认为,中央计划经济体制由于对国内经济有着很强的调控能力,所以更容易控制国外经济现象向国内的传导。而且,一国经济政策越严格,也就越容易控制这种传导的力度。相反,市场经济国家、经济政策不很严格的国家,较难运用有效的手段来阻止本国经济遭受外来经济的冲击,即便进行纠正也会有较长的"时滞"。

(4)一种消费倾向对世界各国消费的影响程度

一种消费倾向对世界各国消费的影响越大,则传导渠道越通畅;一种消费倾向对世界各国消费的影响小,在传播时被遏制住或被限制了范围与深度,则它对传导的作用便会被削弱。

(二)通过国际金融渠道进行的世界经济周期传导机制

国际金融的传递是通过比较多的渠道来进行的,金融渠道的传导机制主要是通过金融市场进行的。美国的利率政策会影响美元对欧元、日元等其他货币的汇率,引起金融资本的流动,甚至影响到国际贸易和国际债务。一般的金融渠道的传导机制是：美国提高利率→资本流入美国→美元升值→日元相对贬值→日本出口增加→日本经济增长。反之,美元利率下降,会产生相反的后果。金融渠道的传递在相当程度上与资本市场和外汇市场的开放程度有关。一般来说包括以下六个方面：

1. 通过汇率变化进行的世界经济周期传导

一国货币对外贬值意味着该国出口商品的价格相对降低,而进口商品的价格相对提高,这使得该国出口扩大而进口减少,该国的经济状况得以改善,而把失业和国际收支失衡传递到了他国。但从另一个角度来看,货币对外贬值往往会使人们抛售该货币而购买其他货币,这种资金外逃将导致国际金融市场陷入混乱,从而对各国经济产生影响,甚至使该种货币的地位动摇,发生金融困难,严重时还会发生金融危机。

2. 通过利率差异进行的世界经济周期传导

当一国国内经济繁荣、资金供给紧张时,供求关系将促使利率上升。当一国利率大于国际金融市场的利率时,国际资本便会流入该国,由此影响其他国家的资本供给和利率,其他国家为控制资金外流,只能提高本国利率,造成国内借贷成本提高,经济出现紧缩。这便使经济现象从一国传导到了另一国。

3. 通过国际收支不平衡及其调整措施进行的世界经济周期传导

当一国通货膨胀率高于国际市场的通货膨胀率时,国内货币供给大于需求,资金流向国外资金紧缺的国家以求获利,该国出现国际收支逆差。该国为平衡国际收支,采取紧缩性货币政策,从而使国内资金供求趋于平衡,通货膨胀率下降,而他国的资金供应过多,通货膨胀压力增大,这样,本国的通货膨胀就会向外传递。反之,当一国通货膨胀率低于国际市场的通货膨胀率时,国内货币供给小于需求,外资流入国内,该国通货膨胀率上升,国外经济现象就会传导到国内。

4. 通过借贷关系进行的世界经济周期传导

国际市场借贷关系的破坏会引起国际市场资金供求混乱、债权债务关系失衡,从而造成世界经济周期现象的传导。如果债权国经济出现衰退,从国际市场抽回资金,必然会使债务国出现资金紧张,经济也会出现衰退或滑坡。或者,当债务国的经济处于衰退期时,必然无力偿还到期债务,出现债务危机。在国际信贷关系极为密切的当代,这一渠道也十分重要。

5. 通过资金渠道进行的世界经济周期传导

通过资金渠道进行的国际经济传导会受到以下因素的影响：

第一,该国金融市场对外开放程度。一国金融市场对外开放的程度越高,则越容易受国外金融市场变化影响,而实行严格外汇管制的国家受外界影响要小得多。

第二,该国在国际金融市场中的地位。一国在国际金融市场中地位越高,则它对其他国家乃至世界金融市场的影响就越大。在国际金融市场中地位较低的国家则会更多地受到外界变化的影响。

第三,一国持有外币资产的结构与这种结构的变化。资产结构在这里主要是指一国银行中来自国外的存款所占的比重、国外存款中的国别结构、人们手头持有的外国有价证券的数量和国别结构、国外贷款(借款)的币种与期限结构、债务的来源(官方、私人)比重、债务的利息结构等。一国持有外币资产的结构多样化,有助于减轻世界经济周期传导的影响,而一国持有外币资产的结构过于单一,则较容易受到世界经济周期传导的影响。

6. 通过国际游资进行的世界经济周期传导

国际游资是指在固定汇率制下,资金持有者出于投机心理而在国际间掀起的大规模短期资本流动。国际游资受管制较少,因而活动更灵活。这种资金在国际市场上的大量短期性流动,会对涉及国的经济产生巨大冲击。当它们大量流入某国时,会出现该国经济景气、通货膨胀率升高的现象;反之,当它们大规模撤出时,又会造成该国资金的紧张和经济的不景气。

(三)通过劳动力国际移动渠道进行的世界经济周期传导机制

劳动力的国际转移对于流出国和流入国的意义可以大致归纳如下:

1. 过剩人口的转移

过剩人口既包括相对过剩人口也包括绝对过剩人口。一国存在相对过剩人口或绝对过剩人口会导致失业人口增加,而这些人口向劳动力稀缺国家的转移,有利于劳动力流入国的经济发展。

2. 作为体力意义的劳动力的转移

这种情况如发生在人口稀少的流入国与人口稠密的流出国之间,则双方均可获益。流出到国外的劳动力可将劳动报酬汇回,并向母国提供有用的信息,对母国十分有利,劳动力的流入国也可以得到充足的劳动力供给。而劳动力流入劳动力同样过剩的国家则会加剧劳动力流入国的失业现象。

3. 智力劳动力流出

智力劳动力的流出将使流出国损失培养费和他们为母国工作所创造的未来预期收入,流入国则因得到这部分收益而促进了经济发展。

4. 工资水平变动

低工资国家劳动力的大量流入会降低高工资国家的工资水平,使流出国的低工资水平通过劳动力流动传导到流入国,导致流入国物价下降,通货紧缩;相反,高工资国家劳动力的大量流入会提高低工资国家的工资水平,使其国内物价上升,发生通货膨胀。

5. 影响劳动力国际流动的因素

由于劳动力国际流动是最困难的,而且其流动是多种因素作用的结果,总的来说,劳动力国际流动的影响因素包括以下几个方面:

第一,各国工资的差异。如果各国工资的差异较大,则流动的吸引力较大;反之则较小。

第二,各国劳动力流动政策的宽松程度。劳动力流动的政策较松,则劳动力流动较大;反之则较小。

第三,劳动力流出国与流入国在政治、文化等方面的差异。如果劳动力流出国与流入国在政治、文化等方面的差异小,则劳动力流动的可能性较大;反之则可能性较小。

第四,劳动力发展空间的差异。如果劳动力发展空间的差异较大,则流动的吸引力较大;反之则较小。

(四)通过信息渠道进行的世界经济周期传导

信息在现代生产力的形成和运行中正起着越来越重要的作用,信息是人们进行生产、经营管理和决策的重要依据与手段。任何国家通过占有、使用信息,都可以改变自己在世界经济周期地位中的比较优势。通过信息渠道进行的世界经济周期传导包括以下方面:

1. 市场行情促成的世界经济周期传导

获得市场行情会促进一国经济增长,失去市场行情会导致一国经济衰退。生产行情的流动使不同国家间经济状况发生变化,世界经济周期产生传导。

2. 知识流动的影响

科学技术是第一生产力。知识的流动在短期内直接促进了新产品、新工艺的诞生,而从长期看,则促进了新兴产业的出现。

3. 无形示范作用的传导机制

示范是指不同国家在某一方面的相互模仿和影响。这种示范作用大多在汇率、关税、外汇管制、人员移动、资金流动等方面通过政策变更而体现出来,也包括消费偏好等行为的示范与模仿,甚至某项经济政策的预测也会产生经济传导。

4. 影响信息传导的因素

影响信息传导的因素有:政府相关政策,国家和企业对信息的消化、利用与再创造能力。

(五)通过产业渠道进行的世界经济周期传导机制

由于生产日益国际化,产业渠道对世界经济周期传导的影响日益显著。其一般的传导机制是:上游产业的繁荣→下游产业订单增加→生产出口增加→经济增长。生产的国际化在很大程度上是由跨国公司组织和推动的。跨国公司在全球范围内组织生产,进行生产要素的优化配置。当跨国公司母国或某一东道国经济发生波动时,跨国公司就会重新对全球投资、生产和销售进行布局,从而使一国经济波动传导到其他国家。当跨国公司母国经济出现衰退时,跨国公司将大量增加对国外分支公司的商品出口和技术转让,将母国过剩的产品和生产能力转移到东道国,跨国公司也可能将利润抽回,从而影响东道国的国际收支乃至经济状况。

第三节 21世纪世界经济周期对中国宏观经济的传导机制

一、出口传导机制

在世界范围内中间品贸易和最终品贸易均能显著地影响国际经济周期的联动性。21世纪的美国金融危机的负面影响,主要是通过出口传导到中国实体经济的。中国经济的外贸依存度高达60%,美国和欧洲市场占中国总出口的40%,由于美、欧、日陷入衰退已不可避免,中国出口也必然会随之放缓,对出口企业和经济增长构成了威胁。2008年11月以来,中国出口连续出现负增长,其中2009年2月出口同比下降了25.7%。

具体来说,美国金融危机通过以下几个方面影响中国的出口:

(一)美国进口需求下降

1. 收入下降

金融危机发生后,美国国民财富大幅缩水,收入减少,这将改变近年来美国消费的财富驱动型格局,削弱美国居民对中国出口商品的消费需求。

2. 融资困难

金融危机后,商业银行由于自身出现的投资亏损而出现惜贷现象,违约率上升造成金融机构提高了对各类贷款的审核,这些导致美国居民与企业均面临较严重的信贷紧缩。

3. 失业率上升

金融危机后,企业为了降低经营成本,纷纷开始裁员,高盛集团、施乐、惠普、通用汽车、克莱斯勒汽车、雅虎等著名公司都已宣布了裁员计划。失业的增加降低了美国民众对中国产品的进口需求。

(二)其他国家进口需求的下降

美国通过金融创新已经将金融危机传染到欧洲、日本及新兴国家。国际货币基金组织2008年10月8日公布的《世界经济展望》报告指出,因发达国家金融市场面临20世纪30年代以来最危险的冲击,世界经济正在进入一个显著低迷的时期。经济下滑导致这些国家对中国产品的进口需求减少。

(三)国内企业出口意愿降低

金融危机背景下,国内企业没有足够的出口意愿,因为出口换来的外汇缺乏好的投资出路,外汇或外汇金融资产存在巨大的贬值风险,出口企业的坏账明显增加。大部分债权人都是中国企业和供货商。

(四)出口竞争力下降

为应对金融危机,美联储不断降低利率,为银行注入流动性资金,使得人民币利率大大高于美元利率,导致大量热钱流入中国,加速了美元贬值和人民币升值的过程,提高了中国出口商品相对于美国国内替代品的价格,从而造成美国居民对中国出口商品的需求相对下降。

(五)世界性的贸易保护主义抬头

金融危机已经导致发达国家经济增长势头转弱,失业率上升。各种名义的贸易保护主义措施将纷纷出笼,影响中国产品的出口。

二、投资传导机制

双边直接投资相较金融一体化、专业化分工及双边贸易这几种传导渠道对于经济周期协同性具有更加重要的意义。美国金融危机通过以下3个因素,导致中国的投资需求减少。

第一,银行借贷。金融危机对投资最直接、也是最大的影响是银行借贷。为促进经济增长,中国已出台了宽松的货币政策,但商业银行仍然面临"存款激增、贷款难放"的困局。

第二,因出口下降导致投资减少。由于中国外向型企业的销售市场主要在国外,当金融危机导致出口规模下降时,出口企业被迫取消或推迟原有的投资计划,一些在建投资项目也暂停了。

第三,投资商撤资。受金融危机影响,国内部分项目的投资商因经营出现困难或对市场前景担忧,开始将激进的投资计划束之高阁,现金为王的策略成为上选。金融危机也影响到中国影视圈,北京、广东、上海的多家影视公司遭遇"撤资风暴",影视剧相继停止拍摄或缩减投资规模,导致部分影视公司收不回片款,几乎到了破产的地步。

三、消费传导机制

美国金融危机通过以下两个因素,导致中国的消费需求减少:

第一,消费者收入下降。由于金融危机的影响,中国经济增长速度趋缓。据国家统计局初步核算,2008 年中国国内生产总值为 300670 亿元,同比增长 9%,比 2007 年增速回落 2.4%。另外,部分企业经济效益恶化,失业增加,使得部分居民可支配收入水平降低,影响了消费。

第二,消费者信心下降。在当前金融危机背景下,中国居民对经济预期转向悲观,将导致消费回落。中国消费者信心指数持续下降,由 2008 年 1 月的 95.6 下滑到 2009 年 1 月的 86.8。

四、中国的战略突围

2008 年美国次贷危机爆发,导致了全球性的金融危机,从金融市场、实体经济等不同渠道向全球传导,并引发了欧元区的主权债务危机,对包括中国在内的世界经济都造成了明显的负向冲击,改变了经济周期运行轨迹和主要国家的宏观调控方式。2017 年,时任美国总统特朗普执政,对外政策和对华政策开始转向,美国先是退出TPP 协定,然后针对中国企业开展反补贴反倾销调查,2018 年又发起贸易摩擦,期间单边主义、保护主义和逆全球化势头持续上升。中美经济关系出现了严重的危机。受此影响,中国金融市场和实体经济出现较大波动,股票市场在短期内持续下跌,经济增速下滑幅度超过过去几年,消费、投资、出口均受到了影响。2020 年初,新冠肺炎在全球扩散,疫情在美国、印度等国家快速蔓延,欧洲、韩国、日本等国家也出现多次反复,统筹推进常态化疫情防控和经济社会发展可能仍然是未来工作的主基调,疫情的影响也可能会持续很长一段时间,这增加了全球经济贸易发展的不确定性,对经济周期造成显著的影响。

对中国经济而言,发展面临的供需两端因素均发生了长足变化,过去的粗放发展和规模导向模式难以为继,诸多体制性、结构性、周期性问题交织加大了经济下行压力。供给方面,2012年开始,中国劳动年龄人口增长开始下降,总人口增长放缓,老龄化程度加速上升,劳动力"无限供给"的优势已经成为过去;由于人口红利的逐渐消失,资本回报率也出现了边际递减,投资效率出现下降,加上中国利率双轨制等结构性政策的扭曲,以及地方政府债务约束的影响,投资也出现了明显的下降;能源资源方面,中国前期粗放的经济发展模式难以为继,人民对良好生态环境的追求日益强烈,并且能源资源总量也存在一定的约束,这在本质上要求中国走出一条能源资源集约型的发展道路;技术水平方面,虽然中国对创新的投入持续加大,但是在基础性领域的原创性研究成果仍然较少,高端领域的部分核心技术还有待进一步突破,一些重点和关键领域的核心技术依赖于美国等发达国家,技术进步对经济增长的贡献需要继续进行实质性的提升。需求方面,中国居民的消费需求更加高端化、个性化、定制化,但总体的产品供给和制造业发展仍然处于向中高端迈进的过程,供给难以满足需求导致需求的结构性问题,同时受贸易摩擦和新冠肺炎疫情的影响,中国的出口需求出现了明显变化,未来的经济增长更多需要依靠内部需求。这些情况说明了中国经济发展面临的内外部环境已经发生了本质的变化并对经济发展造成了较大的不确定性。潜在的不确定性对经济增长形成严重的负向冲击,影响中国现代化经济体系建设和经济高质量发展,甚至成为中国全面建设社会主义现代化国家实现第二个百年奋斗目标的阻碍。为此,在新发展阶段,我们必须贯彻新发展理念,促进实体经济供给和需求良性互动,以创新驱动、高质量供给引领和创造新需求,加快形成以国内大循环为主体,国内国际双循环相互促进的新发展格局。

新发展理念从根本上决定了构建新发展格局的目标、方向、途径、方法等一系列根本问题。因此,要把新发展理念贯彻落实到构建新发展格局的全过程和各领域,用新发展理念来塑造新发展格局,把贯彻新发展理念和构建新发展格局真正融合起来。创新发展理念要求在畅通国内大循环中更加注重发挥创新的引领作用,坚持创新驱动战略,特别是尽快突破关键核心技术,这是形成新发展格局的关键所在。科技自立自强不仅是畅通国内大循环的关键,也是在国际大循环中牢牢把握主动权、占据制高点的关键。在双循环新发展格局下,"外循环"依然是重要的组成部分,但是传统的外循环不再成为主导,而是成为促进内循环的重要支撑。协调发展理念要求把加快区域经济循环和城乡经济循环作为畅通国内大循环的突破口和着力点,把构建新发展格局与推动京津冀协同发展、粤港澳大湾区建设、长三角一体化发展等发展战略有机衔接起来。绿色发展理念要求有效解决制约构建新发展格局在资源约束和环境承载等方面的难题,构建国内国际双循环与生态文明建设之间良性互动的整体系统。开放发展理念要求以国内大循环带动国际大循环,使国内市场和国际市场更好联通,更好利用国内国际两个市场两种资源,重塑中国国际合作和竞争新优势。共享发展理念要求扩大就业和提高收入水平,扩大中等收入群体,理顺收入分配关系,把扩大内需的潜力充分挖掘出来,消除国际国内双循环在消费环节的障碍,进一步激发经济发展的内生增长动力。

复习思考题

1. 试述经济周期的成因。
2. 简述二战后经济危机产生新特点的原因。
3. 简述世界经济周期的主要特征。
4. 简述世界经济周期传导的主要途径。
5. 简述美国次贷危机对世界经济周期产生的影响。
6. 分析美国次贷危机如何对中国经济产生影响。

第十章 人口、贫困、环境、能源问题与经济发展

经济发展代表着一个国家或地区摆脱贫困落后状态,走向经济和社会生活现代化的过程。经济发展的基本要素除了包括经济成长所带来的总量产出与收入结构变化外,还包括经济结构的升级、人民生活品质的提高与福利的改善、社会政治体制的改善、文化法律的完善等。因此,经济发展不仅意味着国民经济规模的扩大,更意味着经济和社会生活品质的提高。就当代经济而言,发展的含义非常丰富。一般来说,经济发展包含三层意义:第一,经济总量的增长,即一个国家或地区产品和劳务的增加,它构成了经济发展的物质基础;第二,经济结构的改进和优化,即一个国家或地区的技术结构、产业结构、收入分配结构、消费结构,以及人口结构等经济结构的变化;第三,经济质量的改善和提高,即一个国家或地区经济效益的提高,经济稳定程度、卫生健康状况的改善,自然环境、生态平衡及政治、文化和人的现代化进程加快。将强调"经济增长"改为强调"经济发展",体现了单纯的讲求经济的增长是不科学的,因为经济增长的过程中产生了诸多问题,使得人们意识到经济增长也需要与很多现实问题相协调,因此,"经济发展"的概念应运而生。本章将介绍世界经济发展应如何协调经济增长与人口、贫困、环境及能源等现实问题的关系。

第一节 世界经济发展与人口问题

作为经济活动的主体,人是生产者与消费者的统一。西方的传统经济理论曾经认为,众多的人口一方面在生产上为建立规模经济、降低成本提供了充足的廉价劳动力;另一方面在消费上为较高的产出水平提供了充分的必要需求。但是,这种理论不

切合今天世界经济增长中出现的人口问题。目前,世界人口的现实问题是:人口过多已成为绝大多数发展中国家国民经济的沉重负担和经济发展的巨大障碍,而居高不下的人口增长率更是今后许多年人民生活水平无法提高的重要原因。诚然,企图把经济弊病和社会罪恶统统归咎于过度的人口增长是一种错误的观点,人口增长与经济增长的联系是比较复杂的,但是,对于目前世界经济的发展现状而言,人口过多、增长过快或是人口过少、增长率下降都将威胁经济的持续稳定增长。

一、人口与经济的关系

虽然人口学的真正形成以马尔萨斯1789年发表的《人口原理》为标志,但在他之前,对于人口与经济关系的探讨和争论就已经出现。总结前人对人口与经济关系的认识,可概括为以下五种观点:

(一)马尔萨斯人口论与悲观主义人口经济理论

马尔萨斯是首位对人口与经济关系进行系统阐述的学者和公认的人口学创始人之一。他在《人口原理》一书中提出了我们所熟知的两个公理、两个级数、三个命题、两种抑制等观点,但理论的核心应是三个命题:①人口的增长必然受生活资料的限制;②当生活资料增加的时候,人口总是增长的;③较强的人口增长为贫困和罪恶所抑制,因而实际人口同生活资料保持平衡。其中,命题①和命题②构成了所谓的"人口原理",二者相互作用引发了人口发展与倒退的运动,并引发了贫困与富足的周期性波动,而这种波动产生的根本动因在人口一方,因此消除贫困就必须抑制人口增长,使人口增长与生活资料增长趋于平衡。

(二)长期停滞论和乐观主义人口经济理论

长期停滞论是由凯恩斯和汉森在20世纪30年代西方经济危机时期所提出的一种人口经济理论。凯恩斯认为,经济危机和失业产生的主要原因是"有效需求不足",而资本有效需求的决定因素是人口数量、生活水平和资本系数。资本系数由于"节约资本技术"的发展而呈下降趋势,人们储蓄和消费习惯的稳定性也使生活水平不可能在短期内有大幅度的提高,因此提高资本有效需求的主要途径只能靠人口的较快增长,同时他还认为人口的持续快速增长有利于增加企业家对未来的乐观预期,激发更多的投资活动。此后,汉森继承并且发展了凯恩斯的思想,认为经济进步主要的构成因素有三个,即人口增长、新领土与资源的开发和技术革新。凯恩斯和汉森的分析表明人口衰退是经济衰退的重要原因,为了达到生产性资源的充分利用,人口快速增长比缓慢增长更能刺激资本的需求和经济增长。

西蒙提出了人口推力与发明拉力理论,认为人口增长和技术进步构成了一个系统,在很大程度上技术进步是人口增长的函数。尽管乐观主义人口经济理论为我们描绘了一幅人类未来的美好蓝图,但其用长期乐观的预测来掩盖短期存在的问题,用人口增长的长期积极作用来抹杀短期消极作用,是不够科学的,也难以自圆其说。

(三)低水平均衡陷阱论和临界最小努力命题

纳尔逊提出了"低水平均衡陷阱论",认为发展中国家的人均收入提高时,人口增长速度也必然随之提高,结果使人均收入又退回到原来的水平上,因此,在最低人均收入水平增长到与人口增长率相等的人均收入水平之间有一个"人口陷阱",在这个陷阱中任何超过最低水平的人均收入增长都将被人口增长所抵消,摆脱这个陷阱的有效途径是投资规模迅速提高到超过人口增长的水平。1957年莱宾斯坦在《经济落后与人口增长》一书中,将人口因素作为内生变量,以人均收入作为经济发展的度量指标,提出了"临界最小努力命题"。他认为当落后经济的均衡被打乱时,增加人均收入的动力总是会直接或间接地产生压制人均收入增加的动力,且前者总是小于后者,致使经济陷入"贫穷的恶性循环",只有通过一定的外部刺激才能使增加人均收入的力量超过压低人均收入的力量,这种刺激可以是投资或者是发明,而刺激的最低限度就是"临界最小努力"。人口规模越大,人口增长率越高,为摆脱生存均衡点所需的"临界最小努力"也就越大。

(四)适度人口论与可持续发展理论

适度人口论发端于19世纪80年代,是西方人口经济理论的重要组成部分。坎南是最早系统分析适度人口的学者,他以报酬递减律为依据,把产业最大收益作为达到适度人口的标准,其后威克塞尔又将边际分析方法引入到适度人口的探讨中。现代适度人口论形成于20世纪20年代,代表人物是索维。

随着对环境问题的关注以及人口、粮食、资源等问题的日益突出,人们开始对所走过的发展道路进行反思。1987年联合国通过了《我们共同的未来》的报告,明确指出"可持续发展是既满足当代人需求,又不对子孙后代发展能力造成损害的发展"。

(五)人力资本论与新增长理论

人力资本论形成于20世纪60年代,其创始人是美国经济学家舒尔茨。他在1960年发表的《人力资本投资》一文中,把人力、人的知识和技能认定为资本的一种形态,即人力资本,认为它的形成是对教育、卫生保健、劳动力迁移等影响人力资本事业投资的结果,人力资本在现代经济发展中起着决定性的作用。

20世纪80年代中期,以罗默、卢卡斯、斯科特等人为代表的一批经济学家提出了以"内生技术变化"为核心的"新增长理论",对经济增长的长期趋势做出了更为乐观的判断,认为特殊的知识积累和专业化的人力资本不仅可以提高劳动力的生产效率,同时还可以提高物质资本的生产效率。

二、人口增长中的现实问题

(一)人口老龄化

自20世纪50年代以来,由于生活水平的提高,卫生条件和生存环境的改善,老年人出现普遍长寿,导致在世界人口各年龄段的人口增长中,老年人口增长速度最快,同时人口生育率也发生了大幅度下降。人口生育率的下降和人均寿命的延长是世界人口老龄化的根本原因。我们应辩证地看待人口老龄化问题,如果人口老龄化对经济增长有促进作用,我们应因势利导、充分利用;如果人口老龄化对经济增长有抑制作用,则应积极应对、化解矛盾。

1. 人口老龄化的界定

联合国在1956年曾将65岁作为老年人的划分标准,但由于发展中国家人口年龄结构比较年轻,在对发展中国家人口进行研究时,也将60岁作为老年人的起始年龄。事实上,在50年代,发达国家将老年人口定义在65岁及以上时,其65岁及以上的老年人口比重和人均期望寿命与中国当前的水平相近,因此,中国也可以使用65岁作为老年人口的划分标准。而联合国教科文组织对老龄化社会的定义为:一个国家或一个地区的60岁以上的人口占该国家或地区人口总数的10%或以上,或者65岁以上的人口占该国家或地区人口总数的7%或以上,即意味着这个国家或地区处于老龄化社会。

2. 世界各国人口老龄化状况及程度

据联合国统计,到2050年,世界人口将达到90—100亿,其中60岁以上的人口将达到20亿,65岁以上人口将达到15亿,并将很快超过5岁以下儿童的人数;另一方面,随着科技进步和医疗水平的提高,世界人口人均寿命不断延长,这种形势下,很多人必须重新规划自己的退休计划,或推迟退休,甚至不退休,以维持稳定收入。对社会而言,迅速膨胀的老龄人口并非一笔财富,反而是沉重的财政负担。目前世界人口老龄化程度较深的国家有日本、意大利、德国等,其老龄人口比例超过25%,而中国第七次全国人口普查数据显示,中国65岁以上的老龄人口占总人口的13.5%,中国人口老龄化程度进一步加深。控制人口老龄化问题已刻不容缓,对社会经济的稳定和可持续发展都有重要意义。

(二) 人口红利与"刘易斯拐点"

人口老龄化带来的问题不仅仅是国家财政负担的加重,更重要的是因劳动年龄人口的缺乏而导致的整个国家的经济发展疲乏。我们通常所说的"人口红利",实质就在于当人口年龄结构处在最富有生产性的阶段时,充足的劳动力供给和高储蓄率为经济增长提供了一个额外的源泉。一旦人口转变超过这个阶段,人口年龄结构因老龄化而在总体上不再富有生产性时,通常意义上的人口红利便相应丧失。

与人口红利相对应的是"刘易斯拐点",即劳动力过剩向短缺过渡的转折点,是指在工业化过程中,随着农村富余劳动力向非农产业的逐步转移,农村富余劳动力逐渐减少,最终枯竭。"刘易斯拐点"的出现,往往意味着人口红利的逐渐消失。

刘易斯认为,在发展初期存在二元经济结构,一个是以传统生产方式生产的"维持生计"部门(以传统农业部门为代表);另一个是以现代生产方式生产的"资本主义"部门(以工业部门和城市为代表)。农业部门人口多、增长快。由于边际生产率递减规律,其边际生产率非常低,甚至为零,农业部门出现大量劳动力剩余。此时,制造工业部门能够提供稍大于维持农村人口最低生活水平的既定工资,大量劳动力就会从农业部门涌入工业部门,为工业部门的扩张提供无限的劳动力供给。由于在既定工资水平上,劳动力的供给是无限的,工业部门在实际工资不变的情况下将所获得的利润转化为再投资,将规模不断扩大直到将农村剩余劳动力全部吸收完。这时候,工资便出现了由水平运动到陡峭上升的转变,经济学上称之为"刘易斯拐点"。当人力资本边际效率低于潜在效率,使得要素市场仅有劳动力定价,缺少人力资本定价机制,最终将导致要素市场扭曲。

第二节 世界经济发展与消除贫困

一、贫困的定义和分类

(一) 贫困的定义

世界银行在以"贫困问题"为主题的《1990年世界发展报告》中,将贫困界定为"缺少达到最低生活水准的能力"。欧共体委员会《向贫困开战的共同体特别行动计划的中期报告》中也给贫困下了一个定义:"贫困应该被理解为个人、家庭群体的资源(物质的、文化的和社会的)如此有限,以致他们被排除在他们所在的成员国可以接受的最低限度的生活方式之外"。联合国开发计划署《人类发展报告》和《贫困报告》中有关贫困和发展的定义更具广泛性和多元性。认为人类贫困指的是缺乏人类发展最基本的机会和选择——长寿、健康、体面的生活、自由、社会地位、自尊和他人的尊重。中国国家统计局认为,贫困一般是指物质生活困难,即一个人或一个家庭的生活水平达不到一种社会可接受的最低标准。他们缺乏某种必要的生活资料和服务,生活处于困难境地。

综合以上国内外专家学者的意见,我们可以看到,贫困与这样一些因素有关:首先,贫困总是和缺乏、落后和困难联系在一起,包括物质上和精神上各个方面;其次,贫困也总是和环境有关,总是受到一定社会环境的影响;最后,贫困意味着处于贫困状态的人缺乏机会、缺少能力。

(二)贫困的分类

给贫困一个明确的定义是一件困难的事,而要给贫困一个统一的分类,就更加不容易。根据不同的分类标准,贫困可以划分为不同的种类:

1. 依据贫困的程度划分

依据贫困的程度不同,贫困可以分为绝对贫困和相对贫困。所谓绝对贫困,也称生存贫困,是指缺乏维持生存所必需的最低生活标准的能力,这些维持生存所需的基本条件包括食品、住房和衣着消费等。而相对贫困是指收入虽然达到或超过维持生存和基本发展的需要,但与一定时期内社会经济发展水平相比较仍然处于较低的生活水平。

2. 依据导致贫困的因素划分

依据导致贫困的因素不同,贫困可以分为个人贫困、普遍性贫困和结构性贫困。个人贫困是指由于个人或家庭的原因(如病残、丧偶、年老体弱等)所导致的贫困,个人贫困在任何时期、任何国家或地区都会存在。普遍性贫困是指一个国家或地区在社会、经济不发达的情况下,全体或大多数社会成员普遍处于贫困状况之中。结构性贫困是指在较高的经济发展水平和人均收入条件下,由于分配不公而导致一部分社会成员的收入和实际生活水平明显低于社会平均水平。普遍性贫困主要是由于生产力水平低下,不能够提供满足全社会需求的产品与服务而引起的;结构性贫困的产生并不是因为社会经济总量不够大,而主要是因为制度方面的因素使一部分社会成员难以平等地分享经济总量增长的成果而陷入贫困。我们可以把个人贫困和普遍性贫困理解为非制度性因素的贫困,结构性贫困为制度性因素的贫困。

二、贫困的识别

贫困的定义使我们对贫困有了一个概括性的认识,而在实际应用中,我们则需要一个确切的标准来判断一个人是否贫困,这也就是"贫困的识别"问题。判断是否贫困通常会先确定一个衡量贫困的指标,再利用这个指标制定一个标准,其指标低于这个标准的人被认为是贫困,所谓的标准也就是贫困线。因此可以看出贫困线的确定问题成为判断贫困的一个关键。只有正确地制定贫困线,才有可能正确地辨别贫困。

(一) 恩格尔系数法

恩格尔系数法是国际上常用的一种测定贫困线的方法。恩格尔系数是食品支出总额占个人消费支出总额的比重。它随家庭收入的增加而下降,即恩格尔系数越大就越贫困。但是,恩格尔系数法也有其固有的、难以克服的不足:首先,不能简单地使用固定标准来辨别贫困,一个"确定不变"的、"国际公认"的恩格尔系数贫困标准,譬如60%或50%,用于一般的研究或国际比较或许是可行的,但是用于确定一个国家或一个地区的与社会救助相关的贫困线,则过于粗疏。其次,恩格尔系数同样适用于相对贫困,恩格尔系数法得到的贫困线是生活的最低标准水平占收入或消费的比例,对贫困的态度也因为这个最低标准的不同而不同。因此,在使用恩格尔系数法时只有从恩格尔系数的本义上出发,得到的结论才是有意义的。

(二) 国际贫困标准法

国际贫困标准法实际上是一种收入比例法。它是以相对贫困的概念作为自己的理论基础。经济合作与发展组织在1976年组织了对其成员国的一次大规模调查后提出了一个贫困标准,即以一个国家或地区社会中位收入或平均收入的50%作为这个国家或地区的贫困线,这就是后来被广泛运用的国际贫困标准。

三、消除贫困

认识贫困是为了消除贫困,各国政府、各国际组织都在积极寻求消除贫困的方式、方法。经过长期发展实践和深入理论研究表明,经济的迅速增长是减少贫困的一个重要影响因素,但经济增长并不会自动解决贫困问题,因为经济增长的成果并不能保证被每个社会成员平等地分享。为此,不能单纯用加快经济增长的方法加快贫困人口收入的增长,而是应该建立综合的基础广泛的收入增长模式。世界银行的《2000—2001年世界发展报告》认为,以下三个方面的进步可以形成持续减贫的

动力:

(一)创造机遇

对于广大贫困人口来说,不平等突出表现为机会的不平等。因此,要想消除贫困,就必须为贫困者提供更多的机会。首先,国家应该采取行动支持穷人逐渐增加资产,并且解决不同性别、部族、种族和社会群体之间的资产不均问题;其次,要提供有利于私人投资和技术创新的环境;最后,不能忽视面向穷人的市场改革,要争取实现社会中更大的公平。另外,社会基础设施的改善和公共服务的广泛提供也是增进贫困者福利的重要手段。

(二)赋权

经济增长和减少贫困的潜力在很大程度上受到了国家和各种社会机构的制约,为此,我们必须促进赋权。赋权就是要在制度上赋予贫困者权利和机会,通过外在物质条件的改善,为实现个体各项权利奠定基础和条件。与此同时,通过加强贫困人口对政治进程和当地决策的参与,以提高他们对涉及自身生活的国家制度的影响力,使贫困群体获得充分享有尊严的资格,实现自身的权利。

(三)提供安全保障

为贫困者提供安全保障意味着减少他们面对经济动荡、自然灾害、健康问题等风险的脆弱性。这需要做以下几方面的工作:第一,建立国家计划以预防和化解宏观冲击的灾祸,构建有利于经济增长的国家社会风险应对体系;第二,建立有效的机制来减少贫困者面临的风险,使其积聚人身、自然、物质、金融和社会等资产以克服风险发生时造成的损失;第三,医疗卫生体系的建立完善,应对传染性疾病的传播。

四、中国脱贫攻坚——构建人类命运共同体

解放和发展生产力,消除贫困,实现共同富裕,是社会主义的本质要求,也是马克思主义政治经济学关于社会主义反贫困研究的出发点。中华人民共和国成立之后,中国共产党带领中国人民通过社会主义改造、社会主义经济建设,不断解放和发展生产力,开启了社会主义反贫困的伟大征程。改革开放之后,邓小平等中央领导集体带领中国人民开拓了中国特色社会主义市场经济道路,不断解放和发展生产力,通过启动大规模减贫计划,推进了社会主义反贫困事业的进展。党的十八大以来,以习近平同志为核心的党中央立足于中国国情,通过推进精准扶贫战略,取得了历史性解决绝对贫困问题的决定性成就。2015年中国成为发展中国家中最早实现联合国减贫目标的国家,1978年至2019年,中国农村贫困人口数量由2.5亿下降到551万,2020年

551万农村贫困人口全部实现脱贫。中国高质量的脱贫攻坚对缩小世界经济差距有着重要的直接的贡献。相比于全球,中国的减贫速度明显更快,贫困发生率也更低。根据世界银行相关标准,中国是减贫人数最多的国家,率先完成了减贫目标,为全球减贫做出了重大贡献,创造了减贫史上的中国奇迹。

消除贫困是构建人类命运共同体的基础条件。多年来,中国虽然仍是世界上最大的发展中国家,但一直对国际社会,尤其是欠发达国家提供无私而又卓有成效的援助,先后多次免除贫困的发展中国家的债务,向欠发达国家提供援助,支持其减贫事业。同时积极与联合国及其他发展中国家开展合作,促进其他发展中国家摆脱贫困,为其提供有益借鉴,在全球减贫治理中贡献了中国力量。随着国际减贫合作的深入,中国的国际减贫合作领域也在不断拓宽。一是加强基础设施建设,主要包括对减贫具有基础性作用的民用住房、桥梁、铁路、医院等;二是开展农业领域的合作,农业是国民经济的基础,发展农业生产旨在满足贫困人口的生存需求,例如帮助非洲国家建设农业技术试验站、农场和农产品加工厂等;三是加强教育培训的国际合作与交流,中国为受援助国家培训各种类型的人才,互派留学生,加强高层次人才交流,提高受援助国家的人力资源水平,为减贫事业培养中坚力量。中国积极开展国际减贫交流与合作,为全球反贫困事业做出了重大贡献,世界各国应凝聚共识、同舟同济、攻坚克难,致力于合作共赢,推动构建人类命运共同体,为各国人民带来更多福祉。

第三节 世界经济发展与环境代价

环境是人类社会赖以生存的基本条件,是社会生产持续稳定发展的物质基础。因此,如何协调好经济发展与环境的关系,在保证经济稳定增长的前提下,切实保护全球环境,是人类一项艰巨而伟大的工程。

一、环境污染的经济根源

从经济学的角度讲,环境污染可以看作是人类从事经济活动所需付出的成本和代价。在付出的环境成本或代价一定时,取得尽可能大的收益,或者在取得的收益一定时,付出的环境成本或代价尽可能地小,即实现了资源配置的净收益达到最大值,符合"帕累托最优"标准的要求。

(一)环境污染问题的实质是外部不经济

所谓的外部不经济是指一个经济主体的行为对其他经济主体产生了不利影响，但却并未给予应有的补偿的现象。对环境污染问题来说，所谓的外部不经济就是指有的经济主体污染了环境，但却并未付出代价，或者虽然付出了代价，但付出的代价却小于环境污染治理的代价，而由其他经济主体承受环境污染治理代价的现象。显然，此时就出现了所谓的成本外溢，从整个社会角度考察的资源配置达到最优的条件与从该经济主体自身角度考察的资源配置达到最优的条件不一致，从而导致资源配置的效率损失。

(二)市场失灵导致的环境污染问题

1. 环境资源的公共品属性

大气、森林、水等环境资源是人类的共同财富，从性质上讲属于公共产品的范畴，其具备公共物品的一个或多个特征。即效用的不可分割性、消费的非竞争性和受益的非排他性。这些特征使得人人都想成为"免费搭车者"——只想享用或利用而不想出资提供或承担成本，于是以等价交换为基础的市场机制在此不起作用。

2. 环境行为主体的有限理性

对环境行为主体来说，首先，不少环境问题有潜伏期和时滞，这使得人们对环境问题的认识往往需要一个过程，在人们对环境保护尚未产生清醒认识之前，人类行为只能是有限理性而不是完全理性，这意味着环境污染在特定条件下难以得到有效治理。其次，即使人们认识到保护环境的必要性，但由于经济发展水平的制约，人们还是不得不以牺牲环境为代价来换取经济增长，即人的短视性及机会主义倾向驱使人类只顾眼前利益，不顾长远利益，或只顾局部利益，不顾全局利益，从而以牺牲环境来求得经济增长。

3. 环境信息的稀缺性和不对称性

环境信息是稀缺的，因为生态经济系统是一个复杂的网络系统，人类对环境的认识至今还是微乎其微的。人类对环境信息的需求相比，环境信息的供给是十分有限的，而且，如果信息公开不利于实现自身利益最大化，人们就倾向于封锁信息，通过保证自身具有信息优势来谋求私人利益。这很容易导致环境信息的不对称，比如污染者对于他的污染状况、污染物的危害等往往比受污染者了解的多得多，但受个人利益驱使，污染者往往会隐瞒这些信息，以继续其污染行为。污染者利用自己的信息优势产生严重的机会主义行为，而受污染者由于所拥有的相关污染信息相对较少，如果想

"讨回公道"则需要付出很大的信息成本。

4.交易成本导致市场在污染治理方面的局限性

如果没有交易成本,在产权界定清楚的前提下,市场本身就可以把污染所导致的外部效应内部化。但是没有交易成本只是完全竞争市场的一个远离经济现实的假定。现实中,即便环境资源产权界定清楚,要真正维护产权仍然需要付出巨大的交易成本。由于环境资源的公共产品性质,要维护环境产权,就会出现"搭便车"现象,每个理性的经济主体都希望别人出面与污染者交涉,然后自己在不分担交易成本的前提下获取交易收益,于是也就没有人与污染者进行交涉、谈判或诉诸法律,环境污染也就难以通过市场渠道加以治理。

(三) 全球治理失灵导致的环境污染问题

由于全球环境问题具有全球性和整体性、公共性和跨国性等特征,在本质上超越了既有主权国家体制下的国际体系,因此,现有全球环境治理安排是国际社会为应对全球环境问题所做出的自我调整和自我变革。然而,现有全球环境治理安排又是在即有主权国家体制下的国际体系中建立起来的,尚不能突破这一体制的限制。

1.国家主体的权威过大

现有的国际环境条约,大都在整体性的环境问题中强调个体国家的排他性权力。针对全球环境资源这类"国际公物",作为环境治理主体的国家的权威仍然得到保持甚至增强,而国际环境组织、国际环境非政府组织、科学机构等非国家治理主体的权威却没有得到应有的强调。国家权威过大意味着在环境治理安排中,非国家主体的治理权威受到了排斥。将某些议题领域纳入国家主权管辖范畴,既增强了国家的排他性权力,也增强了国家行为的合法性。这便压缩了非国家治理主体在各个治理功能领域中的权威。而在具有很强整体性的全球环境问题中,追寻个体利益的国家在治理安排中权威独大,则会导致治理安排难以制约国家片面追求个体利益而忽视整体环境利益的行为。国家可以利用议程设置、框架建立、制定规则等方面的主导性权威,在业已建立的治理安排中寻求个体利益而非集体利益,实现政治、经济利益而非环境利益。当所有国家都照此逻辑行事时,治理安排便会失效。若要平衡国家的这类行为,便需要在各个治理功能领域加强非国家治理主体的权威。但在现实中,非国家治理主体权威的残缺和不足是全球环境治理中的重大结构缺陷。

2.国际环境组织的权威残缺

在全球环境治理实务中,以联合国系统中的联合国环境规划署(UNEP)为代表的国际环境组织,已经在若干治理功能领域中获得了相当多的权威。它们可以设定议程、协助建立框架、进行环境监测、为规则制定提供导向性意见、帮助发展中国家进行履约能力建设。但是,在全部九个治理功能领域中,国际环境组织的权威并不是全面的,而是残缺的;而在一些领域中,其虽然拥有一定的权威,但相对于治理安排有效运行的需要,尚有很大差距。

3. 公民社会层次治理主体的权威弱化

在各环境治理领域中,跨国公民社会层次中的治理主体,如国际环境非政府组织、独立的跨国科学共同体、跨国企业等权威明显弱化或不健全。全球环境治理实务中,这些治理主体在议程设置、框架建立、资金支持、能力建设等方面都有一定的权威;但总体上又显得权威不足。公民社会治理主体的权威弱化,致使全球环境治理的一些功能领域无法正常发挥作用。同时,在权威弱化的背景下,为了争取更多的影响力,一些环境非政府组织、科学机构及其人员有意或无意地对环境问题进行了夸大宣传,也对全球环境治理的进行造成了负面影响。

(四)贫困与传统的生产方式和消费方式

与发达国家的高消费和享乐主义相对应,广大发展中国家,特别是最不发达国家,由于发展不足而导致的经济贫困,是环境恶化的根源之一。这些国家没有建立起本国的工业体系,为了生存和偿还外债,它们被迫不断开采本国的自然资源廉价出口到发达国家。由于缺乏资金和技术,一些发展中国家无法解决因过度开采资源所导致的环境问题,如土壤肥力的降低、水土流失、森林等资源的急剧减少,以及由此而带来的各种自然灾害。而这些环境问题又反过来加剧了经济的贫困化。于是乎,很多国家陷入了经济贫困和环境退化的恶性循环之中。

传统的生产方式和消费方式呈现出如下形态:大量开采资源—大量生产—大量消费—大量废弃。这种模式是建立在高能耗、高物耗、高污染的基础之上的,是不可循环的,因而也是不可持续的。传统的生产方式给环境造成的破坏包括:①由于大量使用化肥和农药,造成土壤板结,土壤和水资源受到污染,大批土地丧失生产能力;②由于不计算环境资源的成本,而使得自然资源的价格过低,最终造成无限制地开采地矿资源,造成自然资源和环境资源的巨大破坏;③由于工业化的发展,二氧化碳、氟氯烷等温室气体大量排放,造成气温升高,全球变暖,臭氧层出现空洞,危害人们的身体健康;④由于城市化的发展,城市废水、废气和废渣的排放与日俱增,严重挤占了人们的生活空间,毒害了人们的健康;⑤农业、工业和城市的发展,各国对水资源的需要越来越多,浪费和污染淡水资源的现象越来越严重,致使淡水资源在世界范围内严重短缺。从消费方式的角度看,过度的消费给地球资源和环境的可持续性带来了莫大的威胁。人类已经把挥霍无度的消费文化推到极致,把大量自然资源转化为消费性商品。经济系统往往致力于把自然资源转化为产品以满足人们不断提高的生活要求,用过的物品被当作废物加以抛弃。这种消费模式的结果是随着人民生活水平的提高及消费量的增加,废物也越来越多,从而导致了生态环境的恶化。

二、协调世界经济发展与全球环境保护的国际对策

(一)建立明晰的环境产权制度

在人类历史上,产权制度也是不断进步的,从而不断地解决外部性问题。因此,要保护环境,节约资源,实现可持续发展,就要坚持"谁污染,谁付费"的成本覆盖原则,使污染者的付费能够完全覆盖其产生的负外部效应;对污染付费的成本还要传导到商品和资源的使用者,使他们支付的价格足以补偿生产成本和社会成本。如何让污染者付费?可以通过一定的制度安排,运用市场机制和经济手段来实现。

首先,可以借鉴发达国家的污染权交易制度。即政府根据当地的实际情况,确定可承受的排放污染物的总量和浓度,并据此向各经济主体发放(或者拍卖)排污许可证。持有者可以享有排放一定污染物的权利,也可以将许可证按市场价转让。只要持有者治理污染的花费小于许可证的价格,它就有动力治理污染,并将许可证转让以获取利润。而治理污染费用较高的企业,可以通过购买许可证来扩大其污染权。这种制度安排,将环境保护和市场机制有机地结合了起来,一方面鼓励厂商降低污染的排放量,另一方面也减少了环保政策对市场机制的干扰。

其次,征收环境税。产权制度的改进也是有边界的。在今天的技术条件下,还无法将大环境分割开来并且个人化,所以产权制度的改进还无法将环境成本纳入个人成本中去。这就需要政府的政策来补救,而这个政策就是征税。征收环境税是一种更具有经济效率且体现社会公平的经济手段。这样一方面可以通过征收环境税为社会提供社会需要的资金来源,纠正环境资源配置中的"市场失灵"问题,提高经济效率;另一方面,可通过征收环境税使这些企业的外部成本内在化,利润水平合理化,并将税收用于补偿受害人或环境保护,从而更好地体现"公平原则",有利于各类企业之间进行平等竞争。

(二)可持续消费

可持续消费的基点是当代消费不影响后代人的利益。为此,必须改变现有的生产和消费方式。从长远看,必须将现在的浪费性、破坏性、直线型生产和消费方式变为循环生产、循环消费方式。改变消费方式与改变生产方式一样,循环消费是可持续

消费的根本途径:首先,技术进步在保持可持续消费方面有着巨大的潜力。在可持续消费已经成为各国所追求的目标的情况下,技术的发展出现了与以往截然不同的方向,即在追求发展的同时保护自然资源和环境资源,以求得资源的永续使用。其次,运用法律、经济和制度等带有一定强制性的手段有效影响、引导和规范消费者行为,鼓励发展清洁生产技术,对产品和产品的生产过程采用预防污染的策略来减少污染物的产生。

(三)淡化分极,南北共同保护生存环境

在环境保护上,发展中国家和发达国家一直以来存在着一个分歧,即发展中国家是否真正有权力发展自己的经济,它们是否必须同发达国家一样,承担同样的责任?从20世纪70年代罗马俱乐部的"零增长理论"开始,就基本上剥夺了发展中国家发展经济的权利。他们认为,无论是环境污染还是自然资源消耗都已经达到了极限,因此世界应该停止发展。然而不让发展中国家排放温室气体,就等于不让发展中国家发展自己的经济。因此,发展中国家和发达国家应该在共同的环境问题前消除分歧意见,同心协力,共同治理和保护环境质量。发达国家在资金和技术上支援发展中国家,使它们在迅速发展经济的同时能够最有效地保护环境与自然资源;反过来,发展中国家的经济发展和人民生活水平的提高又会进一步支持发达国家的经济发展。发达国家应该意识到,帮助别人就是帮助自己,实现世界可持续发展的道路只有合作一条。

第四节 世界经济发展与能源危机

一、世界能源的总体情况

能源一直是关乎世界各国经济发展和民众生活的重要议题。当前,能源消费继续强劲增大,供需矛盾进一步恶化。化石能源在世界能源总体消费中占据主体地位。目前,世界大部分能源仍掌握在西方国家手中。其他能源尤其是新能源发展迅速,但要取得实质性进展尚需时日。国际油价难以回到原位,价格波动对能源生产国和消费国都构成了严峻挑战。

(一)能源供需关系总体紧张

进入 21 世纪以来的绝大部分时间里,能源供应趋紧。在这期间,尽管在世界范围内石油供需总体上保持平衡,供略大于求,但这一平衡十分脆弱。往往由于自然灾害、气候变化、局部战争、社会动乱、恐怖活动等原因,在某些国家和地区,某些季节或某一时间段,某些石油品种会出现断档,致使某些国家和地区不时发生油荒、电荒等能源供应紧张局面。

(二)当前各类能源的储量和生产现状

1. 石油

石油探明储量保持小幅上升,炼油能力继续增长。根据 2019 年 6 月英国石油公司(BP)发布的《BP 世界能源统计 2019》报告,截至 2018 年年底,全球石油产量增长了 220 万桶/日,几乎所有的净增长都来自美国,其产量增长(220 万桶/日)创下了世界纪录。在其他地区,加拿大(41 万桶/日)和沙特阿拉伯(39 万桶/日)的产量增长被委内瑞拉(-5 万桶/日)和伊朗(-31 万桶/日)的下降所抵消。

2. 天然气

天然气的发展引人注目,非常规天然气堪称异军突起。截至 2018 年底,天然气消费量增长了 1950 亿立方米,即 5.3%,是 1984 年以来的最快增速之一。天然气消费的增长主要是由美国(780 亿立方米)推动的,中国(430 亿立方米)、俄罗斯(230 亿立方米)和伊朗(160 亿立方米)也提供了支持。目前,非常规天然气约占天然气资源总量的一半,但比常规天然气资源分布更为分散。非常规天然气对很多国家和地区维持能源安全有积极意义。天然气的成本仅为石油的 1/3,燃烧天然气所排放的温室气体少于石油,而且北美、中国和欧洲等地均出产非常规天然气,因此有利于各国降低对中东产油国和俄罗斯的依赖度。澳大利亚近年来煤层气产量大幅度提高。但是,各地区的非常规天然气发展进度差异很大。

3. 煤炭

煤炭产量增长主要来自非经济合作与发展组织(OECD)国家。2018 年,全球煤炭产量增长了 1.62 亿吨油当量,同比增长 4.3%。中国(8200 万吨油当量)和印度尼西亚(5100 万吨油当量)提供了最大的增量。可再生能源占发电量净增长的三分之一,紧随其后的是煤电(31%)和气电(25%)。可再生能源在发电中的份额从 8.4% 增至 9.3%。煤电在发电量中所占的份额仍然最大,为 38%。

4. 生物质能源

20 世纪 70 年代全球性的石油危机爆发后,以生物质能源为代表的清洁能源在全球范围内受到重视。国际可再生能源机构(IRENA)的统计数据显示,全球范围内的生物质能源产业达到前所未有的高度。2017年全球生物质能新增装机规模达到5.2GW,累计装机规模达到108.96GW。英国石油公司的长期监测数据显示,全球生物燃料产量整体保持持续增长。2017年世界生物燃料产量达到84121千吨油当量,同比增长3.5%,虽然增速远低于近10年来的平均水平11.4%,却是近3年来最高的。

(三)能源消费强劲增长及油价的上升趋势

2010年,全球能源消费呈现出自1973年以来最大的增长量,几乎各种能源的增长率都超出过去10年平均增长率的1倍以上,能源强度也出现了自1970年以来的最快增长。这主要是因为,首先,经济复苏带动了能源消费反弹;其次,部分国家的单位GDP能耗不断上升,加重了能源供应的负担。

石油、天然气、煤炭三大化石能源消费量显著提升。2017年,全球一次能源消费量增长1.9%,2018年又实现了2.9%的增长。这其中,OECD国家所占的比例逐步下降,而非OECD国家一次能源消费量不断上升,占到全球总量的53.6%。中国全年能源消费总量为46.4亿吨标准煤,比上年增长3.3%。煤炭消费量占能源消费总量的59.0%,比上年下降1.4%;天然气、水电、核电、风电等清洁能源消费量占能源消费总量的22.1%,比上年提高1.3%。

(四)世界大部分能源资源被西方国家控制

当前,随着已探明石油储量和产量迅速增加,非洲成为重要的石油生产地,其已探明石油储量仅次于中东和南美洲。且非洲石油油质好,开采成本低,运输管道相对安全,多数产油国为非OPEC成员,不受OPEC石油政策影响。西方公司凭借技术和资金优势迅速控制了非洲石油。目前,无论是非洲的传统产油国,还是新兴产油国,其石油资源都牢牢掌握在西方石油公司手中。

二、解决能源危机的对策

(一)开源节流

据美国石油业协会估计,地球上尚未开采的原油储藏量已不足2万亿桶,可供人类开采的时间不超过95年。在2050年到来之前,世界经济的发展将越来越多地依赖煤炭。其后在2250—2500年之间,煤炭也将消耗殆尽,矿物燃料供应枯竭。面对即将到来的能源危机,全世界认识到必须采取开源节流的战略,即一方面节约能源,另一方面开发新能源。

1. 节约能源,提高能源利用率

目前世界一些工业化国家都在采取节能措施,联合热电(又称"同时发热发电")就是比较热门的话题之一。普通发电厂的能源效率只有35%,而多达65%的能源都作为热白白浪费掉了。联合热电就是要将这部分热用来发电或者为工业和家庭供热,因此可使能源利用率提高到85%以上,大大节约了初级能源。"原煤气化发电"是领先于世界的清洁能源技术,世界上第一套大型煤炭气化发电设施已于1994年在荷兰投入试运行。这套设施将原煤经气化和除硫后用来发电,可使效率达到43%—50%,而且基本上不污染环境。不过目前看来,节能减排只是权宜之计,培养能源领域相关人才,积极开发新能源,实现能源结构转型才是解决能源危机的关键。

2. 开发"绿色能源"是解决能源危机的重要途径

太阳能、地热能、风能、海洋能、核能,以及生物能等存在于自然界中的能源被称作"可再生能源",由于这些能源对环境危害较少,因此又叫作"绿色能源"。开发"绿色能源"是解决能源危机的重要途径。近年来,面对能源危机,许多国家都在下大力气研究和开发利用"绿色能源"的新技术、新工艺,并且取得了相当可观的成就。目前"绿色能源"在全球能源结构中的比重已占15%—20%,今后由石油、煤炭和天然气"老三样"能源唱主角的局面将得到改善。

(二)协调国际能源竞争,加强国际能源合作

1. 国际能源竞争

世界的能源储量在一定时期内是有限的,对其开采和消费具有排他性,一国的占有和消费会影响到其他国家的占有和消费。发达国家科技发展的整体水平处于世界前列,在完成工业化的过程中,已经消耗了世界能源总量的相当一部分。发达国家正在进行产业的新一轮升级,逐渐将高能耗产业转移到发展中国家。而后者在实施"赶超型"经济增长战略的过程中,确实还有必要依托这些产业的发展,也正是在这一时期,这些国家的能源消耗急剧增加,供需矛盾迅速激化,能源竞争也急剧升温。世界各主要石油消费国对石油和天然气的消耗量正在不断增加,为满足国内市场的需求,一些国家正在加紧开发近海油气资源和实行"走出去"战略,到海外寻找油气生产和投资机会。然而各国对油气资源的竞争不可避免地将引发国家利益的冲突。

2. 国际能源合作的必要性

国家之间不同程度上的竞争是国际关系中最普遍、最基本的状态。因此,国际能源竞争也是国际关系中很正常的现象,这是问题的一个方面。另一方面,为了避免恶性竞争和两败俱伤的后果,有必要进行国际能源合作。国际能源合作主要通过以下

途径:

第一,科技合作,缓解供需矛盾。由科技发展引发的能源供需矛盾可以凭借科技本身的力量加以缓解。在开源和节流两个方面,国际能源合作都有很广阔的空间。

第二,供应合作,避免恶性竞争。从供应方来说,石油供应格局的多元化必然导致产油国为市场份额展开角逐,但同时,国际石油市场多年来形成的运作机制和对可能造成严重后果的担心,也使各产油国避免进行恶性竞争。

第三,需求合作,提高能源来源的经济性。从需求方来讲,恶性竞争的后果一定是两败俱伤,从中日之间对俄罗斯输油管线的争夺结果就可见一斑。石油输出国利用其垄断地位对不同的出口市场进行价格歧视,最典型的是"亚洲溢价"。"亚洲溢价"给东北亚国家每年带来 26 亿—38 亿美元的附加费用。为了降低亚洲溢价,东北亚国家有必要对外保持一个声音,提高对价格的控制力。

第四,安全合作,提高能源来源的稳定性。在经济全球化背景下,随着能源配置国际化趋势的增强,各国在能源领域的相互依赖程度也必然有所增加,任何一个国家,无论大小和经济强弱,均无法只靠其自身力量来解决本国的能源安全问题,要通过全球和区域范围内的能源合作来保障能源安全。

中国经济处于高速发展的阶段,在发展经济的同时更要注重对环境、资源的保护。从"又快又好"转变为"又好又快"可以看出,中国的经济发展理念正在不断变化,除了注重民生的提高,更要注重对于资源环境有节制地开发利用。

复习思考题

1. 简述人口增长与经济发展之间的关系。
2. 消除贫困都有哪些途径?
3. 简述环境污染的经济根源。
4. 分析世界经济发展与全球环境保护的国际对策。
5. 石油价格居高不下对世界经济有什么影响?
6. 简述国际能源合作的主要途径。

第十一章 世界经济的可持续发展

第一节 可持续发展思想的由来与发展

可持续发展是20世纪80年代随着人们对全球环境与发展问题的广泛讨论而提出的一个全新概念,是人们对传统发展模式进行长期深刻反思的结晶。

一、世界经济可持续发展思想提出的背景

第二次世界大战后,世界经济进入繁荣发展的黄金时代。世界各国大规模发展经济,加速工业化进程,这种盛行于世界的发展观被称为传统的发展观。

然而,经过了十几年的经济增长,传统发展模式的弊端终于在20世纪60年代全面暴露了出来。人们急需找到一种以人与自然关系和谐、全社会整体持续发展为内容的新发展观,这就是可持续发展观。

可持续发展作为一种新的发展观念悄然兴起并日益引起国际社会的关注。1980年3月,联合国大会首次提出了可持续发展的理念,在联合国的呼吁下,这种兼顾经济、社会、资源、环境的可持续发展观念逐渐被各国认同。特别是20世纪90年代以来,可持续发展以其崭新的价值观和光明的发展前景,被正式列入国际社会议程。

二、可持续发展思想的演进

可持续发展观作为20世纪80年代以来人类最根本的观念变革,从其出现到最终形成主要经历了如下三大阶段:

(一)从无限增长论到增长极限论

古代社会赖以存在的农业生产活动是一种在天时控制下的、周而复始的、增长极

其缓慢的生产活动,由此决定了古代社会的发展观是一种循环的增长观。近代以来的工业革命,使人类的生产活动摆脱了四季循环的天时控制,因此,支配工业社会的发展观是一种无限增长观。近代以来形成的无限增长观,以物质财富的增长为核心,以经济增长为唯一目标,并认为经济增长必然带来社会财富的增加和人类文明的进步和福利的提高。

(二)从单纯的经济增长观到经济与社会的协调发展观

不仅发达的资本主义国家对传统发展观进行了反思,发展中国家的经济发展实践也对传统的发展观提出了质疑。针对二战后发展中国家出现的一系列问题,以研究发展中国家的经济增长为对象的发展经济学应运而生。在西方发展经济学家的心目中有一个假设:只要把"经济馅饼"做得足够大,其中的问题就会自然解决,发展也就在其中。但第二次世界大战后发展中国家追求经济增长的事实促使人们对这些线型的发展观开始怀疑和反思。

目前在一些发展中国家出现的无发展的恶性增长,正是19世纪在西方资本主义国家曾经存在过、被马克思所批判的早期资本主义的弊端所在。现代西方资本主义国家也确实是把"经济馅饼"做得足够大而缓解了贫富之间的对立。但进一步分析,可以发现20世纪30年代以后之所以出现了贫富两极对立的缓解,除了"馅饼做大了"这一因素外,还有一个不容忽视的重要因素,就是在资本主义经济体制中增加了调节社会贫富差距的社会福利和社会保障体制。二战之后在西方资本主义国家出现的社会福利和社会保障体制,实际是对在资本主义经济中存在了几百年之久的经济发展观的一种修正。

(三)从协调发展观到可持续发展观

从单纯的经济增长观到协调发展观的转变,解决的主要是传统工业经济体制中暴露出的问题。可持续发展观的提出,则是针对工业经济发展中暴露出的人类与自然关系的恶化所引起的一系列恶果而出现的。可持续发展一词,最初出现在20世纪80年代中期一些发达国家的文章和文件中。1992年6月,联合国环境与发展大会通过的一系列文件中,可持续发展成为大会的指导方针。其中最具有划时代意义的是《21世纪议程》的公布。它标志着可持续发展观开始从理论走向实践,"标志着人类历史进入可持续发展的新时期的开始,可持续发展必将成为世界各国现代发展的主导潮流"。

可持续发展不仅是发达国家,也是发展中国家的共同发展战略,是整个人类求得生存与发展的唯一可供选择的道路,世界各国在可持续发展理念的倡导下,在具体实践中不断深化与丰富可持续的内容。2012年10月,中国在党的十八大上首次提出了大力推进生态文明建设的可持续发展策略,生态文明思想从根本上颠覆了工业文明的思想基础,深化了可持续发展理论的哲学和伦理学内涵,是可持续发展理论在实践的具体化,并具有可操作性。

三、可持续发展的含义

可持续发展作为全人类共同的选择和一面时代的旗帜,是一个包含内容丰富的概念:

第一,可持续发展所包含的发展空间,是指谋求全球性经济和全人类社会的可持续发展。在此之前不论是停留在单纯的经济增长观基础上的经济学,还是建立在协调发展观上的经济学,在空间定位上都是以一国或某一区域的增长或发展为空间单元。

第二,可持续发展所包含的发展时间,并不局限于一代人之内,而是代际间的可持续性发展。1980年联合国大会在提出可持续发展时,就强调所谓的可持续发展是指既满足当代人的需要,又不对后代人满足其需要的能力构成危害的发展,这次会议是史上第一次旗帜鲜明地把当代人与下代人的关系摆在世界的前面,引起了人们的思考。

第三,可持续发展所包含的发展内容,是指经济、环境、社会三大系统之间的协调发展,这三者之间是相互联系、相互影响、相互制约的。

第四,可持续发展所包含的一个全新的价值追求,是实现社会公平的发展。这种公平包含了三方面的含义:一是人际公平;二是代际公平,代际公平是指当代人的发展与后代人的可持续发展的公平性;三是人与自然、与其他生物之间的公平性。可持续发展的主要价值追求是实现人民群众的根本利益。

第五,可持续发展迫使当代人类在未来的经济发展中,不仅要遵循人类已经发现的经济发展规律,更要遵循自然生态演化规律,按照物质循环、再生、生物多样性共存互生等规律,重建人类与自然之间循环制衡,生态、经济与社会协调发展的生态文明。

第二节 可持续发展的基本原则

可持续发展是一套全球性的、综合的、长期的关于人和自然现在与未来的发展思想和战略。它的核心思想是健康的经济发展应建立在生态可持续能力、社会公正和人民积极参与自身发展决策的基础上。它所追求的目标是：既要使人类的各种需要得到满足，个人得到充分发展；又要保护资源和生态环境，不对后代的生存和发展构成威胁。它特别关注的是各种经济活动的生态合理性，强调对资源、环境有利的经济活动应给鼓励，反之则应予摒弃。其基本原则可概括为以下三个方面：

一、公平性原则

公平性原则是指机会选择的平等性，具有三方面的含义：一是指代际公平性；二是指同代人之间的横向公平性；三是指人与自然、与其他生物之间的公平性。

代际公平性，是指可持续发展不仅要实现当代人之间的公平，而且也要实现当代人与未来各代人之间的公平。各代人之间的公平要求任何一代都不能处于支配地位，即各代人都有同样选择的机会空间。

同代人间的公平包括国家之间、国内地区之间，以及人与人之间的公平。

人与自然、与其他生物之间的公平性，是指人与自然需要协调共生，人类必须建立新的道德观念和价值准则，学会尊重自然、保护自然、与自然和谐相处。人类的发展是建立在使用自然资源的基础之上的，因此，人类的发展与自然应当是协调统一的关系。

二、可持续性原则

可持续性原则是指生态系统受到某种干扰时能保持其生产率的能力。资源的持续利用和生态系统可持续性的保持是人类社会可持续发展的首要条件。可持续发展要求人们根据可持续性的条件调整自己的生活方式。在生态可承载的范围内确定自己的消耗标准。因此，人类应做到合理开发和利用自然资源，保持适度的人口规模，处理好发展经济和保护环境的关系。

三、共同性原则

可持续发展关系到全球的发展。要实现可持续发展的总目标,必须争取世界各国共同行动的配合,这是由地球整体性和相互依存性所决定的。因此,致力于达成既尊重各方的利益,又保护全球环境与发展体系的国际协定至关重要。正如《我们共同的未来》中写的"今天我们最紧迫的任务也许是要说服各国,认识回到多边主义的必要性","进一步发展共同的认识和共同的责任感,是这个分裂的世界十分需要的"。这就是说,实现可持续发展就是人类要共同促进自身之间、自身与自然之间的协调,这是人类共同的道义和责任。

第三节　可持续发展面临的现实问题

可持续发展要求人们改变以往长期以来形成的生产、生活方式。并且可持续发展的思想具有整体性,要在世界范围内实现就需要各方互相协调,甚至互相迁就。这就涉及社会、经济、历史、自然等多方面的改变,必然会面临各种困难和制约。

一、世界经济可持续发展面临的问题

(一)传统工业化的生产和消费模式

为促进工业化和国家经济发展,传统发展模式以投入和消耗大量资源和能源,鼓励消费来刺激经济发展。工业革命以来,这种生产和消费模式已经造成了世界资源的短缺和严重的环境问题。发达国家少数人口消耗大多数的世界资源,这已经剥夺了发展中国家利用资源发展经济的机会,使发展中国家很难再用传统工业化模式继续发展下去。传统工业化模式使本来就严重的环境问题更加不堪。因此,传统工业化的生产和消费模式已成为世界经济可持续发展的制约因素之一。此外,在国际市场上,一国的工业化可能会弱化本国企业在其他国家的投资意愿,还将限制其部分高新技术产业对外转移,并直接影响其他国家部分传统产业的就业与市场。

(二)科学技术发展的不平衡

世界经济的可持续发展对科学技术的发展提出了更高的要求,尤其是在资源的

利用、环境的保护,以及废物的控制等方面。但是科学技术的发展很不平衡,发达国家在信息技术、生物工程、高新技术和新材料等多方面占有垄断地位。科技革命从总体来说,使发展中国家和发达国家的科学技术差距越来越大,在经济的可持续发展中处于很不利的地位。这种科学技术发展的不平衡,使发展中国家在可持续发展中困难重重,从而使世界经济的可持续发展陷入困境。

(三)不合理的国际经济秩序

二战以后,民族解放运动和社会主义运动蓬勃发展,广大亚非拉地区的殖民地半殖民地国家掀起了民族解放运动的高潮,纷纷建立了独立的国家,帝国主义殖民体系土崩瓦解,但是维持这一体系的国际经济旧秩序依然存在,发展中国家对发达国家的经济依赖依然存在。垄断是国际经济旧秩序的本质特征。发达国家通过对国际贸易和金融的垄断,控制发展中国家的经济命脉。不合理的国际分工是国际经济旧秩序的基础。二战以来,随着科技进步,国家分工的内容和形式发生了巨大变化,但是不合理的国际分工依然存在,发展中国家在国际经济中仍然处于不利地位。发展中国家对初级产品没有定价权,处于国际分工的末端。为获得经济的增长,发展中国家不断出口初级产品和低附加值产品,而发达国家从发展中国家低价进口原材料和初级产品,加工成为高附加值的工业制成品。发展中国家和发达国家的初级产品和工业制成品之间的价格剪刀差越来越大。这使世界的贫富差距越来越大,形成两极分化。不解决不合理的国际经济旧秩序,世界经济的可持续发展就不可能真正实现。

(四)全球可持续发展治理机制的缺失

人类文明发展到今天,世界已经建立起以国家和地区为主要形式的不同利益主体,对于国际范围内的个体利益与集体利益之间的矛盾,即国家或地区利益与全球利益之间的矛盾,尽管目前有联合国这种解决国际利益争端的组织形式,然而它并不是一个超国家的政府,并不具备足够的权威和强制执行力量,因而在涉及各国重大利益的矛盾协调中常常显得心有余而力不足,在可持续发展问题上也是如此。即使在区域政治一体化的欧盟内部,虽然用环境法的形式颁布了防治污染的条令要求其成员国遵守,但在实际的执行中各成员国也并不一致。因此,权威性监督力量和有效合作机制的缺乏,使得全球性合作及在可持续发展中的补偿性转移支付在实践中困难重重。

最能反映这种困境的案例是在全球温室气体减排中的利益博弈。1990年,在第45届联合国大会上建立了政府间气候变化谈判委员会,以谈判制定《联合国气候变化框架公约》。至此,气候变化问题由一个科学问题变成了一个事关各国重大利益的政治和外交问题。经过历时15个月共5轮的谈判,各国政府于1992年5月9日达成了《联合国气候变化框架公约》。但是,出于对自身利益的考虑,大多数发达国家后来并没有很好地履行公约。在以后的公约第四次和第五次缔约方会议上,发达国家与发展中国家就解决全球气候变化问题在责任承担、合作机制和资金技术转语等方面展开了激烈交锋。而发达国家之间的利益冲突也开始明显表现出来。欧盟为了充分发挥在能源结构、能源发展水平、环保技术水平和产品结构方面的竞争优势,更为积极地推动公约的谈判并提出制定较高的温室气体减排指标,以此与美、日、加、澳等国抗衡,争夺未来的全球市场;而美日等国为了维护它们在世界政治和经济中的主导地位,尽管表面上也同意制定国际公约,但实质上并不想使其发展受到过多限制。尤其是作为二氧化碳第一排放大国的美国,从国内企业界的利益考虑,认为欧盟制订的减排时间表"太匆忙",提出了温室气体控制的"弹性要求",时间为30—50年,在数量上也不是对每个国家都要实施控制,而是应允许二氧化碳排放额的国际许可贸易,这一建议显然是出自对美国自身经济结构和发展利益的考虑而提出的,利己之心昭然若揭。

尽管各方都知道减少温室气体的排放符合包括所有个体在内的人类整体的久远利益,解决问题的关键在于个体之间的一致合作,但是个体的理性选择却导致了集体无理性的结果,从而使这一问题的解决陷入了"囚徒困境"。因此,在温室气体排放问题上产生种种分歧的根本原因在于各国、各地区之间的利益矛盾,未能形成一致性行动的根本原因在于未能建立起多方所能接受的利益协调与合作机制。

二、世界经济可持续发展的途径

(一)走低碳经济之路,减少碳排放

2008年全球金融危机后低碳经济已成为世界经济的主题词,它不仅强调减少温室气体排放,同时也涵盖了优化能源结构、扩大低碳产业投资、增加就业机会,以及促进经济繁荣等。在全球房地产泡沫破灭的同时,可再生能源的投资价值凸显出来。而新能源和可再生能源技术取得重大进展后,将为缓解和适应气候变化奠定坚实的基础,为发展低碳经济和建设低碳社会提供有力支撑。低碳经济以降低温室气体排放为主要关注点,基础是建立低碳能源系统、低碳技术体系和低碳产业结构,发展特征是低排放、高能效、高效率,核心内容包括制定低碳政策、开发利用低碳技术和产品,以及采取减缓和适应气候变化的措施。

(二)明确发达国家和发展中国家"共同但有区别"的责任

《21世纪议程》指出,发达国家和发展中国家"应享有与自然和谐的方式,过健康而富有的生活的权利,并公平地满足今世后代在环境和发展方面的需要"。为此,发达国家和发展中国家应承担"共同但有区别"的责任。

对发达国家来说,首先,必须认识到自身在全球可持续发展中的责任和义务。因此,发达国家对全球自然环境的恶化负有不可推卸的历史和现实的主要责任,应该承担向发展中国家提供资金和技术的责任和义务。其次,发达国家要充分理解和尊重发展中国家的生存和发展权。

(三)履行国际环境公约,开展广泛的国际合作

在联合国及一些国家的大力推动下,国家社会通过并实施了多个具有法律约束力的国际环境公约,包括《关于环境与发展的里约热内卢宣言》《21世纪议程》《保护臭氧层维也纳公约》《联合国气候变化框架公约》《生物多样性公约》《关于持久性有机污染物的斯德哥尔摩公约》和《防治荒漠化公约》等。这些国际环境公约涉及气候变化、生物多样性、持久性有机污染物、土地退化、国际水域等多个领域。这些公约致力于保护全球环境和资源,要求发达国家承担更多义务,同时也考虑发展中国家的发展需求和切身利益。国际社会需要通过国际环境公约履约合作,携手应对全球环境挑战。

三、当前中国在可持续发展中面临的主要问题

(一)始终严峻的人口问题

2021年5月11日,中国第七次全国人口普查结果公布,全国人口共约14.12亿。伴随着低生育目标的实现,中国人口问题也随之转型,即从人口总量问题转向人口结构问题。其中性别结构、年龄结构、城乡人口结构、民族结构等方面依然存在着很大的失衡,问题突出。过多的人口需要相当大数量的资源,势必加大资源方面的压力。同时,在未来,老龄人口比例的不断加大和新生人口的相对不足,也将成为我们不得不面对的严峻问题。

(二)日益严重的污染问题

日益严重的环境问题是中国人最为关注的问题。中国经济的长期高速增长致使资源过度消耗、生态环境逐渐恶化。同时,为实现现代化、跻身高收入发达国家行列,中国又需要保持一定的发展速度。因此,中国直面持续发展和改善环境两个方面的诉求。目前,中国国家环境保护总局控制的促进中国环境文化协会在全国范围内进行的一项调查显示:40%以上的受访者指出,"非常担心环境问题",特别是由此而导致的后果。80%以上的中国人认为,受到污染的食品,同水和空气受到污染一样"是

一个严重的威胁"。环境的恶化,是近二十年来中国工矿企业野蛮发展造成的。

(三)极为突出的社会问题

当今世界依然动荡,各种社会问题层出不穷,中国亦是如此。改革开放四十多年来,所取得的成绩有目共睹。与此同时,各种各样的社会问题也如影随形。其中有十大问题,如果得不到彻底解决,将极大地阻碍中国社会的良性发展。这十大问题就是:食品安全、房价、物价、腐败、教育、"裸官"和投资移民、恶性车祸、环境保护、事故、强拆。各种社会问题交织在一起,极大地阻碍了中国经济的可持续发展。

四、保证中国可持续发展的对策

(一)要强化和提高全民族的可持续发展意识

由于几千年的封建社会传承,传统的经济增长观念已深入人心。由于可持续发展直到1992年才提出,人们对其了解不深,因此,应通过各种形式广泛地宣传可持续发展及与其相关的问题,使人们从概念上和认识上不断深入和系统地理解可持续发展的科学内涵。同时应通过多种形式鼓励和引导公众普遍地、积极地参与可持续发展。

(二)切实以科学发展观为指导,尽快转变经济增长方式

转变经济增长方式,可以不断降低经济发展对投资拉动的过度依赖,腾出更多的财力,引导更多的社会资金投入到社会事业发展中去,可以从根本上提高经济增长的质量和效益,增加有效财力和社会财富。提高城乡居民收入水平,为经济社会事业的协调发展提供雄厚的物质保障,有效促进社会事业的发展和人的全面进步。

(三)加强可持续发展相关的立法与实施工作

国家经济的可持续发展离不开法律的保障。实施可持续发展战略要有与之相应的体制和机制做保障,而体制和机制则依靠法律做保障。在可持续发展相关立法和实施工作中,先要建立健全可持续发展的法律体系,同时应采取有效措施加强执法力度。人们生活环境的改善是实现可持续发展的基础,中国的环境政策法制建设虽已得到了很大的发展,但总体来看环境立法与环境政策法制建设的目标仍有较长远的发展空间。

(四)提高自然资源的持续利用率

中国自然资源总量丰富、种类齐全,但利用率极低,浪费极为严重,因此,要求人们树立新的资源观念,坚持开源与节流并重的方针,提高自然资源的利用率和回收率,实现废弃物资源化,要特别重视自然资源的合理配置。当前应重点搞好土地资

源、水资源、生物资源、能源的持续利用工作,寻求以较低的资源代价和社会代价取得高于世界经济发展平均水平并保持持续增长的效果,走有中国特色的可持续发展之路。

(五)解决人口问题与开发人力资源相结合

目前,中国面临着快速发展经济、迅速增强综合国力和提高人民生活水平的历史重任,同时又面临着庞大的人口压力及相关的资源环境问题。这种境况决定了我们必须把人口问题与人力资源开发问题相结合,把巨大的人口压力转化为可持续发展的有效资源。要根据中国经济、资源和人口现状,把控制人口出生率、提高人口素质、人力资源开发和解决人口老龄化、劳动就业、人口迁移、教育培训、社会保障等问题综合加以考虑,制定一个能有效解决人口和人力资源开发问题的综合规划和实施措施。

复习思考题

1. 简述可持续发展思想提出的背景及其含义。
2. 可持续发展的基本原则有哪些?
3. 简述世界可持续发展面临的问题。
4. 简述世界可持续发展的途径。
5. 你认为可持续发展在中国都面临哪些挑战?应当怎样解决这些问题以实现可持续发展思想在中国的贯彻?

第十二章 国际经济摩擦与协调

经济全球化已将世界经济融合为一个整体,各个国家经济联系日益紧密,一国经济受到外来经济冲击的影响越来越大,摩擦也越来越多,因此迫切需要国家间的经济协调。国际经济协调的主要内容包括国际贸易的协调、国际货币与汇率的协调,以及宏观经济政策的协调。其中国际贸易协调主要通过 GATT/WTO 展开多轮谈判以促进国际贸易的正常运行;国际货币与汇率的协调主要经历了固定汇率和浮动汇率下的国际协调,国际货币基金组织在其中发挥了重要作用;宏观经济政策的协调在二战以后主要是通过 G7、G8 对财政政策、货币政策等宏观经济政策进行协调。但是随着经济全球化的进一步推进,国际经济协调也日益暴露出如协调缺乏预见性、公正性、权威性,以及协调的效果与目标偏离等局限性。

第一节 国际经济摩擦

在经济全球化背景下,随着国际经济交往的增多和国际竞争的加剧,由于各国间经济发展的不平衡和利益的不一致性,各国之间的经济摩擦也日益频繁。国际经济摩擦是指在国际经济活动中,国家与国家之间在进行经济往来的过程中产生的冲突与影响。当前各国都积极主动参与全球化进程,但是各国同时还得保护自己的经济,尤其是幼稚产业,保证本国国民经济的健康、稳定、持续发展。一旦发展中国家产业结构升级,发展高新技术产业,就会对发达国家的地位形成挑战。国内利益集团为了保护自己的利益,会对国际经济活动进行干预,也会产生经济摩擦。当前国际贸易中,贸易顺差国和贸易逆差国的调整同样会导致国际经济摩擦。

一、国际经济摩擦产生的原因

国际经济摩擦的产生既有其自身产生、发展和运行的客观普遍性,又有其针对不同国家的特殊性。也就是说,对一国而言,经济摩擦的产生,既有其不可避免的外部根源,又有其自身因素的原因。具体说来,国际经济摩擦产生的原因包括以下几个方面:

第一,国家间经济发展的不平衡、独立民族国家的存在,以及对国家利益和民族利益最大化的追求,是产生经济摩擦的根本原因。经济全球化和贸易自由化的目的是使世界资源在全球范围内得到更有效率的配置,使全世界各国的总体福利得到提高。但是,独立民族国家在参与经济和贸易往来时,首要目标是自己国家和民族利益的最大化。

第二,经济摩擦是经济全球化、贸易自由化过程中的必然产物。以科技创新为动力,以跨国公司投资和贸易为载体的经济全球化是当今世界经济发展不可逆转的一个趋势。经济全球化在世界贸易领域直接表现为贸易自由化,各国在 GATT/WTO 的协调下,降低关税和非关税壁垒,促进产品和服务的自由流动。在这一过程中,国与国之间的经济联系日益加深,相互依赖性加强,与此同时,国家间发生经济摩擦的机会也大大增加。

第三,特定时期的经济和政治发展形势直接影响了经济摩擦的发生频率。经济与贸易相辅相成,互为依托;政治和经济也密不可分。当世界经济处于增长期,各国政治局势稳定,国际贸易就可在很稳定和良好的外部环境下顺利发展,经济摩擦的可能性会相应减少;而当世界经济持续低迷,陷入政治或军事冲突时,国际贸易在相对紧张的外部环境下进行,各国的贸易政策往往趋于保守,经济摩擦发生的概率就会相应增加。此外,一国的政治制度会对其国际贸易产生重要影响。所以,适当进行政府调控、放宽外贸约束、强化政府管理限制,以及加强法制建设,有利于一个内外平衡的国际贸易发展环境的形成。

二、国际经济摩擦的表现

20 世纪 90 年代以后,随着国际经济交往的日益频繁,各国经济相互联系和依赖的程度日益加深。然而,由于经济发展的不平衡性和利益的不一致性,各国之间的经济摩擦日益频繁,并且经济摩擦的主体、内容、表现形式等都发生了许多变化,呈现出新的特点,即经济摩擦的国家主体范围扩大、程度加剧,以及经济摩擦的产业领域扩大,重点转移。

(一)发达国家之间的经济摩擦

发达国家间的经济摩擦是国际经济摩擦的主要组成部分,数量最多,涉及面最广。进入 21 世纪以来,各主要发达国家之间的经济摩擦具有以下特点:第一,范围广,几乎涉及所有国际经济领域;第二,规模大,许多事件摩擦规模都名列世界经济前列;第三,影响深远,涉及高新技术领域的摩擦较多,对未来经济社会发展影响较大;第四,长期化,多数摩擦长时间难以解决,有的可能要延续到 21 世纪中期。因此,在经济全球化和贸易自由化的大趋势下,各发达国家为了争夺国际市场、保护国内产业,以及争夺国际经济新秩序的领导权,彼此之间的经济摩擦将会越来越频繁,并愈演愈烈。

1. 美日经济摩擦

(1)贸易摩擦

美日贸易摩擦起始于 20 世纪 50 年代,双方在以纺织品、钢铁等原材料产业为主的领域产生贸易摩擦。1966—1974 年日本钢铁工业连续三次被迫自动限制对美出口,但由于 20 世纪 70 年代日本经济增长暂时减慢,对美出口锐减,双方的摩擦有所减缓。20 世纪 80 年代后期,由于日本一直封闭农产品、建筑和金融等领域的国内市场,于是这些领域的市场准入问题成为新的摩擦焦点。20 世纪 90 年代,贸易摩擦又开始转向航空运输、保险、电讯等服务贸易领域。美日的贸易摩擦不会消除。

(2)投资摩擦

20 世纪 70 年代末期到 80 年代,日本为回避贸易摩擦,加大了对欧美等发达资本主义国家的制造业、商业和服务业的投资。整个 20 世纪 80 年代是日本对美直接投资高速增长的时期。20 世纪 90 年代开始,由于日本经济衰退,日本对美投资减少,美日投资摩擦也减弱了。目前,日本政府应对美日贸易摩擦主要采取自主出口限制、利用规则导向型的多边机制、鼓励企业海外投资及加快规制改革等措施。

(3)制度性摩擦

20 世纪 90 年代以来,服务贸易的发展使各国的贸易摩擦由货物贸易转向了服务贸易。服务贸易的障碍不是关税和非关税壁垒,而是一国的法律制度、经济惯例和竞争政策等国内制度问题。再加上国际问题国内化和国内问题国际化趋势的增强,美日制度性摩擦出现了。美日之间出现的大部分问题是由两国不同的经济结构造成的。20 世纪 90 年代以来,美日经济摩擦的内容已经发生了根本性的变化,制度摩擦及相关协商成为双方关心的主题。

2. 美欧经济摩擦

从二战结束一直到 20 世纪 50 年代末,这一时期由于欧洲经济实力比较弱,欧洲的经济重建需要美国的大力支持,所以美欧双方在经济问题上没有出现摩擦。美欧经济摩擦在 20 世纪 60 年代以后欧洲经济逐渐强大的过程中不断加深。

(1) 贸易摩擦

从 20 世纪 60 年代开始,随着欧洲国家经济实力恢复并进入高速发展时期,美欧间的贸易摩擦开始出现了。20 世纪 80 年代以来,美欧之间的贸易主要集中在钢铁产品、高技术产品和农产品等三个领域。20 世纪 70 年代以来,美国钢铁工业生产日益萧条,产量逐年下降。其主要原因之一就是欧共体成员国对美国钢铁市场的占领。20 世纪 90 年代末以来,航空领域已成为欧美贸易分歧的焦点。在波音和麦道公司的鼓噪下,美国指责欧洲空中客车公司享受国家补贴,进行不正当竞争。

(2) 金融摩擦

自从布雷顿森林体系崩溃以后,黄金—美元本位变为美元本位。各国实现浮动汇率后,国际储备出现分散化的趋势,即由美元本位过渡到多种货币储备体系,但其中仍以美元占绝对优势,2000 年美元约占外汇储备总额的 70%。然而,2002 年 1 月 1 日,欧盟实现统一货币,欧元正式进入流通,国际货币格局发生重大变化。欧元将依靠欧盟强大的经济实力对美元造成威胁。当时欧盟 27 国的经济规模、经济稳定性、资本融通量与资本流动自由度等方面都与美国接近。

(3) 制度摩擦

近年来,美欧双方在转基因农产品贸易中的摩擦始终存在。由于美国是转基因生物的主要研发和生产国,美国超过 40% 的玉米、超过 50% 的棉花和 80% 多的大豆都是转基因的,所以它非常需要将转基因生物打入国际市场,并反对任何对转基因生物贸易的限制。而欧盟一直对转基因生物的安全实施严格的审查和监督管理,美欧双方在转基因农产品贸易中的摩擦是由于管理制度的差异而产生的。

3. 日欧经济摩擦

(1) 贸易摩擦

西欧与日本的贸易摩擦开始于 20 世纪 60 年代末,主要是因为日欧贸易经常出现逆差。1976 年秋,日本经团联代表团在欧洲访问时,英、德、法、比等国各产业界对日本的贸易政策提出了严厉批评。1977—1978 年日本与欧共体就欧洲委员会计划对日本的滚珠轴承进口征收反倾销税进行协商。日本方面承诺改进外国商品进口检查制度,减少关税和非关税壁垒。欧共体也从原来的批评日本进口转为促进对日出口。但是,日本对欧洲的贸易顺差继续扩大。1980年日本对欧共体贸易顺差首次突破了100亿美元。而此时,欧共体经济在第二次石油危机的打击下出现严重困难。于是,欧共体重新提出日欧贸易不平衡问题,日欧贸易摩擦开始激化。在整个20世纪80年代,双方争执的焦点集中在汽车、彩电、滚珠轴承、办公设备和数据控制机床等方面。从1981年2月开始,欧洲委员会陆续对从日本进口的汽车、彩电、数据控制机床等产品实行统计监督,当发现某产品的进口超过规定数量时,就要求日本采取必要的补救措施,否则将对该产品征收惩罚性关税。此后,欧洲委员会又在监督清单中增加了日本对欧出口增长较快的一些产品。

(2)投资摩擦

二战以前,现有欧盟国家对外投资主要集中于发展中国家。二战后为争夺海外市场,欧盟成员国加强对发达国家,特别是成员国之间的相互投资。20世纪80年代以后,欧盟成员国加强对日本制造业的投资。同时,日本对欧共体的直接投资仅次于其在北美的投资。20世纪80年代中期以后,日本资本急速涌向欧洲,增长率远远高于同期日本海外直接投资的增长率。其主要原因是为了抢先在欧洲统一大市场建立之前实现对欧洲市场的占领。日欧双方都想通过投资活动占领对方市场,双方的竞争与合作进一步加强。

(二)发达国家和发展中国家之间的经济摩擦

发达国家与发展中国家的经济摩擦体现在发展中国家反对国际经济旧秩序、争取国际经济新秩序的斗争中。现以中国所面临的与发达国家之间的经济摩擦为例来简要说明。

一般说来,国际经济摩擦是一种涉及两个国家或地区的相互发生经济联系的经济主体之间针对某种经济问题,为了各自的经济利益和获得某种满意的结果而产生的矛盾和纠纷。在加入WTO之前,中国与一些国家之间就已经出现过各种经济摩擦。在加入WTO以后,由于中国与世界各国经济贸易联系的进一步加深,与加入WTO以前相比,中国与发达国家经济摩擦数量和规模迅速增加,表12-1显示的是全球贸易保护主义的10大受害方,其中中国成了最大经济摩擦受害国,自2016年11月至2018年9月10日,中国已遭到321起贸易保护主义措施,另外还有118起针对中国的贸易保护主义措施正在讨论中。

表 12-1 贸易保护主义的 10 大受害方

国家	已经遭到的贸易保护主义措施数量		可能遭到的贸易保护主义措施的数量	
	截至 2018 年 9 月	自 2018 年 6 月增加的数量	截至 2018 年 9 月	自 2018 年 6 月增加的数量
中国	321	39	118	-7
美国	240	27	45	-1
德国	227	23	54	-2
法国	205	17	44	-2
英国	202	21	42	-2
意大利	196	21	48	-2
比利时	184	16	45	-2
日本	179	9	40	-2
荷兰	178	15	41	-1

资料来源：Unequal Compliance。

经过多年发展，中美贸易关系已成为全球最重要的双边贸易关系之一。在过去的 20 年里，中国经济一直保持着高速增长，中国对美国的贸易顺差额从 2006 年的 1442 亿美元增长到 2017 年的 2735 亿美元。当美国看起来长期处于贸易逆差地位时，就会为了自身利益，采取贸易保护政策。近年来，中美贸易摩擦更是全球关注的焦点。从 1980 年美国对中国首次发起反倾销调查以来，到 2019 年，美国提起对中国的反倾销和反补贴案件的数字分别达到 175 件和 89 件之多。2017 年特朗普执政之后，宣扬美国优先的口号，推行单边主义、保护主义和经济霸权主义。先与中国签订了总额达 2535 亿美元的合同，转身就指示对中国开展"301 调查"，由此拉开了中美贸易战的序幕。众所周知，"301 调查"就是指美国依据《1974 年贸易法》第 301 条所进行的调查。而新的"301 调查"包括了一般条款、特别条款及超级条款。尤其是其中的"特别 301"，是针对知识产权的保护和市场准入方面的特别规定，也是中美贸易摩擦中美国特别针对中国知识产权领域采取的措施。

近年来的中美贸易摩擦呈现如下特点：

第一，由中美贸易不平衡引起的摩擦不断加剧和升级。近年来，中美双边贸易量呈现高速增长的趋势，与此同时，双向投资与人员往来也都创下了历史新高，从表面看来，中国对美国的贸易顺差也在不断地扩大，因此两国的贸易摩擦也开始加剧，继而不断升温。1984 年之后，双边贸易统计数字差额越来越大，在两国双边贸易中，

1983年美国对中国贸易开始出现逆差,逆差额为3亿美元,2002年增至1030.65亿美元,2021年达到3553亿美元。不过,这其中所称的贸易逆差主要指的是货物贸易的逆差。实质上,因为计价方式、转口贸易、贸易加成、旅行项目中包含货物等方面的统计路径问题,双方的统计数据有着巨大的差异,就2021年的差额,美方统计的数据要比中国多了1017亿美金。

第二,贸易摩擦方式之多,频率之高,伤害之大,史无前例。自从中美贸易量开始不断攀升以来,美国就多次运用多层次、多方面的贸易保护措施对中国实施制裁。美国对中国的贸易制裁手段也开始层出不穷,如反倾销、反补贴、技术壁垒等,而且美国有专门的智囊团,会采取一系列的针对性制裁方案,从而达到贸易保护的目的。除此之外,美国还采取其他辅助手段提高制裁中国的频率。在美国变化无穷的制裁手段下,有很多中国企业因为缺少应对经验,加之对全球贸易规则领域知识的匮乏,导致了其在贸易赔偿中承受了巨大而不可挽回的损失,有的企业甚至一蹶不振。

第三,贸易战出现政治化倾向,美国提出"中国威胁论"。经济问题往往伴随着政治问题而提出,中国的迅速崛起,尤其是对美国日渐增长的巨大的贸易顺差,不论从经济上还是政治安全利益上都是一个实实在在的"威胁"。"中国威胁论"在美国盛行,唯恐失去世界第一优势地位的战略疑虑与担忧一目了然。所以美国使用一系列的贸易制裁手段对中国进行打压,希望从根本上遏制中国经济的发展。

中国的发展之路道阻且长。对于一个发展中国家而言,发展核心技术是强国之道,必须要发展核心技术,才能够提高其综合竞争能力。中国还需要进一步坚持对外开放的基本国策,并且积极推进"一带一路"倡议,增加与其他国家的和平、友好合作,支持多边贸易体制,使得中国在世界经济贸易中的影响力得以加强。制造业作为实体经济的核心,也是货物出口的来源。中国是制造业大国却不是制造业强国,应该在利用大数据手段加快传统产业转型升级的同时,以高新技术和知识产权引导产业升级之路,带头发展高附加值产业,如新兴信息产业、生物产业、新能源汽车、高端装备制造业和新材料。同时,要认识到中国已经进入以服务业为产业主导的新兴时代,在发展战略方面要以政府为主导,带领企业搭建相关的服务平台,鼓励制造业外包,升级制造业服务化。

(三)发展中国家之间的竞争与合作

发展中国家间也存在经济摩擦。这种经济摩擦主要缘于发展中国家在市场、投资等方面存在竞争关系。另外,发展中国家间的关系也存在一些消极因素,其中某些因素还有可能进一步发展。20世纪80年代以来,中国、巴西、阿根廷、墨西哥、南非、东盟诸国等一大批发展中国家更深地融入了国际经济大循环,这些发展中国家的经济发展为国际经济摩擦注入了新的元素。首先,发展中国家的产品出口对发达国家劳动密集型与资源密集型产业以及农业造成了一定冲击。其次,由于发展较快的发展中国家经济水平、产业结构比较接近,当它们的出口产品在国际市场上进行竞争时,也不断发生摩擦和纠纷。发展中国家之间大规模的贸易战时有发生,巴西和阿根廷之间的经济摩擦是这方面的典型例证。

第二节 国际经济协调的形成与发展

一、国际经济协调的含义

国际经济协调(International Economic Coordination)是指以多数国家组成的世界经济组织及区域经济组织为主体,在承认世界经济相互依存的前提下,为了解决彼此间在经济利益中的矛盾与冲突,维护并促进世界经济稳定和正常发展,通过一定的方式,联合对国际经济运行进程进行干预或调节的政策行为。历史经验表明,只有不断完善国际经济政策协调机制,提高协调效率,切实推动国际货币体系改革,才能确保实现宏观政策的预期效果。

二、国际经济协调的主要形式

国际经济协调按组织形式的不同可以分为以下几种形式:国际经济协调机构协调、区域经济集团协调、国际经济条约与协定协调和国际会议协调。它们在不同的时期分别充当着国际经济协调的主要形式,对各国经济的约束与影响,以及对世界经济的贡献也各不相同。

(一)国际经济协调机构协调

国际经济协调机构主要是指政府间的以协商解决经济问题为主的国际经济组织,它是由三个以上的主权国家或地区通过条约或协定所组建的国际性经济协调管理机构。全球性的经济协调机构,顾名思义,是指那些成员国遍及世界各地、旨在为全球性的经济事务服务的机构组织,如联合国的相关经济组织、世界贸易组织、国际货币基金组织、世界银行等。国际经济协调机构有着明确的宗旨和制度,其成员国既是其主体,也是其权力的授让者,各成员国必须按照条约或协定规定接受国际经济协调机构的管理。目前全球性的国际经济协调组织主要有:①联合国经济机构;②世界贸易组织(WTO);③国际货币基金组织(IMF);④世界银行(IBRD)、区域开发银行等各国政府出资组建的国际银行;⑤联合国粮食与农业组织(FAO);⑥原料生产国及输出国组织;⑦经济合作与发展组织(OECD)、77国集团(G77)等区域性组织。

国际经济协调机构实际上就是为了解决不断涌现的国际经济关系问题而建立和发展的。由于生产力的发展及世界经济一体化所蕴含的是国际经济关系在深度和广度上的持续推进,在各国经济相互依赖性、一体化日益增强的今天,原有的那种仅仅为主权国家提供一个解决问题的平台或是作为一个协调中介的国际经济协调机构的局限性已经日益明显,不能充分发挥国际经济协调的效用。因此,成员国需让渡出部分主权,超国家的国际经济协调机构也陆续诞生,例如欧盟,其统一货币的发行无疑是国际经济协调道路上的一个里程碑,并且为其他国家起到了一个很好的表率和示范作用。

(二)区域经济集团协调

自20世纪50年代以来,为了促进国家间经济合作与贸易的发展,以欧盟、北美自由贸易区、亚太经合组织为代表的区域经济集团在世界范围内得到了蓬勃的发展。20世纪末期,由于受到欧盟成功经验的鼓舞和出于自身经济安全的需要,掀起了一阵建立各种多边与双边区域经济集团的高潮。20世纪90年代后期,在经济全球化浪潮的冲击下,东盟国家逐步认识到启动新的合作层次、构筑全方位合作关系的重要性,并决定开展"外向型"经济合作。在这种形势下,东盟与中日韩(10+3)领导人会议及"10+1"合作机制应运而生。此外,澳新自由贸易区、加勒比共同体、西非国家经济共同体等也日益成为重要的区域经济协调集团。与国际经济组织的协调相比,区域经济集团所覆盖和影响到的国家要少得多,但是区域经济集团的成员国往往会通过协议让渡部分的国家主权给区域经济组织,这就使得区域经济协调所涉及的范围更广、程度更深。

(三)国际经济条约与协定协调

国际经济一体化合作注重建立具有较强约束性的制度体系,通过形式严格的条款规定来限制各参与主体的行为。国际经济条约与协定是两个或两个以上的国家或地区为了确定彼此之间的经济权利和经济义务而缔结的书面协议。国际经济条约和协定具有法律效力,并且具有时效性,它由各国分别落实,但没有专门的机构组织协调,当出现新的问题时,由国家之间进行临时磋商解决。国际经济条约与协定以书面的形式管理、协调国际经济的交往,使世界经济的运行更加规范。

(四)国际会议协调

国际会议是主权国家间政府代表通过会晤,就相互间经济关系和有关国际经济问题进行协商,进而规定各方权利和义务的协调方式。国际会议的参与国数量、级别和举行期限都不固定,因此比较灵活,包括双边的和多边的、首脑级的和部长级的,以及定期的和不定期的等多种形式。相对于其他几种组织形式,国际会议的约束力较差,大多是临时性的,而且很不稳定。国际会议一般没有长期固定的议题,与会国主要就当前迫切需要处理的经济问题交换意见,进行协商,最终达成某项共识。会议可能成立国际经济组织或区域经济一体化组织,也可能产生国际经济条约和协定,但也可能仅就某方面的政策性协调表明共同的意见或立场。

三、国际经济协调的动因

(一)经济全球化导致各国经济依存度空前提高

第二次世界大战结束以后,经济全球化已经成为一个不可逆转的趋势迅速渗透到世界的每一个角落。世界各国,无论是发达国家还是发展中国家都先后被纳入世界经济的发展体系中。伴随着贸易的全球化、生产的全球化,以及世界各国金融自由化和金融国际化步伐的加快,世界经济相互依赖、相互影响的特点日益明显。除此之外,国际人员流动、技术贸易、信息传递等也都极大地增强了各国经济的关联度。如今,世界上几乎每一个国家都面临着如何在完善国内经济运行条件的同时改善外部经济环境的问题,而要同时处理好这两个问题,单纯依靠国内外市场的自发调节和本国宏观经济政策的干预显然是不够的,国际经济协调越来越显示出其必要性。

(二)开放经济条件下各国追求更高的经济利益

一国开放本国经济,主要是为了增强与其他国家在资金、商品、技术、劳动力等方面的交流,加快经济的发展,但是这种目标的达成往往会受到其他国家经济发展状况及对外经济政策的影响,这主要体现在市场进入障碍和过度竞争上。一方面,一国实行对外开放,发展对外经济所能获得的经济利益受到其他国家经济开放程度的影响。另一方面,世界各国在经济往来过程中,为了实现各自利益的最大化,常常会相互采取一些损害他国利益的竞争策略,进而导致恶性竞争,这样不仅不能让本国的经济条件得到改善,反而会使各国的经济利益都受到损失。由于市场进入障碍和过度竞争主要靠各国宏观经济政策的调节,因此在凭借市场机制发挥其基础调节作用的同时,还必须加强国家之间的经济交流与合作,这样才能够创造一个适合国际经济发展的良好环境。

(三) 世界经济频繁出现危机和波动

20世纪30年代几个主要大国之间出现的货币战、贸易战、汇率战等损害了彼此间的利益,各有关国家政府出面协调,采取某些共同的政策,加以弥补和解决。但这些协调政策一般是临时性的、应急性的,有特定的目的,范围有限,因此被称为"危机管理"。战后,西方的国际经济协调进入广泛发展阶段,逐渐变为经常性的、较大范围的、深层次的国际经济协调。

(四) 世界经济发展不平衡导致的多极化格局

20世纪70年代以来,随着美国巨额的贸易逆差和财政赤字,以及以美元为中心的布雷顿森林体系的崩溃,美国在世界经济中的地位不断下降。与此同时,西欧、日本经济相继崛起,它们在世界经济中的地位逐渐上升,并在国际贸易领域不断地蚕食美国在世界市场的份额。美元不再是单一的世界货币,其在国际借贷市场和全球外汇储备资产中的比例都慢慢地被日元、马克所取代。这样在20世纪七八十年代,由于世界各国发展的不平衡,世界经济逐渐从早期美国一家独霸演变成了美、日、欧三足鼎立的局面。

20世纪90年代以后,世界经济格局又发生了新的变化。欧洲经济共同体(即后来的欧盟)总体实力仍然在不断地壮大。日本的股票和房地产市场崩盘,从而令日本陷入了漫无边际的衰退之中,国际竞争力受到了严重的削弱。而与之相对应,美国在走出了80年代末的衰退后,凭借其尖端技术实力的不断增强,进出口贸易的持续增长,以及大量的金融创新,重新获得了世界霸主的地位,其国际竞争力得到了迅速的恢复和提高。

21世纪以来,发达国家在世界经济中仍占据主导地位,但是发展中国家也在崛起,其在世界经济中的地位不断提高。尤其是近年来中国经济迅速发展,日益成为世界经济增长的引擎,并在治理2008年爆发的全球金融危机中发挥了尤为显著的作用,这使得中国逐渐取代西方发达国家成为世界经济的一个重要增长极。世界经济发展的不平衡局势,实际上是西方大国综合国力此消彼长的过程。在这个过程中,由于各个国家经济实力的变化而导致的国际贸易、金融、投资领域的矛盾和冲突加剧,都需要加强国际经济协调。

四、国际经济协调的发展

随着经济全球化的迅速发展,国际经济协调的内容和形式经历了一个从局部到全面、从依靠少数国际经济组织、少数国家到多边经济协调的演进过程。根据二战后世界经济发展进程和协调进展情况,可将国际经济协调划分为三个发展阶段。

(一)第一阶段(第二次世界大战结束至 70 年代初):国际经济协调的建立与启动时期

二战结束后,世界经济进入全面复苏阶段,各个国家之间的交往加深,这要求世界各国加强对国际贸易和国际金融领域的协调与合作。这一时期的国际经济协调的特点主要体现在两方面:

一方面,国际经济协调的形式以国际经济组织的协调为主。国际货币基金组织、世界银行、关税与贸易总协定、经济合作与发展组织等都对世界经济的复苏和发展发挥了积极的推动作用。

另一方面,国际经济政治发展不平衡,国际协调主要体现西方大国,尤其是美国的意志。当时的国际经济秩序基本上是以布雷顿森林体系为框架,以关税与贸易总协定为基础,而美国凭借着强大的经济、政治及军事优势,在很大程度上影响甚至操纵了这些经济组织,从而控制了国际经济的协调。20 世纪 50—60 年代,国际经济协调体系从以下两个方面得到扩充和完善。首先,区域经济集团陆续建立,在这一时期,随着世界政治和经济发展的不平衡,区域经济一体化组织开始出现。其次,南北国家间的协调从 20 世纪 60 年代中期开始被引入国际经济协调的范围。发展中国家为了改善它们在国际经济秩序中所处的不利地位,从未放弃为建立新的国际经济秩序的努力,积极地参与国际经济协调。

(二)第二阶段(20 世纪 70 年代初至 80 年代中期):世界经济转向全面动荡和国际经济协调频繁时期

在 20 世纪 70—80 年代,由于全球经济政治发展的不平衡,两次石油危机的冲击,以及布雷顿森林体系的崩溃,原有的国际经济体系发生变化,世界经济的波动加剧。为了恢复国际经济秩序,稳定国际货币金融市场,消除贸易壁垒,国际社会迫切需要加强国际经济多边协调与合作,从而对国际经济协调提出了更高的要求。这主要体现在以下几点:

第一,国际金融环境趋于动荡。布雷顿森林体系解体,原有的以美元为中心的固定汇率体系宣告终结,越来越多的国家,尤其是发达国家采用有管理的浮动汇率制,国际储备货币趋于多元化,这使得国际金融体制更加复杂化,不利于国际贸易发展,世界各国迫切需要开展国际经济协调以创造一个稳定的国际金融环境。

第二,经济增长缓慢与通货膨胀并存。20 世纪 70 年代,除日本外,主要发达资本主义国家的经济长期陷于经济增长缓慢与高通货膨胀率并存的困境,难以自拔。

第三,世界经济格局发生变化。20世纪70年代以后,随着日本持续高速的经济增长和西欧一体化程度的不断加深,美国的经济地位日趋衰弱,从而使得世界经济格局从原先的美国一家独霸发展成为美、日、欧三足鼎立的局面。

第四,能源问题日益突出。由于两次石油价格的暴涨所引发的世界性经济危机,资本主义国家普遍的高通胀率引发了人们对能源问题的关注。

(三)第三阶段(20世纪80年代后期至今):国际经济协调由全球经济多边协调与区域经济协调并举的变革时期。

20世纪80年代后期至今,国际经济协调在深度和广度上进一步发展,国际经济协调已由过去的以全球多边协调为主走向全球多边协调与区域协调、次区域协调、双边协调并举的新时期,这主要体现在区域经济一体化的发展和国际贸易协调两个方面。

1. 区域经济一体化的进程明显加快

出于本国经济发展、抵御危机的需要以及受先前区域一体化组织示范作用的影响,区域经济一体化组织的数量在这段时期内急剧增加。这一时期,亚太经济合作组织(1989年)、北美自由贸易区(1994年)等区域一体化组织也相继成立,极大促进了区域经济一体化的发展。伴随着新建组织数量的不断增加,原有区域一体化组织也在不断地壮大。

2. 国际贸易协调领域扩大,新的协调机制建立

1995年1月1日,世界贸易组织正式取代关税与贸易总协定行使职能,从而令国际贸易协调进入一个新的时期。相对于关税与贸易总协定只对农产品、纺织品以外的部分货物贸易进行监管,世贸组织不仅对所有货物贸易进行管辖,还将管辖范围扩大到服务贸易、知识产权,甚至是环境保护等新的领域。

第三节 国际经济协调的内容

一、国际贸易协调

国际贸易协调的主要内容是消除关税和非关税壁垒,推动贸易自由化进程。

(一) 早期的国际贸易协调

早在世界经济初步形成、以聚敛金银为主要目标的重商主义外贸政策在欧洲盛行时,关税就是各国政府重要的外贸手段之一。到了十八、十九世纪,亚当·斯密和大卫·李嘉图创立并发展了自由贸易理论。该理论认为各国通过参与国际分工、进行自由贸易能够提高生产效率,亚当·斯密和大卫·李嘉图的自由贸易理论主要是为当时的工业强国,尤其是英国服务的,并不适用于所有国家,因此受到了许多倡导贸易保护主义的经济学家的挑战,其中李斯特的《保护幼稚工业论》最具代表性。在贸易保护理论的指导下,工业发展相对落后的国家为了保护国内的幼稚工业,纷纷推行贸易保护政策。

(二) GATT 与国际贸易协调

为了实现全球范围内的贸易政策的协调,二战结束后,以美国为首的西方国家便着手建立新的国际经济秩序。1947 年 4 月 10 日至 10 月 30 日,在联合国贸易与就业会议筹备委员会第二次会议期间,与会国在起草《国际贸易组织宪章》草案的同时,进行了有关相互间减让关税的多边贸易谈判。于是自 1948 年开始,作为与贸易有关的国际框架的 GATT 体制正式发挥其职能,并支撑了战后国际贸易的发展。在 GATT 的体制框架下,世界各国一共举行了八轮多边贸易谈判。这些贸易谈判虽然是各个国家实力较量的结果,受到许多大国意志的左右,但是一次次的谈判使得国际贸易壁垒得到大幅的降低,并且由于发展中国家的积极参与,GATT 也陆续制定了许多有利于发展中国家的条款,从而极大地推动了国际贸易在世界范围内的发展。

(三) WTO 框架下的国际贸易协调

1. WTO 的多边贸易协调

世贸组织的基本职能包括:①制定和规范国际多边贸易规则。WTO 制定和实施的一整套多边贸易规则涵盖面非常广泛,几乎涉及当今世界经济贸易的各个方面,从原先纯粹的货物贸易,到后来服务贸易、与贸易有关的知识产权、投资措施,一直延伸到 21 世纪才被逐渐关注的一系列新议题,如贸易与环境、竞争政策、贸易与劳工标准,以及电子贸易等。②组织多边贸易谈判。如果将目前尚未完结的"多哈回合"谈判计算在内,WTO 与其前身 GATT 已经组织了九轮多边贸易谈判,大幅地削减了各成员国的关税和非关税壁垒,极大地推动了国际贸易的发展。③解决各成员之间的贸易争端。WTO 的争端解决机制在保障 WTO 各协议有效实施和解决成员间贸易争端方面发挥了重要的作用,为国际贸易顺利发展创造了稳定的环境。④监督各成员的贸易政策,并与其他共同制定全球经济政策有关的国际机构进行合作。

二、国际货币体系与汇率的协调

(一) 金本位制下的国际协调

国际金汇兑本位制度在一定程度上解决了黄金储备不足的难题,在一定时期维护了金本位制在世界范围内的继续,但是从本质上说黄金数量的增长依然满足不了世界经济增长和汇率稳定的需要,因此它充其量也只能作为一种旧事物在做出局部改善后的一种延续,并不能摆脱被历史淘汰的命运。

金本位制度下,国际收支均衡化的过程需要各国中央银行的国际合作与相互支持,主要是货币政策方面相互配合。金本位下的国际货币协调是根据金本位制度的要求产生的,而不是出自各国政府的考虑,而一旦各国从本国经济角度出发,采取刺激本国经济增长的政策,则很容易导致金本位的垮台。

(二) 固定汇率制下的国际协调——国际货币基金组织(IMF)全球协调作用的发挥

在布雷顿森林体系下,国际货币基金组织发挥了维持国际汇率稳定的重要作用,但是由于以美元为中心的固定汇率制度本身存在着不可克服的缺陷,即"特里芬难题",国际社会如果要持有足够的国际货币,则美国国际收支必须逆差,否则各国就无法持有足够的美元,但是如果美国国际收支持续逆差,则美元的国际地位下降,各国就不再愿意持有美元。因此,布雷顿森林体系只有在美国经济持续强劲增长的情况下才能保持稳定。随着美国经济20世纪60—70年代的逐渐下滑,布雷顿森林体系也最终瓦解。

(三) 浮动汇率制下的国际协调

浮动汇率制下,国际货币汇率协调发生了一些变化,主要表现为以下几个方面:

1. 国际货币基金组织的治理机制和职能面临着改革

在从以固定汇率制为特征的布雷顿森林体系过渡到以浮动汇率制为特征的牙买加体系之后,国际货币基金组织的职能也遇到了挑战。一是维持固定汇率制的职能自然消失,这要求国际货币基金组织加强对国际货币、外汇储备和外债情况的研究和评估,加强对金融风险因素的分析、监测和预测。二是增强国际货币基金组织的信息发布和传播功能,使其及时、准确和充分地将所获信息和分析、监测的情况通过各种方式传递给各成员国(包括在相关出版物上发布这些信息),并据此对成员国经济政策的调整提供建设性建议,帮助其做出正确的判断,必要时应发出风险警告。三是增强国际货币基金组织对成员国国际收支逆差进行干预和援助的职能。国际货币基金组织应对长期处于严重逆差状态的国家进行政策规劝及对其政策的实施提供帮助,以防止成员国国际收支的不断恶化和金融危机的爆发。四是增加基金份额,增强其防范和化解国际金融风险的经济实力。可以按现有比例增加成员国的交纳份额,也可以由基金组织牵头建立若干个区域性的储备调拨机制,以便在某个国家或地区发生危机时,增加国际货币基金组织动用资金的规模。

2. 七国汇率协调开始发挥重要作用

自1973年浮动汇率制取代固定汇率制以来,西方各主要国家的货币汇率波动加剧,对世界经济的稳定性造成了很大的负面影响。由于新的国际货币体系很难在近期建立,世界外汇市场的协调主要依靠发达国家尤其是七国集团进行干预,特别在20世纪80年代以后,西方各国针对美元、日元、马克等几种主要世界货币之间汇率的联合干预和协调变得更加频繁。西方国家的联合干预尽管对特定时期的具体事件有一定的成效,但是它在国际汇率协调方面仍然存在着许多弊端。

3. 区域货币合作取得重大进展

欧盟对于货币汇率的协调也是逐步进行的,其主要措施包括以下几方面:一是实行联合浮动,这是欧共体最初采取的协调形式。二是建立欧洲货币体系。欧洲货币体系的主要内容有:创立欧洲货币单位——埃居,以代替过去的欧洲记账单位;建立双重中心汇率制;建立欧洲货币基金。欧洲货币体系建立后,对稳定成员国的国际收支和汇率起到了显著作用,并促进了欧共体经济一体化发展。三是统一货币,建立欧洲中央银行。

三、宏观经济政策的协调

所谓宏观经济政策的协调,是指在有关国家解决失业或是通货膨胀目标不一致时,在相互协商的基础上,就这些国家的财政政策、货币政策等宏观经济政策进行协调,以达成某项协议或临时默契。近年来,随着全球经济增长出现停滞,如何优化货币政策与财政政策的协调机制,实现宏观调控目标,引起了各国政策当局的关注。宏观经济政策协调的目标不仅仅局限于为抑制出现的经济危机而采取临时性的应急措施,而是为了各国的共同利益而采取一致的对策,即通过对财政政策、货币政策等宏观经济政策的长期而持久的调整,来消除国与国之间在经济结构、发展水平和政策制度等方面的不平衡性,使得整个世界经济能够更加协调稳定地发展。

四、国际经济治理体制

全球经济治理是伴随着全球化的发展而发展的。经济全球化客观上不仅推动了全球生产体系的兴起,带来了全球经济繁荣、财富逐步增长和民众生活的普遍改善,也成为促进世界经济社会发展、实现各国人民幸福安康的全球性路径。在全球治理体系中,经济问题是核心命题之一,故称之为全球经济治理体系。全球经济治理体系在二战以后逐步形成和发展,通过若干国际组织、跨政府组织、国际非政府组织,以及跨国公司的积极参与,订立相应的包含"硬道理"和"软规则"的条款,指引、引导和约束政府和企业的行为。由于金融危机的持续影响及新冠肺炎疫情的爆发,世界经济,尤其是发达国家的经济持续低迷不振,这为全球治理体系变革以发挥更大的经济提升促进作用提供了机遇。Manuela Moschella & Catherine Weaver(2014)从行为体、权力、模式的"3P"(Players、Power、Paradigms)视角对全球经济治理进行研究,并重点从全球经济互动的三大支柱:贸易、金融和货币的发展进行研究。其他研究者分别从国际竞争的扩散和行为主体等方面研究了国际经济治理的行为。

当前全球经济治理的制度安排和秩序理念严重滞后,难以应对全球经济变化趋势,全球性的金融危机时有发生,而全球经济治理显得有心无力,存在的困境包括:传统治理模式指导乏力、宏观经济政策国际协调不足和协调机制面临挑战等,迫切需要对全球治理体系进行改革。部分研究者由此提出,全球经济治理改革应关注增强制度的灵活性和地区性机制的作用,并建立该机制行为体之间科学有效的利益协调机制和国际机制明确的劳动分工,将地区性组织和全球性组织联系起来,建立紧密的全球经济治理"家族"。自2008年金融危机以来,改革与创新全球经济治理制度已成为国际社会的共识,特别是2017年以来,逆全球化与自由贸易停滞,国际格局及国际秩序、全球经济治理体系都发生了重大变化,大国博弈在加剧,再加上新冠肺炎疫情的冲击,全球经济治理体系需进一步进行改革。

改革开放前,中国对全球经济治理的认识不深。20世纪70年代末,中国实行改革开放政策,开始融入全球经济,国内企业走向国际市场,开始有选择、有条件地接受既有的国际规制和秩序。21世纪以来,中国经济的国际影响力不断扩大,经济实力不断增强,世界其他国家经济裹足不前,而中国经济却维持中高速增长,中国经济与世界经济出现了某种程度上的"错配"现象,这在客观上扩大了中国经济的国际影响力。针对新冠肺炎疫情,中国采取严格的管制措施,较早地取得了抗击疫情的胜利,再加上完整的产业链,为全球各国提供应对疫情的经验和物资,积极参与全球经济合作,为世界抗击疫情和经济发展贡献了自己的力量。在新冠疫肺情冲击下,中国参与全球经济治理的主要策略包括:

(一)完善国际经济治理合作,打造人类命运共同体

全球经济治理变革已经成为发达国家和发展中国家的普遍共识。发达国家由于经济实力的下降已经无力提供全球公共产品和承担相应的义务,发展中国家由于力量的提升,希望改变在全球经济治理中从属的被支配地位。但是对于全球经济治理变革的方向仍然存在分歧,如何解决分歧,就需要世界各国放弃以本国利益优先的原则,从全球人类命运共同体的角度,合作共赢,负责任地推进全球经济治理体系变革,不断提升全球经济治理体系的公平性、包容性和可持续性,不断提高全球经济治理的效率与水平。

对于全球经济合作,一方面,中国需要在原有框架下推动国际组织的改革和完善,包括维护多边贸易体制的权威地位,积极推动多边贸易协定和区域性贸易协定的谈判,在 G20 框架推动全球经济政策协调,成为全球经济治理的长效机制;另一方面,维护经济全球化大局符合世界各国的共同利益,对于中国来说,由于国际经济秩序改变的艰巨性和可能导致的矛盾冲突,变革全球经济治理体系不是要推倒重来,另起炉灶,而应以增量改革方式为全球经济合作提供新的选择,包括积极推动"一带一路"倡议、发挥亚洲基础设施投资银行、金砖国家、上海合作组织等多边机构的作用,推动全球政治、经济和安全等领域的合作。

(二)促进全球经济治理的协调合作

全球治理包括政治、经济、军事等各个领域,由于全球问题的复杂性,国际治理机构之间的交叉领域越来越多,这就需要国际治理机构之间相互协调。特别是国际经济治理结构,如世界贸易组织与国际卫生组织,全球疫情的发展需要各国在防疫物资上相互协调,但是医疗物资在全球范围内供给涉及产品标准、关税、物流等问题,产品标准的不同导致医疗物资的国际贸易无法开展,这就需要世界卫生组织与世界贸易组织开展密切合作。

在国际经济治理平台中,需要特别强调 G20 的作用,通过 G20 把各成员国以及联合国、世界银行、国际货币基金组织、世界卫生组织、世界贸易组织等召集起来,要求各个组织进行合作,提出共同应对新冠肺炎疫情的对策。以此为开端,G20 可以在全球治理的其他领域,协调各个专业组织共同进行治理。

(三)适度供给全球经济治理的公共产品

国际公共产品具有非排他性和非竞争性的特点,国际性、外部性的资源、服务、政策体制等一般由大国提供,其他国家可以"搭便车",每个使用者都希望别人付出成本,而不愿自己付出成本。因此国际公共产品常常处于供不应求的状态。美国近年开始奉行"美国优先"的政策,不再愿意提供全球公共产品。国际社会更加关注作为世界第二大经济体的中国是否有能力、有意愿承担提供国际公共产品的责任。对于中国来说,经济实力的不断增强为参与全球治理奠定了坚实基础。中国贡献了世界经济增长的40%以上,全球经济治理的任何一个领域如果没有中国的参与,根本不可能取得成功。但是也应看到,中国还是发展中国家,还有大量的国内问题没有解决,提供大量国际公共产品需要强大的经济实力和综合国力,因此,只能根据本国国情提供适度的国际公共产品。

第四节 国际经济协调的效应分析

一、国际经济协调对世界经济的促进作用

(一)促进了世界经济的稳定发展

1. 减轻各种经济危机对世界经济的冲击

二战后,除了周期性的世界经济危机外,各种局部性危机,如石油危机、债务危机、金融危机也时常发生。这些危机往往对整个世界经济或是世界经济的某一部分造成严重的破坏,但是由于各国政府及相关的国际经济组织的积极配合并针对这些危机采取相应的对策,从而大大减轻了它们的危害性。随着世界上不同国家间宏观经济政策外溢性的日益增强,急需加强国际经济政策协调,即在完善国内政策协调的基础上,积极参与和发起正式和非正式的国际宏观经济政策协调。

2. 缓和各国经济之间的矛盾和冲突

二战后,国际竞争和国际经济摩擦不断加剧,特别是在世界经济危机期间。每当发达国家间的矛盾和冲突变得一触即发时,国际经济协调都能够使各国之间的矛盾得以缓解,这在很大程度上抑制了国际经济的波动,为各国经济的复苏和发展减少了障碍。

3. 促进国际贸易的发展和国际资本的流动

二战后,以美国为首的西方资本主义国家建立了以各主要国际经济组织为核心、其他的局部性协调(如针对某些特定商品的双边协议或是一些区域经济组织)为补充的国际贸易、金融协调机制,对战后国际贸易和资本流动的迅速恢复和发展产生了积极的推动作用。在国际贸易方面,参与关税与贸易总协定的成员国通过前后八轮谈判,大幅降低了各成员国之间的关税与非关税壁垒,制定了各国参与国际贸易所应遵

守的游戏规则,尤其是最后一轮"乌拉圭回合"谈判,更是将其协调领域扩大到服务和知识产权保护等新的领域,并且还建立了世界贸易组织,进一步巩固和加强了该组织对国际贸易的协调作用。

4. 抑制通货膨胀的发展

20世纪70年代,由于长期以来实行的扩张性经济政策及各种危机的影响,各主要发达国家陷入了经济增长停滞和高通货膨胀的困境。为此,西方七国首脑和国际货币基金组织等曾多次举行会议,协调行动,要求西方国家共同实施紧缩政策,控制货币供应量、提高利率、削减政府支出。到20世纪80年代初,高通货膨胀得到抑制。20世纪80年代中期,通货膨胀再次出现,西方国家吸取先前的经验,采取共同行动,使刚刚抬头的通货膨胀得到了有效的控制,并出现了逐年下降的趋势。与此同时,国际货币基金组织于20世纪80年代初还要求发展中国家采取通货紧缩政策。经过数年的努力,20世纪90年代以来,多数发展中国家的通货膨胀也出现了逐年下降的趋势。据统计,发展中国家的平均通货膨胀率由1994年的48.0%,下降到1995年的17.4%和1996年的8.9%;即使经济增长最快的亚洲,通货膨胀率也不过5.7%,低于发展中国家的平均值。

(二) 纠正世界经济不平衡

世界经济的发展是不平衡的,国际经济协调机构为了缓解发达国家和发展中国家经济发展的不平衡,对发展中国家给予了许多援助。

1. 制定各种有利于发展中国家的条约与协定

二战后,发展中国家为改善自身经济条件付出了大量的努力,国际社会也制定了许多有利于发展中国家的条约、协定,以改善发展中国家的经济状况,其中以五次洛美协定最具代表性,其具体内容见表12-2。

表12-2 五次洛美协定(Lome Convention)

洛美协定	生效日期	有效期	主要内容(由欧洲成员国向非加太成员国提供)
第一次	1976-04-01	5年	财政援助(约42亿美元)
第二次	1980-04-01	5年	财政援助(约74.57亿美元)
第三次	1986-05-01	5年	财政援助(约93.5亿美元)
第四次	1990-07-01	10年	分两阶段提供财政援助(合计约322亿美元);欧洲国家放宽市场限制;帮助非加太成员国调整经济结构
第五次	2000-05-31	20年	财政援助(135亿欧元);逐步向自由贸易区过渡

资料来源:中华人民共和国外交部网站。

2. 向发展中国家提供信贷及技术援助

二战后,发展中国家普遍面临着由于国内资金不足而无法有效调整产业结构、扩大经济规模、稳定社会环境、建立完善的现代工业体系的难题,而国际货币基金组织、世界银行及发达国家对发展中国家的信贷援助就在一定程度上缓和了这一矛盾。不仅在资金方面,一些国际经济组织还会向发展中国家提供一些技术上的培训和指导,以促使它们改正国内经济结构的弊端,建立更加健全的市场经济体系。

3. 为解决发展中国家遇到的各种危机提供帮助

随着近代经济全球化趋势的不断增强,世界各国的交往越发密切,这就导致了各国经济受国外经济的影响和冲击加剧,风险增加。相对于发达国家,发展中国家由于国内自身经济、金融体系不够完善,经济规模较小,而且为了加快发展本国经济,其对国外资本的依赖程度较大,很容易成为各种经济危机的牺牲品。然而经济危机作为融入全球化经济加快自身发展的另一面,有时是很难防范、甚至是无法避免的,这就需要国际经济组织和发达国家的援助,以便最大限度地将危机发生的可能性及危机发生后的危害降到最低。事实上,一些国际经济组织和国家的帮助确实也起到了积极的作用。

二、国际经济协调的局限性

国际经济协调并非"免费的午餐",它在取得积极效应的同时,也存在着很大的局限性。尤其对于发展中国家,它们常常成为各次经济危机的受害者。而在危机尚未威胁到发达国家利益时,国际经济协调往往表现得非常迟缓。国际经济协调机制旨在保证世界经济稳定增长的目标并没有真正实现。此外,世界经济发展的不平衡,特别是国际贸易的发展不平衡、国际收支失调、南北差距等问题依然突出。所有这些,都与国际经济协调不完善及其局限性紧密相关。国际经济协调的局限性主要表现在以下几方面:

(一)国际经济协调缺乏预见性

20 世纪 80 年代以来,经济全球化进入了一个新的阶段,国际分工更加深入,跨国公司迅速发展。越来越多的国家逐渐放开了各自的产品和金融市场,这使得商品流通和资本流动的规模迅速膨胀,国际市场的争夺更加激烈,危机在世界各国尤其是发展中国家频繁爆发。据国际货币基金组织的资料显示,从 1980 年起,发展中国家为应对各种突如其来的危机所花费的清理费用总额已超过 2500 亿美元。面对如此高昂的代价,应对危机的最佳方法就是在其爆发之前加以阻止,而非爆发后再进行补救,然而在近年来发生的一次又一次危机中,国际货币基金组织等相关的国际经济协调机构在危机的预警方面表现得很差,有时甚至做出误导。

(二)国际经济协调政治色彩浓重,缺乏公正性

国际经济协调的主要目的是为了缓解世界经济的矛盾与冲突,促使世界经济在更加平稳的环境中运行和发展。然而,近年来,西方主要发达国家,尤其是超级大国常常企图通过国际经济协调的途径来控制和支配世界,使得国际经济协调带上了越发浓重的政治色彩。这不但导致了国际经济协调目标的偏移,还严重影响了国际经济协调的实际效果,甚至引起国家之间的矛盾与冲突。由于国际经济协调大多是以发达国家为主导的国际经济组织发起并推动的,因此主要是发达国家在参与协调,而发展中国家由于自身的经济实力不强,而对国际经济协调的决策影响力有限,这种情况造成了现有的国际经济协调更多的是从发达国家的利益出发,有时甚至是以损害发展中国家的利益为代价的。

(三)国际经济协调的当事国往往存在作弊动机

国家的最基本定义是它的主权,或者说是在国家境内其公民对于资源的自主控制权。如果国际经济协调使国家获利,那么一国的公民和领导者必须愿意放弃一定程度的主权。当事国必须愿意在追求单纯的国内目标时也追求国际目标。例如几个当事国于2013年1月1日商定从当年3月1日起实施固定彼此汇率比值的决定。然而在2月底时,其中一个当事国认为如果它将本币对其他当事国的货币贬值便可从中获利,但是为了遵守经济政策协调的协议,该国也只能放弃通过货币贬值获取自己利益的想法。这说明了国际经济协调中的一个根本问题,即加入合作协议的国家往往存有作弊的动机。

为了说明其存在的原因,可以参见图13-1,图中的每格都有一个假设的价值,即A和B两国居民在进行或不进行经济协调时可能获得的"福利单位"。从左上角的格中可以看到,A国和B国如果实行独立的、非协调的政策,每个国家获得的福利水平都是75单位。相反,如果两国都进行政策协调,那么右下角的格中显示它们都可以获得100单位的福利值,因此经济协调对两国都有利。

然而,每个国家从作弊中获利的可能仍然会导致经济协调政策的失败。A国的政策制定者知道,如果A国不遵守协调协议中的规定而B国仍然遵守该协定,A国的福利水平就可以提升到150个单位。因此,A国的政策制定者就有动机破坏彼此的协议以获得更高的国家福利水平。结果就如图右上角的格中所显示的那样,B国的福利水平下降到了25个单位。因此,A国是以损失B国利益来获取自己的利益。与

此同时，B 国的政策制定者同样面临着作弊的诱惑，采取"以邻为壑"的政策，就如左

	B 国不合作	B 国合作
A 国不合作	A 国福利水平 = 75 B 国福利水平 = 75 总体福利水平 = 150	A 国福利水平 = 150 B 国福利水平 = 25 总体福利水平 = 175
A 国合作	A 国福利水平 = 25 B 国福利水平 = 150 总体福利水平 = 175	A 国福利水平 = 100 B 国福利水平 = 100 总体福利水平 = 200

图 13-1　不同政策对 AB 两国福利水平的影响

下角的格中所显示的结果。显然在这个例子中，两个当事国协调并遵守协议的时候，两国居民的福利总和达到 200 单位最高值。然而两国都有违反协定采用"以邻为壑"的政策的动机，因而产生较低的 175 单位的总体福利水平。但是如果两国同时违反协议，总体福利水平就处于 150 单位的最低水平。无论怎样，每个国家都可能认为如果遵守协定只能被他国的决策者欺骗的话，不如不遵守协议结果要好些。因此，协调经济政策的决议只有在所有参与者彼此信任的时候才会有效。一国对国际经济协调决议的承诺必须对其他当事国而言具有可信度。在可信度缺乏的情况下，每个国家都会认为同意协调只能使本国福利水平恶化，并且使本国公民受到由于其他参与国的作弊行为而引起的不利影响。

（四）国际经济协调缺乏约束力和权威性

由于世界经济的行为主体是各个主权国家、独立的经济实体，而国际经济的协调机构并不是一个超国家的组织，不具有世界政府的性质，因此国际经济的协调与一国政府对国内经济的干预和调节是不同的，它不可能像一国政府那样具有极高的权威性。同时，国际经济协调都以不干预一国内政为前提，而国内经济和世界经济是密不可分的，这就又为国际经济协调手段的运行设置了障碍。由于国际经济协调一般情况下无法制定和执行真正意义上的法律、法令、法规或是采取各种行政措施来推动其经济政策的实现，而只能要求其成员国依照其规章办事、承担起相应的义务和责任，这就使得它对各国缺乏相应的约束力和权威性，对超级大国来说则更是如此。

复习思考题

1. 国际经济摩擦的原因是什么？

2. 结合实际,谈谈中国对外经济摩擦有哪些特点?
3. 简述国际经济摩擦的主要表现。
4. 简述国际经济协调的主要形式与作用效果。
5. 简述国际经济协调的理论基础。
6. 简述国际经济协调的现实原因。
7. 简述国际贸易协调的主要内容。
8. 结合实际,分析当代宏观经济政策协调的主要内容。

第十三章 二战后国家经济发展与经济体制模式

发达国家虽然为数不多,但其经济在世界经济中占有举足轻重的地位,它们不但决定着世界经济格局和世界经济的运行规则,而且它们的经济体制模式及其变革也对世界经济的发展具有十分重大的影响。发展中国家经济的兴起和发展是二战后世界经济格局的一大突出变化。发展中国家在取得政治独立之后,积极发展民族经济,成为世界经济中具有重要作用和影响的力量。一些发展中国家和地区经济力量的增长,推动了世界经济的发展,改变了世界经济力量的对比,也对国际经济关系的变革产生了深刻的影响。同时,这些国家和地区的发展历程,为人们提供了大量值得借鉴的经验和教训。中国也是发展中国家的一员,全面了解发展中国家的经济发展状况及其对外经济关系,对中国未来的经济发展具有重要的意义和作用。

第一节 发达国家的含义与主要经济特征

一、发达国家的含义

"发达国家"是二战后出现的新概念,同战前使用的"帝国主义国家"概念相比,它包含的范围更宽泛,并反映着战后国际政治经济关系的新变化。二战前,世界经济体系中基本上存在着两类国家,即帝国主义国家和受其统治压榨的殖民地、半殖民地国家。发达的资本主义国家通常又被称为"发达国家",是与"发展中国家"相对应的概念,一般是指那些生产力高度发达、具有成熟的市场经济关系及体系、社会经济结构十分稳定的国家。由于早期的工业革命,这些国家较早地进入了市场经济发展历程,经过多年的发展加上对外扩张和殖民统治,积累了较为雄厚的经济实力。目前,在联合国 193 个成员国中,可以称为发达国家的只有 31 个,主要是经济合作和发展组织(OECD)的成员国。

二、发达国家的主要经济特征

与其他类型的国家相比,发达国家的经济具有以下几个方面的主要特征:

(一)生产力水平高度发展

发达国家的经济一般都是生产力水平高度发展的经济,这具体表现在:

1. 发达国家以国内生产总值(GDP)和人均国内生产总值反映的社会财富巨大

与新兴工业化国家、发展中国家和经济转型国家相比,发达国家的国民内产总值(GDP)和人均国内生产总值都要高出许多。表 13-1 反映了 2021 年世界前十大经济体的概况。

表 13-1 2021 年世界前十大经济体概况

排名	国别	2021年GDP(亿美元)	2020年GDP(亿美元)	名义增量	名义增速	人口(万)	2021年人均GDP(美元)
1	美国	229975	208938	21038	10.10%	33218	69231
2	中国	174580	148626	25954	17.50%	141260	12359
3	日本	49374	50401	-1027	-2.00%	12551	39340
4	德国	42259	38433	3826	10.00%	8321	50795
5	英国	31876	27589	4287	15.50%	6753	47203
6	印度	30420	26677	3743	14.00%	139201	2185
7	法国	29355	26220	3135	12.00%	6545	44853
8	意大利	21013	18911	2101	11.10%	5924	35473
9	加拿大	19908	16454	3454	21.00%	3823	52079
10	韩国	17985	16383	1602	9.80%	5168	34801

资料来源:国际货币基金组织,2022 年 4 月。

从表 13-1 可以看出按照国际货币基金组织的统计,在 2021 年 GDP 排名前十的经济体中,发达国家占据 8 席,人均 GDP 都超过了 3 万美元,甚至大多数超过 4 万美元。而在发展中国家和地区中,除了一些新兴经济体和部分石油生产国人均 GDP 在 1 万美元以上外,绝大多数国家和地区的这一数字都非常低。

2. 发达国家的国民经济结构日趋先进

一方面,发达国家的国民经济结构先进化表现为经济结构中物质生产部门所占比重下降,非物质生产部门所占比重提高。另一方面,发达国家的国民经济结构先进化表现在一些新兴部门对经济增长带来的贡献。20 世纪 90 年代以来,以信息技术为中心的科技革命正在蓬勃发展,信息产业已开始成为发达国家经济新的增长点。

3. 生产社会化程度较高

科学技术和生产力的发展,既改善了国民经济结构,也推动了社会分工向纵深发展,提高了生产的社会化程度。而当今发达国家的生产社会化,不仅在其国内进一步提高,而且走向整个世界。如波音 747 飞机,它由 6 个国家的 1500 家大企业和 15000 家小企业制造的多达 450 万个零部件组装而成。

(二)市场经济运行机制健全

从经合组织的成员国看,它们无一例外地采取了市场经济的运行模式。当然,发达国家市场经济模式呈现多元化的特征,如美国的自由主义市场经济模式、德国的社会市场经济模式、日本的政府主导型市场经济模式,等等。不管是哪一种市场经济模式,都是以市场机制为主导的经济运行体制。发达国家的市场经济有以下几个特征:

1. 市场机制和市场体系比较健全

市场机制主要包括供求、价格和竞争机制等。在发达国家中,市场机制犹如"看不见的手",对包括自然、人力和技术资源配置在内的整个经济运行过程发挥着根本性的作用。在发达国家,市场体系的日趋完善,不仅表现为商品市场(主要包括生产资料市场、消费资料市场)得到了充分发展;而且还表现在要素市场(主要包括货币市场、资本市场、劳务市场、技术市场和信息市场)也得到了充分的发展。与此同时,市场体系的时空结构也逐步完善,这不仅表现在空间上开拓了地方市场、国内统一市场和世界市场,而且在时间上开拓了现货市场、期货市场等。此外,市场体系的完善还表现在市场交易过程的有序性和规范化上。因此,发达国家的市场运作效率较高,交易成本较低。

2. 市场主体明确

在发达国家中,各自利益独立、产权明晰、自主经营的法人实体(企业)成为市场主体。作为市场主体,企业具有决策自由权、经营自主权、盈亏自负性和竞争平等性等特点。各个企业一律面向市场,在机会均等和公平竞争的条件下,实行优胜劣汰。

3. 市场机制运行的保证体系较为完善

发达国家根据市场体系和各国的实际情况,均制定了相应的市场运作规则,建立了经济立法和监管体系,并运用有关的法律和法规,利用有效的经济监管手段,维护市场经济的正常运行,保证市场的公平竞争,保护消费者的权益。

正因为发达国家的市场经济运行机制十分完善,所以在世界经济一体化的发展趋势中,其他类型的国家多向发达国家靠拢,正在发展和健全市场经济体制,从这一意义上说,世界经济一体化就是市场经济一体化。

(三) 国家宏观调控功能日趋完善

发达国家在运用市场机制作为经济运行机制的同时,常常把国家的宏观调控作为弥补市场缺陷的政策工具。因为即使在完善的市场体制中,也会出现因市场经济中生产和消费的外部效应和公共产品的外部性所导致的"搭便车"现象,以及因信息不充分或不对称造成交易成本较高而存在的市场失灵的可能。所以,发达国家通常采用财政、税收、金融、信贷等间接调控手段进行宏观调控,而其目标就是促进经济增长、稳定物价、充分就业和对外经济均衡。发达国家的经济调控,从实质上讲,也是一种经济计划。这些调控是对市场的补充,所涉及的范围相当广泛。在所有调控体系中,社会保障体系是发达国家的一个重要调控组成部分。社会保障体系是使发达国家市场经济正常运行的一个重要保障。

(四) 经济日趋国际化

发达国家经济的国际化主要表现在市场的国际化上,发达国家的外贸依存度都比较高,其对外贸易总额在世界贸易总额中占据很大的比重。从要素市场上看,金融市场的国际化主要表现为实行金融自由化。从生产一体化来看,跨国公司作为世界经济走向一体化的微观主体,主要产生于发达国家。与经济高度国际化相适应的是,发达国家经济宏观调控的国际化。发达国家为了达到其经济内外平衡的目的,需要对其国际经济活动制定相应的政策,进行调控和干预。

三、发达国家在世界经济中的地位

发达国家经济的特点决定了它们在世界经济中的地位。

(一) 发达国家经济在世界经济中处于主导地位

由于发达国家生产力水平高度发达,它们的国内生产总值在整个世界经济总产值中一直占有绝对优势的份额。发达国家巨大的国内生产总值反映了它们拥有很大的商品市场容量、丰厚的资本、先进的科技水平和管理经验。因此,它们在世界经济中居于主导地位。发达国家一方面向发展中国家提供后者短缺的资金和生产技术及先进的管理经验;另一方面又利用其市场吸收发展中国家的原材料和初级产品。发达国家经济波动通过贸易和投资影响着发展中国家的经济波动,也决定着整个世界经济的发展趋势。

(二)发达国家在整个国际分工中处于支配地位

国际分工既有水平分工,又有垂直分工。两者交叉形成当代国际的分工体系。从发达国家之间来看,它们的分工表现为横向的水平分工;而从世界经济整体来看,它们与发展中国家之间的分工则表现为纵向的垂直分工。每一次科技革命的发生,每一次产业结构的升级都率先发生在发达国家,而发展中国家总是成为产业转移的承受者。因此,发达国家是整个国际分工的支配力量。随着信息革命的深入,竞先发展信息产业的发达国家更是决定了当今国际分工的新格局。

(三)发达国家是推动世界经济一体化的决定力量

发达国家的市场经济发展历史悠久,运行机制健全,体系十分完善。它具有开放化、自由化和多元化的特点,对其他国家经济具有很强的示范效应。随着发达国家市场运行机制和市场体系的国际化,其他类型的国家也纷纷采取市场经济的运行形式。这就为各国经济交往关系奠定了一个平等竞争的基础,也为世界经济一体化创造了市场的条件。

第二节 二战后发达国家的经济发展

第二次世界大战后发达国家的经济发展,不论是战胜国还是战败国,都具有明显的阶段性,大体上都经历了五个时期:从战争结束到20世纪50年代初期的经济恢复和调整时期;从50年代中期到70年代初期的经济高速增长时期;从70年代中期到80年代初期的经济"滞涨"时期;从80年代初期到90年代初期的经济动荡与调整时期;90年代以来以美国为代表的"新经济"的增长与发展时期。

一、经济恢复和调整时期

第二次世界大战是人类历史上的一次浩劫。它不仅给世界造成了5000多万人的生命损失和5万多亿美元的物质财富损失,也使发动战争的帝国主义国家的经济遭到了严重破坏。战后初期,发达资本主义国家经济面临着恢复和调整问题。其中,对遭受战火严重破坏的欧洲国家和日本,主要是医治战争创伤、恢复经济;对未受战争直接破坏的美国,主要是把战时经济转向民用经济。

(一)经济恢复和调整的状况

经过几年的努力,发达资本主义国家的经济恢复和调整顺利完成。在经济恢复方面,经济恢复最为迅速的是西欧各国。日本恢复较迟,大约用了10年的时间。而美国始于1945年下半年的经济调整,到1947年年中基本完成,到1950年美国经济已恢复到战前最高水平。

(二)经济恢复、调整的主要原因

战后西欧和日本的经济之所以能够得到较快的恢复,主要有以下几个原因:

1. 它们拥有比较雄厚的物质基础和人力资源

西欧和日本虽然经历了战争破坏,但是其物质技术基础并未"丧失殆尽"。即使是损失最严重的日本、德国,也有相当部分的工业生产设施和交通运输设施得以保存。加上战争结束不久的固定资本投资,使得西欧、日本经济发展的物质技术基础得以迅速恢复。同时,西欧和日本在战前就有比较充沛的素质较高的劳动人口。战争期间虽然造成了巨大的人员伤亡,但战后海外流亡者、军人等大量返回国内;东欧一些国家由于社会主义革命,许多有产者和知识分子也被驱逐或大量逃亡到西欧国家,这在很大程度上弥补了劳动力和技术力量的不足。这也是西欧、日本战后经济迅速恢复的一个重要条件。

2. 国家加强了对经济的干预和调节

战后,西欧各国和日本等许多发达国家在经济恢复中普遍加强了国家对经济生活的调节与干预。例如英国和法国推行的国有化政策,法国推行经济计划化,日本实施的"倾斜生产方式",以及西欧各国推行的"福利国家"等社会经济政策,都有利于西欧各国和日本等发达国家经济的快速恢复。

3. 美国的大力扶持

西欧和日本的经济恢复与美国的大力扶持是分不开的。战后初期,美国对战败的德意日和被战争削弱的英法等国,采取了大力帮助其经济复兴的政策。其中包括:①在美国的"不赔偿主义"影响下,多数战胜国都放弃了对战败国的赔偿要求,极大地减轻了战败国恢复经济的负担。②1947年,美国提出了"复兴欧洲"的"马歇尔计划",先后向西欧提供了130亿美元的援助,对当时的西欧经济恢复起了重要作用。日本虽然没有得到这种经济援助,但在朝鲜战争期间,日本得到的美国战争"特需",为日本经济注入了大量资金,带来了所谓的"战争景气"。③由美国主导建立的国际货币基金组织、世界银行、关税与贸易总协定等正式或临时的国际组织与机构,也在为西欧和日本的经济恢复提供国外资金和市场等方面发挥了重要作用。

二、经济高速增长时期

经过经济恢复阶段,20世纪50年代初发达国家进入了一个经济大发展时期,即所谓的"经济高速增长时期"。这一时期一直持续到1973年9月爆发的石油危机为止。这个被称为"黄金时代"的20余年,是战后最重要的历史阶段,是发达国家实现经济高度现代化的决定性阶段。

(一)"黄金时代"发达国家的主要特征

发达国家这一时期经济发展的突出特征有以下几点:

1. 经济发展速度超过历史上任何时期

两次世界大战之间的20年(1919—1938年),发达国家的年平均经济增长率为2.3%,而1951—1970年间的20年,年平均增长率达到5.3%,而且经济高速增长几乎席卷了西方所有国家,带有很大的普遍性,也席卷了工业、农业、商业、建筑业、金融业和对外贸易等各个领域,带有明显的全面性。

2. 经济增长主要是靠劳动生产率的提高实现的

主要发达国家在20世纪五六十年代的工业生产增长中,劳动生产率提高的因素大约占60%—80%。而劳动生产率的提高主要是靠采用先进的科学技术。战后,随着以电子技术为核心的第三次科技革命的兴起,电子计算机得到广泛应用,使得生产实现了自动化,经济现代化达到了一个新的高度。

3. 各国经济发展不平衡

在20世纪50年代初至60年代末的20年间,几乎所有的发达国家经济都出现了大发展的局面,但各国经济的增长速度差异很大。总的说来,日本增长最快,联邦德国和法国次之,美英两国最慢。

(二)发达国家经济高速增长的原因

1. 生产力发展自身的动因

生产力是社会生产中最活跃、最革命的因素。它总是要不断向前发展的。第一,生产力自身发展有积累趋势。生产力发展是一个由低到高的逐渐积累过程。第二,生产力自身发展有加速趋势。随着人类认识自然、改造自然的能力、手段的日益增强和完备,生产力有加速发展的趋势。特别是当发生了科学技术革命的时候,还会出现生产力发展速度很快的时期。二战后新科技革命的发展,大大促进了发达国家经济的增长。

2. 生产关系调整——国家垄断的促进作用

战后发达国家垄断资本主义的发展,这一资本关系社会化的新发展,暂时缓和了资本主义的基本矛盾,刺激了发达国家经济的迅速发展。其具体表现主要有:第一,国家对科学研究的大量投资和组织工作,完成了大量只靠私人垄断组织难以完成的科研项目,促进了科学技术的进步,而科技进步是战后资本主义经济迅速增长的决定性因素。第二,国家在再生产领域的各个方面直接或间接地给垄断组织提供了种种帮助,为其稳定地获得高额垄断利润、扩大资本积累规模,从而扩大再生产,创造了条件。第三,国家通过政府采购和宏观经济调控(特别是"反危机"措施),使市场问题得到暂时的缓和,从而减轻了经济危机对经济增长的冲击,例如战后各发达资本主义国家的政府采购的规模占社会最终产品的20%—25%。

3. 其他因素的促进作用

经济发展的历史环境是战后发达国家经济迅速发展的特殊原因。这包括:第一,战争的破坏强制地调节了资本主义生产无限扩大与需求相对狭小的矛盾,使投资和消费需求大增,从而造成经济发展的一个时期的迅速膨胀。第二,二战后,美国发动的朝鲜战争、越南战争,扩大了需求,刺激了日本、西欧国家的"军事特需"生产和美国的军事工业生产,从而带动了主要发达国家整个经济的增长。第三,二战后建立起来的以发达国家为主的相对完备统一的国际经济调节体系及其规则,在一定程度上保障了国际贸易、国际金融的正常发展,从而有利于发达国家各国的经济增长。第四,廉价石油曾是70年代以前发达国家经济迅速增长的一个重要因素。

三、经济"滞胀"时期

1973年秋爆发的世界性经济危机中断了发达国家长达20多年的经济高速增长,使其进入了历史上空前的经济"停滞膨胀",即"滞胀"时期。它反映着以往从未发生过的一种新的社会经济现象,即在同一时期里生产停滞(或低速增长)、失业增加和物价暴涨并存的不符合以往经济学理论和社会发展实践的"怪现象"。

(一)经济"滞涨"的主要表现

该阶段经济"滞胀"的主要表现为:

1. 经济增长处于停滞状态

在1973—1983年间,发达资本主义国家的GDP年平均增长率只有2.4%,略高于1965—1973年间4.7%的一半。从表13-2中可以看出,在所统计的19个国家中,1973—1983年的平均增长率在2%以下的有8个,2%—3%之间的也有8个,3%以上的只有3个。这种情况充分说明这一时期发达资本主义国家经济处于停滞状态。

表13-2 发达国家国内生产总值的年均增长率(%)

国家	1965—1973年	1973—1983年
西班牙	6.4	1.8
爱尔兰	5.0	3.2
意大利	5.2	2.2
新西兰	3.7	0.8
比利时	5.2	1.8
英国	2.8	1.1
奥地利	5.5	2.8*
荷兰	5.5	1.5
日本	9.8	4.3*
法国	5.5	2.5
芬兰	5.3	2.7
联邦德国	4.6	2.1
澳大利亚	5.6	2.4
丹麦	3.9	1.8
加拿大	5.2	2.3
瑞典	3.6	1.3
挪威	4.0	3.7
美国	3.2	2.3
瑞士	4.2	0.7
发达资本主义国家总计	4.7	2.4

注:*为1973—1982年的数字。
资料来源:世界银行1985年世界发展报告。

2. 失业率居高不下

一般而言,发达国家在非经济危机期间的失业率在1%—2%之间,美国虽然在5%—6%之间,但也处在"充分就业"的范围之内。而在"滞胀"时期,发达国家的失业率普遍上升,有的甚至超过了两位数(表13-3)。

表13-3 发达国家的失业率(%)

国家	1960年	1970年	1976年	1977年	1978年	1979年	1980年	1982年
美国	5.5	4.9	7.7	7.0	6.0	5.8	7.7	9.7
日本	1.1	1.2	2.0	2.0	2.2	2.1	2.0	2.4
联邦德国	1.2	0.7	4.6	4.5	4.3	3.8	3.8	7.5
法国	0.7	1.3	4.6	5.2	5.3	6.0	6.4	—
英国	1.6	2.6	5.7	6.2	6.1	5.7	7.4	12.0
意大利	4.2	3.2	6.7	7.2	7.2	7.2	7.7	9.1

资料来源:联合国统计年鉴。

3. 物价大幅上涨

如表13-4所示,发达国家的消费物价年平均上涨率从1955—1973年的3.4%,上升到1974—1981年的9.9%,几乎上升了2倍。在所列的6个主要发达国家中,有3个超过了10%的水平,有2个接近10%,只有联邦德国维持在较低的水平,但也比前一个时期上升了近1倍。

表13-4 发达国家消费物价年平均上涨率(%)

国家	1951—1973年	1974—1981年
美国	2.7	9.4
日本	5.2	9.1
联邦德国	2.7	4.9
法国	5.0	11.4
英国	4.3	15.4
意大利	3.9	15.9
发达国家总计	3.4	9.9

资料来源:国际货币基金组织.国家金融统计年鉴。

(二)经济"滞涨"的原因

发达国家经济滞胀形成的根本原因在于国家垄断资本主义的广泛发展,以及由此带来的资本主义基本矛盾的深化。战后国家垄断资本主义的发展、资本关系的社会化的确有适应、促进生产力、生产社会化的一面;但是,战后国家垄断资本关系社会化只是缓和而非从根本上解决了其与生产力、生产社会化的矛盾。这一基本矛盾发展到一定程度,对经济增长的阻碍作用便凸显起来。国家垄断资本主义发展到一定时期,造成了经常的生产过剩,在此基础上就会爆发严重的经济危机和出现长期的经济停滞。

四、"新经济"与再工业化时期

(一)新经济的概念与特征

"新经济"一词最早出现于美国《商业周刊》1996年12月30日发表的一组文章中,文章认为新经济是指在经济全球化背景下的信息技术革命及由此带动的以高新科技产业为龙头的经济。所谓新经济,是指在信息技术出现重大突破和一系列制度创新的基础上,由经济全球化推动的经济结构调整,它促进了劳动生产率的提高,形成了微观经济和宏观经济良性互动的新的经济增长方式。它是与过去的(以农业文明和工业文明为标志的)经济增长方式不同的崭新的经济增长方式。

新经济表现出以下三个主要特征:

1. 新经济是知识经济

即新经济条件下的经济增长是以知识为基础的。在新经济中,知识(或信息)取代物质成为生产、分配和销售的主要内容。它导致资本要素组合无形化,知识和拥有知识的劳动力成了最重要的生产要素。知识重要性的增加意味着无形资本(如教育、研发等)的增长超过了有形资本(如建筑、运输和机器等)。同时,企业财富的创造日益取决于无形资本。这是传统会计制度无法衡量的。随着知识或信息投入的增加,产品和服务中的知识或信息含量提高,服务经济在国民经济中的比重不断提高,其结果是使得整个国民经济日益轻型化。

2. 新经济是以信息为主导的经济

随着数字经济和网络经济的发展,社会生产组织方式、社会经济交往方式、社会财富分配方式和社会消费方式等都发生了重大变革。生产者相互之间的网络,生产者与消费者之间的网络,消费者之间的网络,个人、企业和国家之间的网络,世界各国和各地区之间的网络,诸如此类纵横交错的网络系统,使得全球经济活动的时间缩短,空间缩小,频率加快,协同性增强,效益增大。

3. 新经济是全球化经济或者资源配置的经济

新经济的形成和发展使得企业扩大了在全世界进行资源配置的规模,更加具有规模经济效益,对其劳动生产率的提高做出了重大贡献。在此过程中,不仅是巨型跨国公司,就连中小企业也参与了经济全球化;除了制造业以外,越来越多的服务业也面向海外经营,使得对外投资和对外贸易的依存度明显提高。

(二)新经济的成因

对于美国新经济产生的原因说法不一,争论也很大,目前基本达成共识的有信息化、全球化及美国宏观经济政策变革等关键因素,具体可概括为如下几点:

第一,以信息化为先导的美国经济结构的大调整。美国经济结构调整起源于1973年的世界性石油危机。石油危机的发生给当时处在汽车、钢铁时代的美国经济带来了前所未有的负面冲击,经济结构调整和新的产业革命由此被提上议事日程。由于与另一个超级大国苏联的竞争和对抗,美国政府以占领21世纪经济技术发展的制高点为战略,强化了政府对信息化等高科技领域的干预和决策。到1994年,美国已完成从后工业社会向信息、知识社会的历史性跨越。这次跨越被美国的一些社会学家称为"第三次产业革命"。

第二,以全球化为背景的资源优化配置。美国善于利用全球资源的历史由来已久,到二战后,世界银行、国际货币基金组织、关税与贸易总协定、美元体系、廉价石油,再到里根政府的高利率政策等,都给美国经济带来了巨大的收益。20世纪90年代以来,在迅速发展的国际贸易、国际投资和国际金融的推动下,美国放弃了传统的凯恩斯经济学的封闭政策,更多地考虑国外市场的因素,以全球化为核心的资源配置取向日趋明显。

第三,以政策创新为前提的宏观经济改革。在美国,一些经济学家认为新经济的基础是由里根政府奠定的,但大多数认为克林顿政府宏观经济的调整对新经济的产生功不可没。克林顿政府在财政政策上推行"平衡财政",在货币政策上推行"中性金融"。该政策导向创造了良好的宏观经济环境,强调对人力资源的投资,使教育政策由忽视中等教育向注重提高公民素质、培育知识人才转变,使贸易政策由放任自由主义向具有保护色彩的自由主义转变。总之,这些因素都为新经济的产生打下了极为坚实的基础。

(三)新经济当前表现为数字经济

当前从新技术革命和产业发展规律来看,数字经济是推动世界经济繁荣的新增长点和重要动力。第一,数字经济通过要素供给革命奠定世界经济发展基础。数字经济时代,得益于前期计算机产业发展和信息技术进步,现实经济运行通过数据驱动业务,一切业务数据化,一切数据业务化,通过数据流动和算法模型实现智能化发展,打破了传统生产要素有限供给对增长的约束,突破了要素在时间和空间上的局限性,从而使得数据作为重要的生产要素供给,扩大了要素供给范围,带动了智能制造、物联网、云计算等新型产业业态发展,为全球生产系统发展和经济增长提供了重要基础。第二，数字经济通过有效降低成本提升世界经济运行效益。数字经济条件下，信息技术进步和信息化发展，使得信息生产率提升，信息供给数量增加和传播速率提升，经济主体获取信息的成本大幅下降，从而使得全球新科技的扩散速度加快，学习成本降低，提升了世界经济生产能力。第三，数字经济通过信息精准衔接推动世界紧密分工。数字经济通过信息传递透明化，将传统经济形态中的企业内部分工以"众包"的形式外包给其他国家经济主体，推进专业化分工的精细化和精准化，深化模块分工、生产分工、产品分工和产业分工，提高运行效率。

（四）发达国家"再工业化"战略的动因和效果

2008年金融危机爆发后，美国政府深刻认识到了实体经济，特别是制造业对于一国经济社会发展的重要性，只有拥有强大的制造业才能促进一国经济持续发展。在此背景下，美国政府在2009年提出了"再工业化"战略，并推出许多相关的政策措施，包括《美国复苏与投资法案》《先进制造业国家战略》及税制改革政策、贸易保护主义政策、基础设施建设计划，等等。这些政策措施的效果也开始逐渐显现。在美国推出"再工业化"战略之后，世界许多发达国家都纷纷出台了本国的"再工业化"政策，以促进本国制造业的发展和抢占世界制造业发展的领导权和话语权。德国在2009年发布了"启动新一轮工业化进程"，2014年又提出了"高科技战略2020"。英国在2009年出台了"数字英国"计划，2013年又提出了"英国制造2050"。日本在2014年出台了《2014制造业白皮书》。"再工业化"战略是西方发达国家在金融危机后所提出的一种工业发展战略。当然它并非是一种简单的"工业回流"战略，其实质以先进技术和科技创新为基础，通过大力发展先进制造业，从而构建具有国际竞争力的工业体系。

1."再工业化"战略的动因

（1）经济增长持续疲软

美国、日本、英国等发达国家的GDP增长率在2005—2009年出现了大幅度的下降，其中有几年还出现了负增长，国内经济增长持续疲软。即使在2009年之后，美国、日本、德国等主要发达国家的经济增长率也徘徊在较低水平，远远低于世界GDP增长率，经济增长内在动力明显不足。发达国家希望通过"再工业化"战略加快制造业恢复与发展，增强发达国家经济增长的内在动力，尽快走出金融危机的困境。

（2）失业率居高不下

因为受"去工业化"战略和国际金融危机的双重影响，导致发达国家许多企业破产倒闭，使得美国、日本、德国等发达国家的失业率呈现明显的上涨趋势。在此背景下,发达国家的居民收入出现大幅下降,从而导致本国居民消费萎缩和投资减少,使许多发达国家经济发展缓慢的局面进一步恶化。因此发达国家寄希望于"再工业化"战略,希望通过促进本国制造业快速恢复与回流,以解决本国高失业率的难题。

(3)巨额的贸易逆差

受"去工业化"战略的影响,发达国家国内大量制造业企业逐渐转移到国外,从而导致国内许多制造业产品需要依赖进口,对外出口也逐渐减少,最终使得美国等发达国家在国际贸易中的贸易逆差逐步扩大或者顺差减小。为此,发达国家提出"再工业化"战略,试图促进制造业恢复与发展,提高国内制造业产出水平,降低对国外进口产品的依赖,以扩大制造业出口,减少进口,从而到达减少贸易逆差的目的。

(4)产业空心化严重

随着发达国家"去工业化"战略的不断实施,大量劳动力从制造业领域逐渐转移到以金融业为代表的服务业领域,导致发达国家制造业经济的基础地位不断降低,"产业空心化"程度越来越严重,国内制造业不断萎缩,物质生产比例在不断降低,经济增长动力明显不足。因此,许多发达国家开始实施"再工业化"战略,为了能够巩固和提高制造业经济的基础地位,以解决"产业空心化"所带来的问题。

2."再工业化"战略的实施效果

(1)制造业失业率下降

"再工业化"战略实施之后,美国、德国、日本、英国等主要发达国家的失业率在2010年之后便开始不断下降。以美国失业率为例,美国在2010年的失业率为9.63%,而2019年的失业率仅仅只有3.68%,大幅下降了5.95%。这最主要的原因是随着"再工业化"战略的深入实施,使得发达国家国内制造业得到了恢复和发展,同时也有大量制造业企业开始逐渐回流本土,为本国提供了更多的就业机会,从而在很大程度上解决了本国高失业率的难题。

(2)制造业外商投资额上涨

2009年后,发达国家制造业外商投资额快速止跌转升,并且在此之后也呈现出波动上涨趋势。以美国外商投资额为例,美国制造业外商直接投资额在2009—2015年呈现快速增长趋势,从1610亿美元快速增长到了5114亿美元,增长了3000多亿美元。

(3)制造业出口额增加

在"再工业化"战略措施的推动下,美国、德国、日本等主要发达国家的制造业对外出口迅速止跌转升,2010年便开始迅速恢复到金融危机之前的出口水平,并且在之后的对外出口中总体保持上升趋势。以美国制造业出口额为例,美国制造业对外出口额从2009年的10564亿美元增加到了2019年的16443亿美元,较2009年足足增长了近6000亿美元,制造业对外出口额实现快速增长。

(4)制造业增加值上升

"再工业化"战略下发达国家提出了一系列重振制造业发展的措施,为制造业的恢复和发展提供了良好的空间和环境。所以2009年至2019年发达国家制造业得到了快速发展,制造业增加值也呈现明显的上涨趋势。以美国数据为例,美国制造业增加值在2009年为1.59万亿美元,2019年为2.19万亿美元,大幅增加了0.6万亿美元,一直保持着快速的增长趋势。

第三节 主要发达国家的现代市场经济模式

虽然现代资本主义是国家调节的资本主义,但由于各国在历史、文化传统、政治架构,以及市场经济发育程度或发展水平等方面存在着一定的差距,因此各国的经济体制模式仍具有各自的鲜明特征。西方发达国家干预和调节经济的方式、范围和手段不同,这就使现代市场经济表现为政府与市场关系有不同组合和各具特色的模式。其中最具代表性的有三大类现代市场经济模式:以美国为代表的自由主义经济模式,以德国为代表的社会市场经济模式,以日本为代表的政府主导型经济模式。

一、以美国为代表的自由主义经济模式

这种模式的基本特点是,政府尽量让市场机制发挥作用,充分鼓励自由竞争,政府主要是通过财政和货币政策对市场进行间接调控、依法对企业经营活动进行必要的监管。因此,也可以将这种模式称为"政府监管型市场经济"。下面以美国为例,对这种模式进行简要阐述和分析。

(一)自由企业制度与平等竞争原则

自由市场经济模式充分体现在美国的"自由企业制度"上。美国经济活动的主体有居民、企业、政府和外国法人与自然人。这其中,作为美国市场经济活动主体的众多企业,以个体业主制、合伙制、公司制等组织形式,独立而自由地从事多种行业的生

产经营活动,为整个社会提供各种各样的商品和服务,由此构成了美国市场经济基础的自由企业制度。自由企业制度的核心是私人财产所有权,私人财产受法律保护,神圣不可侵犯。在企业与政府之间,企业与企业之间,以及政府、企业和个人之间,都是一种契约关系,政府通过各类法律调整它们相互间的利益关系,保护居民、企业等经济活动主体的合法权益。

(二)以间接性和被动性为特征的宏观经济调节

美国虽然崇尚自由市场经济,但并不意味着美国政府对经济生活是放任不管的,自20世纪30年代"罗斯福新政"以来,美国政府对经济生活的干预和调节一直存在。美国政府的宏观经济调节具有以下两个主要特点:一是间接性,即美国政府没有采取大规模国有化的方式来调节经济活动,也没有用制订经济计划的方法来引导或指导经济发展,而是创造以自由企业制度和平等竞争原则为核心的市场环境,让各种经济活动主体自发地发挥应有的作用;二是被动性,即政府的宏观经济调节主要是针对"市场失效"进行的,侧重点是保护自由竞争、熨平经济波动。因为美国政府重市场而轻调控,也导致了美国模式表现出较高的经济绩效、较低的社会绩效,稳定性较差,也造成了一系列社会问题。

(三)政府提供公共产品

由政府提供的商品或服务被称作"公共货物(公共产品)"。相比较而言,美国政府直接介入市场经营活动的比重很小,而且其活动大多限于不适合由私人经营的一些基础设施和公共服务领域。甚至在军需物资和武器装备的生产上,政府所属的军工企业也只是生产一些高度机密的战略武器,大多数常规武器装备都是向私人公司订货。美国政府直接经营并向全社会提供的基础设施和公共服务主要有:道路设施、机场设施、城市供水排水设施、电力供应、邮政、国家公园、教育、卫生、国防、治安、消防、环保、公共图书馆、博物馆,等等。

(四)对外经济关系的政府调节

1. 对外贸易政策

在战后初期,美国凭借自己强大的经济实力在国际贸易中倡导自由主义政策,通过关税与贸易总协定组织的多次多边贸易谈判,迫使其他发达国家与美国一起大幅度地降低了进口关税,并就降低非关税壁垒达成了许多协议。国际贸易的自由化大大促进了全球贸易和投资的发展,反过来又推动了美国国内的市场扩大和经济发展。在现阶段,为增强美国的市场竞争能力,维护美国在世界经济中的地位,美国政府采取了贸易保护与自由贸易并立的政策。对那些竞争能力较强的部门和行业,如农业、高技术产业等,推行自由贸易政策,而对那些竞争力弱的部门和行业则采取贸易保护政策。

2. 外汇政策

这是美国政府调节国际收支的主要工具。一国货币汇率的高低从长远看取决于该国货币的购买力水平,但实际汇价的波动还受到许多市场因素的影响。美国政府经常利用国家权力干预货币市场,调节美元汇率的升降,以期达到调节国际收支的目的。

3. 区域经济一体化政策

面对经济全球化的迅猛发展,美国政府积极开展经济外交、推进区域一体化,进一步加强与周边国家和其他主要贸易伙伴之间的贸易和经济关系。自20世纪80年代以来,美国政府关注并积极推进、参与的区域经济一体化主要在两个地区,一是在北美和南美洲地区,目的是主导该地区的经济一体化进程,并将目前的北美自由贸易区(NAFTA)发展成为包括整个美洲地区在内的美洲自由贸易区;二是在亚太地区,美国政府积极参与亚太经济合作组织(APEC)的发展进程,努力加强对该地区经济一体化进程的影响或控制。此外,美国政府还就建立"大西洋自由贸易区"的问题不断与欧盟加强对话,以便在全球各地区区域经济一体化的发展中掌握主动。

(五) 其他领域的政府调节

1. 推行社会福利保障制度

为了保障市场经济的稳定运行,美国政府实行了一整套的社会保障制度,对老年人、贫困者、失业者、残疾人等给予救济和补助,对劳动者普遍实行了社会保险计划,使大多数人拥有医疗保险、退休保险等。

2. 环境保护

同其他发达国家一样,这是美国政府越来越重视的一个需要国家调节的"外部效应"问题。对此,美国政府除了拨出越来越多的投资用来防治公害、保护环境以外,还通过立法手段制定一些规章制度,强制一些企业投资拨款以防止环境污染。

二、以德国为代表的社会市场经济模式

这种模式也被称为"莱茵模式",以西欧的德国、法国和北欧的瑞典为主要代表。这种市场经济模式的主要特点是:自由竞争与政府控制并存,经济杠杆与政府引导并用,经济增长与社会福利并重。因而,也可以将这种模式称为"政府引导型市场经济"。市场经济、国民福利制和宏观调控是德国社会市场经济的三项主要特征。

(一)社会市场经济理论

德国的"社会市场经济"体制模式建立在社会市场经济理论基础之上。二战后德国市场经济理论的代表人物是路德维希·艾哈德和阿尔弗雷德·米勒·阿尔马克。他们被称为德国的"社会市场经济之父"。

米勒·阿尔马克在1947年7月最早提出了"社会市场经济"的概念。他认为,社会市场经济"不是自由放任式的市场经济,而是有意识地从社会政策角度加以控制的市场经济"。路德维希·艾哈德是德国现行社会市场经济的主要奠基人。艾哈德指出,要用一个给公民重新带来自由发展可能的新体制,取代效率低下的计划经济体制。这种经济体制应当显示出高度的自主权、职业选择的多样性和社会进取机会,应当节约而有效地利用自然资源,并启动具有生产性和创新性的发展进程。只有在符合人的尊严的前提下,才能实现"为了全体人民的富裕"这一目标。

(二)政府为市场竞争创造基本条件

通过市场竞争实现经济发展是德国社会市场经济体制模式的核心内容。德国社会市场经济的竞争特点与传统自由市场经济不同,后者的出发点是通过市场机制达到利益的自然和谐,而前者则认为单纯用市场机制无法克服各种经济和社会问题,必须由国家采取必要的干预加以扶正,国家应当为竞争创造基础条件和环境。德国政府在保证经济的竞争性的同时,对垄断进行限制。政府不提出经济高速增长的目标,更不通过产量、投资和消费来控制经济的发展。这是德国社会市场经济模式不同于其他模式的重要方面。

(三)有效的稳定货币政策

与英美等发达国家经济调控手段相比,德国主要是用货币政策来稳定经济,而不是主要用财政政策来刺激经济发展。

1. 德国的银行体制同其他欧洲国家及美国、日本等发达国家相比具有明显的独特性

德国联邦银行在执行职责的范围内具有独立性,联邦政府不能对该行发布指示。联邦政府的领导人可以参加中央银行理事会的会议,但没有表决权;可以提出动议并要求把议案推迟执行,但推迟期限以不超过两个星期为限。实行中央银行独立体制,是为了确保其货币政策的连续性,以达到稳定货币的目的。

2. 历届德国政府都把通货的稳定作为其经济政策的核心内容之一

德国把通货稳定看作是德国的公民权之一,政府经济政策的中心应当是在没有通货膨胀的趋势下促进经济发展,币值稳定是平衡经济发展和确保社会进步的基本

条件。为了保证币值稳定,德国政府采取了控制货币发行量、控制财政赤字、控制工资增长幅度和控制物价上升等许多综合措施。正是由于这些政策措施,德国在稳定币值、稳定物价等方面的成效明显好于其他许多发达国家。

(四)政府对收入再分配的调节

在德国的所得税制度中,累进税的最高税率在发达国家中不算太高;在社会保障方面,也是以社会保险为主,主张公民通过缴纳保险税来得到享受社会保险的权利。相对来说,德国比较贬抑社会救济的作用,只对市场机制分配收入进行必要而有限的补充和纠正。而且,公民在享受社会保险时所得保险金额与他们缴纳的保险税密切挂钩。另外,德国的社会保障支出更强调现金支付,而不是物质性和服务性的福利,以便居民用现金在市场上自由地选购所需的消费品和服务。

三、以日本为代表的政府主导型经济模式

这种模式的基本特点是:政府运用严厉的规则要求企业遵守市场规则,利用利益机制诱导企业行为,使用经济计划和产业政策引导企业的发展方向,通过行政指导使企业尊重政府的意图,即通过有效的官民协作来实现政府规划的经济发展目标,并且日本对于市场经济的监管具有工作中央主导、机构混合设置、吸纳社会参与的特点。在推行政府指导型经济模式上,日本的具体做法体现为以下两大方面:

(一)政府制定经济计划

日本市场经济的基础是私人所有制经济,市场机制是资源配置的主要手段,但政府在资源配置领域起着很强的导向作用,这是日本市场经济体制最为显著的特点。日本政府这种经济导向作用主要是通过制订和实施经济计划来实现的。二战后,日本政府为了使整个经济有秩序地发展,实行了一系列经济计划。日本政府制订和实施经济计划的主要特点是:

第一,平均两三年便制订一次经济计划,经济计划的制订和实施一直处在不断的纠偏和调整之中。战后日本之所以能够在激烈的国际竞争和频繁的国内外环境的变化中成功地渡过重重难关,在很大程度上是因为日本政府能够及时地修订和实施新的经济计划,从而增强了日本经济发展的应变能力。

第二,经济计划的制订和实施反映出日本政府具有强烈的经济增长导向。这表明日本经济已经由增长阶段步入了发展阶段,开始成为社会经济现代化的发达国家。

第三,日本政府制订经济计划实行自上而下的决策制度。这种决策制度主要由票议制和审议制组成。正是由于日本政府在制订经济计划时充分吸取各界的真知灼

见,加上深入细密地反复论证、审议,因而计划具有很强的科学性和可行性。

第四,日本政府的经济计划对企业起着"指导""引导"或"制导"的作用。日本的行政指导是政府协调企业微观行为使之符合政府的经济发展目标的一种行政手段。由于日本政界与企业界交往紧密,政府的行政指导多为官民协办。行政指导尽管不是行政命令,但由于密切的人际关系及随后的经济上的奖惩手段,民间企业一般都能够接受政府的行政指导。

(二)政府制定和实施产业政策

在日本政府主导型的经济体制模式中,成功的产业政策是一个重要的特点。日本的产业政策包括两个主要方面:产业结构政策和产业组织政策。

1. 产业结构政策

在战后初期日本经济恢复和发展的过程中,以有泽广巳、筱原三代平等为代表的经济学家,在吸取和批判国外产业理论的基础上,提出了符合日本国情的产业结构理论。他们主张为实现经济迅速增长和工业现代化的目标,应当选择、确立战略性的主导产业部门,大力扶植其发展,通过其"后向联系"和"前向联系"效应,推动产业结构高度化,带动经济增长。他们的观点被日本政府所采纳,制定并实施了日本特有的"倾斜生产方式"的产业结构政策。根据这种产业政策,日本在经济恢复和高速增长时期先后确定并扶持了三组带头的战略性主导产业。这三组带头产业相互关联、交替领先、互相促动,推进了日本工业结构的重化工业化和经济高速增长。

2. 产业组织政策

日本政府主要在两个方面推进和实施了产业组织政策。一方面是通过合并和改组的政策措施推进产业组织向着符合后发国家要求的方向发展;另一方面就是运用财政、金融杠杆进行调节。

日本政府对企业合并和改组的政策措施主要有四种方式:第一种方式是以强有力的经济诱导手段进行合并与改组。第二种方式是通过单项立法实现合并与改组,如1962年制定的《石油工业法》规定,政府拥有对新企业增加人手和增添新设备的审批权。第三种方式是通过"官民协调体制"和行政指导来实现合并与改组,这种方式在化纤和机械行业比较常见。第四种方式是政府在背后支持合并与改组。

第四节　发展中国家的含义与主要经济特征

发展中国家数量众多,各国的地理、人口、历史和文化传统等差别较大,而且它们的政治和经济又处在急剧的变动之中。因此,有必要首先了解发展中国家的含义、类型、主要经济特征,以及它们在世界经济中的地位和作用。

一、发展中国家的含义

根据经济发展水平的不同,可以把全世界 196 个国家分为两大类,即发达国家和发展中国家。发展中国家是相对于发达国家的称法,通常是指那些过去长期遭受帝国主义国家殖民统治和剥削,现已获得政治独立,但经济发展水平相对落后,面临着经济发展问题的国家。这些国家最初曾被称为"欠发达国家"或"不发达国家"。进入 20 世纪 60 年代,大约在 1964 年召开的联合国第一届贸发会议前后,国际上已不大使用"不发达"或"欠发达"的概念,而用"发展中国家"这一概念予以代替,广大的经济发展比较落后的亚非拉国家由此被统称为发展中国家。

二、发展中国家的类型

发展中国家作为一类国家群体,由于各自的自然条件、历史传统、发展战略和经济结构的不同,经济发展水平高低不等,情况复杂,其内部各成员之间存在着巨大的差异。根据各国具体情况的不同,按照不同的标准,可以把发展中国家分成不同的类型。

(一)按人均国民收入标准来划分

2020 年 7 月,世界银行对于不同收入国家的分类做了调整。世界银行把全世界经济体划分为四个收入组别,即高收入、中等偏上收入、中等偏下收入和低收入组别。这些类别每年 7 月进行更新,依据是上年(2019 年)美元现值人均国民总收入(GNI)。

这些组别用于显示不同国家在减少贫困、增加人均收入等措施方面的表现。例如数据显示,20 世纪 90 年代,全世界有六成人口生活在低收入国家,如今这一数字已降至一成。人均国民总收入是衡量一个国家富裕程度及其在四个组别中所处位置的

主要指标。2020年,四个组别人均国民总收入的门槛分别是:

低收入:不到1036美元

中等偏下收入:1036美元到4045美元

中等偏上收入:4046美元到12535美元

高收入:高于12535美元

世界银行表示,一个经济体在不同组别之间转换主要有两个原因。第一个原因是国内变化,例如经济增长加速或减速、国内通货膨胀或汇率的显著变化,人口变化也有可能影响数据,因为它会改变国民总收入比率。导致一个国家在不同组别之间转换的第二个原因是对收入门槛值的调整(表13-5)。

表13-5 基于人均GNI划分的发展中国家类型(2020年以前)

类型	年份					
	1992	1994	1997	2003	2007	2019
低收入	低于575美元	低于675美元	低于786美元	低于765美元	低于935美元	低于1235美元
中等收入	576-8000美元	676-8356美元	787-9655美元	766-9385美元	936-11455美元	1236-13575美元
高收入	高于8000美元	高于8356美元	高于9655美元	高于9385美元	高于11455美元	高于13575美元

资料来源:根据世界银行不同年度《世界发展指标》统计整理。

(二)按产业结构、出口结构和工业化进程的标准来划分

这一标准来源于联合国贸发会议对发展中国家的划分,它把发展中国家分为农矿原料国、石油输出国、出口加工国(地区)、经济综合发展国,以及最不发达国家等五种类型。

1. 农矿原料国

这一类发展中国家以农业或矿业为主导产业,以生产和出口单一的经济作物或矿产品作为外汇收入来源,换取本国必需的生产资料和生活资料。这些国家的出口收入和经济增长受制于国际市场原料和初级产品价格的波动。这类国家大都在非洲。

2. 石油输出国

石油输出国是指以石油开采业和炼制业为主要生产部门、以石油及其产品出口为主要收入来源的发展中国家。目前,生产和出口石油的发展中国家有30多个,其中石油出口占本国商品出口总额50%以上的石油输出国约有20多个。

3. 出口加工国（地区）

这类国家（地区），即人们通常所说的"新兴工业化国家（地区）"，也有的称之为"制成品出口国（地区）"。出口加工国（地区）是指那些经济增长较快，经济发展水平较高，在工业化程度上已经接近发达国家的发展中国家（地区）。

4. 经济综合发展国

中国与巴西、印度、南非等少数发展中大国属于这一类型。这类国家一般自然资源比较丰富，劳动力充裕，并有着广阔的市场潜力，能够依靠自己的优势，全方位地发展经济。其产业结构与出口结构均呈现出多元化的特点。但也正由于人口多、幅员广、经济发展不平衡，使得这类国家的人均收入明显低于新兴工业化国家和地区。

5. 最不发达国家

主要是指发展中国家中资源贫乏、工业基础极为薄弱、经济发展最为落后的一部分国家。2015年3月，联合国发展政策委员会制定的标准包括：人均收入标准、人力资产标准、经济脆弱性标准。

（三）按照市场经济发展的程度来划分

衡量市场经济的发展程度，大致可以采用以下几个指标：①现代经济部门的发展情况。②土地关系状况，即农业中商品经济因素的发展。③社会经济关系中雇佣劳动关系的比重。④对外经济联系的情况，主要是看按市场经济方式参加国际经济活动的情况。参照上述指标，可以把发展中国家划分为三种类型：市场经济已基本确立的国家；市场经济占重要地位的国家阶段；市场经济刚起步的国家。

1. 市场经济已基本确立的国家

这类国家包括乌拉圭、智利、秘鲁、泰国、土耳其、科威特、沙特阿拉伯、阿曼、阿拉伯联合酋长国、卡塔尔、巴林等。发展中国家中的新兴工业国和地区应归入此类。在市场经济已基本确立的国家里，工业化已有相当进展，按资本主义生产方式组织起来的现代经济部门已在国民经济中占主导地位。这类国家以城市为依托的工业与服务业产值，在国民生产总值中已占90%左右，最高的几乎达100%（科威特、阿联酋等）。

2. 市场经济占重要地位的国家

这类国家主要包括：印度、埃及、巴基斯坦、伊拉克、马来西亚、菲律宾、约旦、突尼斯、摩洛哥、玻利维亚、印度尼西亚、叙利亚、斯里兰卡、利比里亚等。这些国家的工业化得到一定程度的发展，现代经济部门在国民经济中已占重要地位。这类国家的工业与服务业一般已占国内生产总值的70%—75%。但在工业和服务业中，有相当大的一部分属于非现代经济部门。有的国家手工业、个体服务业、个体摊贩、家庭佣工等"城市非正式部门"经济,占其城市经济的比重高达40%—50%。

3. 市场经济处于起步阶段的国家

这类国家包括:阿富汗、孟加拉国、不丹、尼泊尔、马尔代夫、也门、布基纳法索、布隆迪、埃塞俄比亚、乍得、赤道几内亚、卢旺达、塞拉利昂、索马里、乌干达、海地、萨摩亚等。这类国家的现代经济部门还很弱小,在国民经济结构中处于从属或依附地位。在这类国家的国民生产总值中,工业与服务业所占比重为60%左右。其中与资本主义生产经营方式有较多联系的工业占20%(制造业仅占15%)。这类国家的经济基本上是自然经济或半自然经济,因而参与世界经济活动十分有限,仅限于出口一些农矿初级产品。

三、发展中国家(地区)的共同经济特征

尽管世界上各个发展中国家和地区之间在经济发展水平、贫富程度、经济结构、开放程度等方面存在着明显的差异,但整体上作为一种类型的国家而言,绝大多数发展中国家还是具有一些共同的基本经济特征的。相对于发达国家,发展中国家共同的经济特征主要表现在以下几个方面:

(一)生产力水平和生活水平相对低下

发展中国家虽然拥有比较丰富的自然资源和人力资源,但生产效率却普遍低于发达国家,不仅工业生产能力低下,而且农业部门也并不发达。从总产值来看,2003年占世界人口84.5%的中、低收入国家,其GDP总额仅为世界GDP总额的19.6%,以此衡量,发展中国家的整体劳动生产率仅为发达国家的1/24;从农业生产来看,发达国家的农业人口仅占全部就业人口的5%左右,而发展中国家高达70%左右。此外,发展中国家的生活水平也很低,表现为贫困比例大、卫生状况差和教育水平低。在许多发展中国家,占人口总数10%的富有者一般占有国民收入的50%左右,而占人口总数40%的贫困者只占有国民收入的10%左右。由于贫富两极分化,发展中国家穷人的生活困苦不堪。据世界银行的专家估计,发展中国家30%的人正在绝对贫困水平上挣扎。

(二)经济结构呈现二元化

发展中国家经济的另一个不同于发达国家的特征就是经济结构二元化。也就是在一个国家内,落后的甚至原始的经济成分与现代化的甚至先进的经济成分并存。前者分布在广大农村地区,以农业为主,生产规模小,工具简单,产品用于自我消费;

后者多分布在城市,以工业为主,生产规模大,工具先进,采用现代生产技术和管理制度,劳动生产率和人均收入都较高,产品主要进入市场销售。经济结构的二元化,不仅体现在不同经济部门之间、城乡之间,往往还体现在一国内部不同地区之间。某些发展中国家的工业化战略使现代化经济部门过于集中在城市和经济发达地区,更扩大了这种差距。相对于传统农业经济,二元化的经济结构是一种进步。随着经济的发展和工业化的推进,二元经济必然要向一元化的现代化经济转化,即农业部门的劳动力不断被工业部门和服务业所吸收,传统农业变成现代化农业。目前在发展中国家中,最不发达国家和多数中等收入国家的二元经济结构依然存在,而某些新兴工业化国家和地区正在朝着经济结构一元化的方向转化。

(三)产业结构相对落后

与其落后的生产技术水平和经济结构相应,发展中国家的产业结构也处于相对落后的状态。经济中农业和初级产品产业所占比重较大,而制造业,尤其是服务业所占比重较小。发展中国家低端产能过剩,供需失衡问题较为普遍。据世界银行统计,到 2013 年,所有中低收入国家中,农业增加值占 GDP 的比重为 12%。制造业和服务业增加值比重为 88%;其中低收入国家,农业增加值占 GDP 的 28%,制造业和服务业增加值的比重为 72%。而在高收入国家,这两个比值分别为 2% 和 98%。

(四)人口、粮食和债务问题严重

爆炸性的人口增长是发展中国家面临的严重问题。1970—1980 年发展中国家人口的年平均增长率为 2.5%,发达国家为 0.8%,1980—1992 年分别为 1.9% 和 0.7%。20 世纪 80 年代以后,发展中国家人口增长率虽有所下降,但由于人口规模扩大,人口绝对增加数量却较以前提高了。近年来,世界人口每年增长 9000 多万,其中 90% 以上出生在发展中国家。1980—2000 年,全世界劳动人员由 18 亿增加到 25 亿,增加的 7 亿人中 6.6 亿属于发展中国家。劳动力增加而资金、投资又不足,必然造成失业或半失业,这又会影响政局稳定。最后是人口增长抵消了经济增长,使人均实际福利水平提高缓慢,贫困阶层经济状况改善很小,出现了"富人财富越来越多,穷人孩子越来越多"的情况。

人口增长的同时,出现了粮食严重不足的问题。20 世纪 60 年代,发展中国家平均每年进口粮食 2000 万吨;70 年代初增加到 5500 万吨;到 80 年代初,每年进口 1 亿吨粮食。特别困难的是非洲地区,20 世纪 70 年代非洲谷物平均每年增长 0.9%,而人口增长 2.9%,人均粮食占有量下降。1991 年,撒哈拉以南非洲仍有 15 个国家的粮食形势紧张,2000 万人处于饥荒之中。粮食问题是发展中国家,特别是非洲国家经济发展的严重障碍之一。

(五)经济发展不平衡

从国内看,存在着地区发展、部门发展的不平衡性。发展中国家经济发展的不平衡性表现在一个发展中国家的内部,如巴西、印度、中国的二元经济,集中反映了其国内地区发展、部门发展的不平衡性,造成城市和农村、沿海和内地差距的扩大,产生了一系列的结构性问题。

从国际上看,发展中国家经济发展不平衡主要表现为各国经济增长和经济实力存在明显的差异。有的经济发展较快,有的经济发展缓慢,不仅差距有扩大的趋势,而且逐渐形成了不同类型的国家。就发展中国家来说,按其经济发展状况来看,大致可以划分为新兴工业国、石油生产国、经济有一定发展的原料生产国和经济最不发达国家。

从地区来看,各发展中国家之间经济发展不平衡。拉美和东亚地区经济在战后取得了较快的发展,保持了较长期的稳定增长。石油输出国组织在1973年石油提价后所得收入增加,刺激了经济迅速发展,而非洲和南亚地区的发展中国家发展相对迟缓。

(六)对外依赖严重

独立前,发展中国家的经济命脉控制在宗主国手里,没有经济自主权。独立后,发展中国家按照本国的利益和愿望,制定经济发展战略。尽管宗主国的超经济强制已基本消除,但是旧的国际经济秩序仍对发展中国家产生巨大的影响,在国际贸易、国际投资和国际金融领域,发展中国家经济依然不同程度地受到发达国家的控制。在经济全球化的背景下,国际分工进一步深化,世界各国经济的相互依赖性增强,区域经济一体化发展,也使发展中国家对世界经济的依赖性进一步增强。

四、发展中国家在世界经济中的地位

(一)发展中国家的经济地位日益重要

过去,发展中国家多为殖民地、半殖民地国家,在世界经济中处于完全的依附和从属地位。随着发展中国家的独立及经济的发展,它们在世界经济中的地位日益重要。韩国、新加坡等国家的腾飞证明了发展中国家可以通过国际产能合作获得更大的贸易利得并取得全球价值链地位的跃迁。

(二)发展中国家经济相对于发达国家仍处于依附从属地位

由于发达国家对发展中国家推行新殖民主义,加上发展中国家自身在发展民族经济的过程中发生的失误、偏差和问题,目前发展中国家与发达国家相比,实力相差悬殊。尤其在人均国民生产总值上,差距更为悬殊。

在现存的国际分工中,发展中国家实际上仍然处在原料供应地、商品销售市场和最有利的投资场所的地位。发达国家通过多边或双边的援助、官方或私人机构的贷款、跨国公司的直接投资、国际贸易、技术控制和技术转让等渠道,剥削和控制发展中国家。发展中国家为了改变旧的、不合理的世界经济秩序进行了长期的斗争,但收效并不大。现行的国际经济秩序仍以发达国家为中心,当今的各个国际经济组织,如国际货币基金组织、世界银行、世界贸易组织、联合国有关机构,都操纵在发达国家手中,发展中国家几乎没有多少发言权。

第五节　发展中国家的经济发展

发展中国家在获得民族独立后,普遍面临着发展社会经济、提高国民福利、改造传统社会使其向现代社会转变的任务。而要完成这一任务,关键就在于根据本国的具体情况,制订和实施适当的发展战略。在此问题上,不同的发展中国家根据各自不同的国情、不同的指导思想,以及对国际经济环境的不同认识,采取了不同的经济发展战略,推动和促进了本国经济的发展。回顾二战后几十年的发展历程,发展中国家不仅取得了政治独立,而且在经济方面也已经有了很大的进步,当然发展中国家经济发展也不是一帆风顺的,在经济发展过程中,发展中国家也遇到了一系列的问题。

一、20 世纪 70 年代末以前的经济发展

从二战结束,尤其是从 20 世纪 50 年代到 70 年代末,发展中国家在发展民族经济上都取得了不同程度的进展,一些国家曾出现经济建设高潮,创造了经济"奇迹",涌现出一批新兴工业国和地区。在这一时期,发展中国家作为一个整体来说,在经济上取得的主要成就表现如下:

(一)经济增长速度较快,在世界经济中的地位有所提高

在经济增长中,发展中国家的工业,特别是制造业得到了迅速发展。1950—1960

年发展中国家制造业年均增长率为6.9%,1960—1970年上升为8.1%,超过了同期西方发达国家制造业的增长速度。从地区和国家情况看,大多数实行进口替代战略的国家,工业增长都比较快。发展中国家的国内生产总值的年平均增长率,20世纪50年代为4.7%,60年代为5.8%,70年代为5.6%,而发达国家同期则分别为4.1%、5.1%、3.1%。1950—1979年的30年间,发展中国家的工业生产年平均增长率为6.8%,而发达国家则为4.6%;其中制造业的年均增长率,1963—1973年和1973—1980年发展中国家分别为8.1%和3.6%,而发达国家分别为5.8%和1.6%。据联合国粮农组织统计,1960—1970年和1970—1980年两个时期,发展中国家粮食生产年平均增长率分别为2.9%和2.8%,而发达国家分别为2.3%和2.0%。由于发展中国家经济增长较快,其在资本主义世界生产总值中所占的比重,从60年代初期的14.5%,上升为70年代初期的15.9%和80年代初期的18.5%。

(二)出口贸易能力增强,在世界贸易中的比重增大

1970年,发展中国家出口贸易总额只有550亿美元,到1980年增长到5540亿美元,增长约10倍。发展中国家的出口贸易增长速度,在70年代以前低于发达国家,而在70年代以后,由于制成品出口能力增强和石油的大幅度涨价,出口增长速度开始高于发达国家。发展中国家不仅是能源和原料的出口国,而且在一些制成品领域也具有了日益增大的出口能力和竞争能力,如纺织品、机器、电子产品等。发展中国家出口能力的增强,不仅有利于民族经济的发展,而且对世界经济的发展也产生了日益重要的影响。

(三)产业结构发生了较大变化

1965—1984年,在发展中国家的国内总产值中,农业的比重由31%下降为21%,工矿业的比重由29%上升为37%,以服务业为中心的第三产业由40%上升为42%。在拉美地区,农业在其国内生产总值中的比重,从1939年的25.3%降至1976年的11.6%;同期,制造业的比重则从16.5%增至25.4%。表13-6中的数据充分显示了从1965年到1980年发展中国家农业和工业比重的明显变化。可以看到,工业比重上升的趋势,无论在中等收入国家还是在低收入国家都表现得十分突出。与此同时,各产业部门的内部结构也发生了一定的变化。在第三产业中,传统服务业的比重有所下降,咨询、信息等新兴服务业比重有所上升。正因为产业结构发生了进步性的变化,农业劳动力在就业人口中所占的比重由1963年的69.3%下降为1980年的58.6%,初级产品出口占总出口的比重由1965年的76%下降为1982年的50%。

表 13-6　1965—1980 年发展中国家产业结构的变化

（工、农业产值占 GDP 的百分比）

国家组别	1965 年		1973 年		1980 年	
	农业	工业	农业	工业	农业	工业
发展中国家	31	31	24	34	19	38
低收入国家	44	28	38	32	33	37
中等收入国家	19	34	15	35	12	39
发达国家	5	43	4	37	3	36

资料来源：世界银行.1991 年世界发展报告。

总之,20 世纪 50 至 70 年代,发展中国家作为一个整体,在发展本国经济,改变落后经济面貌和殖民地经济结构、争取经济独立等方面,取得了很大进展,已经成为世界经济中举足轻重的力量。

二、20 世纪 80 年代发展中国家面临的经济困难

20 世纪 70 年代,发展中国家的经济建设虽然取得了很大成就,但进入 80 年代后,发展中国家经济出现了严重的困难,债务危机、通货膨胀和粮食问题一直困扰着广大发展中国家。对于大多数发展中国家来说,20 世纪 80 年代是倒退的 10 年,它们在世界经济中的地位明显下降,处境非常困难。具体表现在以下四个方面：

（一）经济增长速度减慢,通货膨胀加剧

据世界银行统计,1965—1974 年发展中国家国内总产值年平均增长率为 6.2%,1974—1977 年降为 4.9%。进入 80 年代后经济几乎停滞不前：1980 年国内生产总值增长 3.2%,1981 年增长 1.6%,1982 年为 0.5%,而 1983 年则是零增长。许多发展中国家出现了严重的通货膨胀和大量的失业。20 世纪 70 年代后半期,发展中国家的消费物价指数的增长一般都在 25% 以上,而拉美国家则高达 40% 左右,进入 80 年代以后,通货膨胀进一步加剧。1985 年发展中国家通货膨胀率平均达 47%（拉美达 161%）,1988 年又上升为 58%（拉美为 213.8%）。

（二）人均收入水平下降

20 世纪 80 年代发展中国家人均 GDP 年均增长率仅为 2.1%,低于发达国家的 3%；除中国以外所有发展中国家 1989 年的人均 GDP 只有 1980 年的 98%。在这一时期内,拉美的 GDP 和人口的年均增长率分别为 1.4% 和 2.1%,非洲分别为 0.7% 和 3.1%,西亚分别为 -0.02% 和 3.3%。经过 10 年时间,拉美人均国民收入下降了

1/10,非洲下降了1/4,西亚则下降了1/3。只有东亚、东南亚和南亚一些国家和地区经济增长超过了人口增长,人均水平为原来的158%。

(三)贸易状况恶化

由于国际贸易领域保护主义盛行,以及整个20世纪80年代初级产品价格下降,发展中国家的出口贸易在世界贸易中的地位严重下降。1980年发展中国家出口贸易额达5586亿美元,1989年为5165亿美元。20世纪80年代,制成品在世界贸易中的比重不断上升,初级产品比重不断下降,价格也大幅度下跌。据国际货币基金组织统计,发展中国家出口的初级产品价格总指数在1980—1989年间下跌10.4%,许多产品价格跌幅达50%以上。发达国家对发展中国家实行歧视性贸易政策,尤其是对纺织品和服装实行歧视性的进口配额制,使发展中国家蒙受巨大损失,收入锐减,阻碍了经济的发展。

(四)外债急剧增大,负担沉重,偿还能力下降

为了弥补经济建设中资金的不足,发展中国家大量借债。非产油国的发展中国家的债务,1962年为259亿美元,1973年为1301亿美元,1983年达6640亿美元。发展中国家还本付息的负担,1973年为179亿美元,1982年达1071亿美元,增加近5倍;其中利息由69亿美元增至592亿美元,增加7.6倍。每年还本付息占出口收入的比重,即外债偿还率由1973年的16%增至1982年的25%,其中巴西达87%,墨西哥达58.5%,而阿根廷竟达103%。到1982年,墨西哥、巴西等重债国宣布无力偿付到期债务,引发了大规模的债务危机。

(五)粮食匮乏,农业面临严峻挑战

多数发展中国家为农业国或正从农业国向工业国过渡,人口增长率又很高,因而粮食问题非常突出。根据联合国粮农组织对115个发展中国家的调查,1974—1984年间,粮食生产赶不上人口增长的国家有50多个。另据有关资料统计,20世纪80年代发展中国家中尚有约9亿人吃不饱,占当时世界人口的20%以上,长期处于营养不良的状态,生活在贫困线以下。世界每年增长人口的90%来自发展中国家,发展中国家承受着巨大的人口压力。由于粮食自给率低,发展中国家不得不拿出有限的外汇去进口粮食,这又限制了其他资源或物资的进口,影响了经济增长,使粮食进一步短缺,形成了恶性循环。

三、20世纪90年代以来发展中国家经济的发展

20世纪80年代以来,发展中国家经过政策调整和经济结构调整,使经济逐渐从

停滞衰退中恢复过来。多数发展中国家在总结20世纪80年代经济发展的经验和教训的基础上,采取适合本国国情的各种经济政策,在改革方面形成了自己的特色。进入20世纪90年代以后,发展中国家经济出现了连年增长的好形势。表13-7是1991—2007年发展中国家国内生产总值的增长情况。

表13-7 发展中国家国内生产总值的增长率(单位%)

地区	年份										
	1991	1992	1993	1994	1995	1996	2013	2014	2015	2016	2017
发展中国家	4.2	6.1	6.1	5.2	6.0	6.5	5.9	7.5	7.1	7.9	8.0

资料来源:国际货币基金组织数据库。

发展中国家调整后的经济增长表现出以下三方面特点:

(一)经济持续增长

从表13-7可以看出,20世纪90年代发展中国家的经济增长率差不多逐年提高。受亚洲金融危机的影响,1998年和1999年有所下降。由于多年来一直保持旺盛的经济增长势头,20世纪90年代发展中国家已经从80年代的经济衰退和停滞中完全恢复过来。

(二)通货膨胀被遏制

在经济增长率上升的同时,各国的通货膨胀率则普遍下降。20世纪80年代发展中国家由于受外部冲击陷入发展危机,物价猛涨,通货膨胀率很高,尤其是拉美的通货膨胀率曾连续5年3位数、连续3年4位数,1995年发展中国家的平均通货膨胀率为19.5%,拉美国家的恶性通货膨胀已得到控制,由1993年的888%、1994年的1120%,逐步下降到1995年的25%、1996年的18%,1997年更是降到了10%左右,是近50年以来的最低点。

(三)贸易状况良好,外资流入增加

发展中国家在国际贸易中所占的份额逐步提高,在世界贸易中所占的比重从20世纪80年代的20%上升到1990年的23.5%和2003年的近30%,世界贸易组织官员认为,发展中国家是世界贸易发展的主要动力之一。与此同时,国际资本对于发展中国家的投资力度也在不断加大。

四、新冠肺炎疫情对发展中国家的冲击

发展中国家受新冠肺炎疫情的冲击程度和类型因具体国家而不同。在中国率先

控制住疫情的同时,南亚、非洲、拉丁美洲疫情扩散,使世界疫情的重心向发展中国家转移。相对于发达国家,发展中国家更容易受到疫情的重创。

(一)新冠肺炎疫情直接危及发展中国家人民的生命健康

2020年6月以来,新冠肺炎疫情在一些发展中国家迅速蔓延,感染人数和死亡人数不断攀升。印度单日新增确诊病例数一度近一个月持续保持全球第一,累计确诊病例数从2020年8月23日突破300万例到9月5日突破400万例仅用时13天,较上一个新增100万例所用的16天再度缩短,疫情蔓延仍在持续加快。秘鲁、墨西哥和智利也迅速成为疫情热点地区,共同使中、南美洲成为疫情"震中"。非洲新增10万病例的时间从98天缩短到18天,且呈现出向农村蔓延的趋势。造成一些发展中国家感染人数和死亡人数迅速攀升的直接原因之一是医疗卫生和基础设施条件差,预防救治能力弱。

(二)疫情导致发展中国家经济严重衰退

疫情导致发展中国家经济衰退。据亚洲开发银行统计,亚洲发展中国家2020年出现60年来第一次负增长,0.8亿—1.6亿人返贫,且拐点难以预期。2020年撒哈拉以南非洲地区经济萎缩2.1%—5.1%,是25年来的首次衰退。疫情对发展中国家经济的影响主要表现在四个方面:第一,疫情造成资金短缺,引发财政和国际收支恶化等连锁反应;第二,2020年新兴市场国家严格限制经济活动的"休克式"防疫导致债务危机等问题突出;第三,疫情使发展中国家的对外贸易受到全球市场冲击,尤其外贸依存度高的发展中国家首当其冲;第四,疫情冲击下劳动就业形势严峻。

(三)疫情导致发展中国家社会倒退

疫情不只是病毒大流行,也带来失业和人道主义危机大流行。一方面,保守落后思想、极端主义和种族主义沉渣泛起。中东、非洲内部冲突加剧,"伊斯兰国(ISIS)"、塔利班等势力伺机回潮。非洲近期恐怖活动频发,极端暴力事件激增。底层群众将希望寄托于"精神鸦片",从伊朗到坦桑尼亚,聚众祈祷、追捧"神药"等蒙昧乱象丛生,黎巴嫩等地区大麻种植死灰复燃。另一方面,疫情导致劳工问题、治安问题激化,社会兜底政策缺失,暴力现象激增。印度为加快经济复苏,取消或暂停了一系列劳动保障法规,劳动时间延长至每日12小时、每周72小时。为了活下去,劳工也不得不接受日益恶劣的劳动条件。

(四)疫情加速了发展中国家之间的分化

随着以中国为代表的极少数发展中国家逐步从疫情中复苏,另一些发展中国家却陷入困境,沦为第三世界中最不发达国家。国际货币基金组织指出,由于低收入发展中国家的宏观调控能力薄弱,可能在疫情中面临"失去的十年",并丧失此前十多年的减贫成果。根据联合国贸发会议发布的《2020年最不发达国家报告》,疫情发生前,47个最不发达国家的平均生产力指数比其他发展中国家低40%,人均GDP不足世界平均水平的1/10,2020年最不发达国家的经济萧条和贫困问题在疫情影响下继续恶化。受巨额防疫开支和封锁措施的影响,非洲国家债务占GDP的比重将很快从57.6%上升至85%,许多非洲国家陷入经济停滞和债务困境。此外,自然灾害与疫情叠加,使低收入国家雪上加霜。非洲、中东的蝗灾,孟加拉国的洪涝、台风等灾害构成发展中国家的双重危机。同时,许多低收入国家面临疫情和战乱双重挑战,联合国疫情期间停火倡议尚未真正落实。从也门、巴勒斯坦到纳卡地区战火不断,和平进程举步维艰。

复习思考题

1. 二战后发达国家的经济发展经历了哪几个发展阶段?各个阶段有哪些主要特点?
2. "新经济"有哪些基本特征?其成因是什么?
3. 战后发达国家为什么要对经济生活进行全面调节?其主要手段有哪些?有哪些作用和影响?
4. 什么是经济体制?美、德、日等发达国家的经济体制模式有哪些特点?
5. 20世纪80年代以来,发达国家为什么要对经济体制进行调整和改革?其主要内容是什么?
6. 怎样认识发展中国家经济发展战略的变化趋势?
7. 试分析发展中国家人口剧增对其经济及整个世界经济产生的影响。
8. 试分析新形势下发展中国家面临的改革机遇与挑战。

第十四章　中国的经济改革及中国经济与世界经济的融合

中国自1978年实行经济改革以来,取得了令人惊叹的成就:GDP以年均9.5%的速度增长,人均收入增长了4倍以上,外国直接投资增长迅速,贸易额从1978年占GDP的9.7%上升为2020年的38%,2020年中国已成为世界第二大经济体,人均GDP为72447元人民币。大多数外国观察家为中国的重大变化感到震惊,世界银行称中国的改革"惊人地成功"。

由于过去几十年经济的持续快速增长及国内外对经济增长的有利环境,中国有希望成为世界上最繁荣的经济体之一。中国经济的成功与成就应归功于坚持不懈地实行开放政策,并且积极地融入世界经济中。本章对改革开放前后中国经济的发展战略及其成效进行对比,并详细阐述中国经济如何积极融入世界经济体系。

第一节　中国经济改革前的发展战略

一、以重工业为导向的发展战略的选择

中国社会主义革命的理想是使国家强大和人民富裕。1949年中华人民共和国成立时,中国的工业基础十分薄弱。现代工业部门仅占国民经济的10%,而农业和手工业占到了90%,将近90%的人口生活和工作在农村地区。中华人民共和国领导人选择了以重工业为导向的发展战略,或称"跃进式"发展战略,以促进全面工业化和经济

的发展。选择这一战略是出于对当时国内外的政治经济环境的考量。然而对中国而言选择以重工业为主导的模式还有另外一个重要的原因,那就是朝鲜战争,战争要求参战国要有很强的军事实力。以美国为首的西方国家采取孤立中国的政策,对中国实行禁运。这样的国际政治、经济和军事形势迫使中国快速建立了一个比较全面和独立的工业结构。对当时的国家领导人而言,发展重工业是自然而然的选择。

二、宏观经济政策支持重工业发展

显然,发展重工业战略与中国的生产要素禀赋及市场力量规律是相悖的。中国政府需要制定一套全面的宏观经济政策,以解决在经济和金融形势严峻的条件下如何完成出于政治上的考虑而做出的战略目标这一难题。这些政策包括以下措施:

(一)低利率

资金短缺在正常的金融市场上意味着高利率。中国政府为了确保重工业以较低的建设成本取得快速的发展就不得不维持较低、稳定的利率以达到降低资本价格的目的。中国政府于20世纪50年代中期成功抑制住高通货膨胀后便开始将利率从每年144%降到一个非常低的水平。

(二)低汇率

20世纪50年代初期,中国的外汇和资本一样短缺,因而由市场决定的汇率应当处于高位。为解决外汇短缺问题,政府介入汇率的形成机制,人为高估本币确保以低成本进口所需要的设备。

(三)保持生产要素和生活必需品的低价格

由于诸如农业等部门的低税政策和低回报率,发展重工业所需的高资本积累无法通过转移其他部门的盈余来实现。重工业发展的积累不得不很大程度上依靠自身的能力。实现这一目的的一个重要方法就是降低劳动力工资和原材料等生产成本的投入。政府于20世纪50年代初制定了一个统一的工资体系,由中央政府统一制定工资率。由于工资、能源和其他原材料的价格低廉,因而重工业以很高的速度实现了资本积累。

三、以重工业为导向的发展战略带来的影响

以重工业为导向的发展战略带来的影响主要体现在如下四个方面:

第一,高增长率、低福利水平。从20世纪50年代早期到70年代晚期,中国在经济结构方面经历了巨大变化,并在以农业经济为主导的基础上建立起一个相当完整

的工业体系。在此期间,国内经济以重工业为龙头,以年均15.3%的速度快速增长。工业占国民收入的比例从1949年的12.6%上升到1978年的45.8%。同一时期农业所占比例则从68.4%下降至35.4%。工业部门的资本积累很高,总额达人民币3599.2亿元。新增加的固定资本达到人民币2734.5亿元。

第二,实行以重工业为导向的战略使中国产业结构严重扭曲。制造业所占比例很高,而服务业比例却异常低下。表15-1显示1952—1978年间农业部门所占比例稳步下降,同时服务业也在下降,这种变化有违经济发展的一般模式。在制造业中,以资源投入为主的粗放型加工所占的比例大大高于精加工。事实上,中国不得不付出高昂的代价进行产业结构重组。对于发展中国家,尽管优先发展重工业对技术效率提升有一定作用,但符合比较优势的轻工业技术的发展才是经济增长的核心动力。中国的产业结构问题至今仍然存在,到目前为止服务业占比与发达国家还有很大差距。

表15-1 中国国内生产总值产业构成

(单位%)

	1952	1978	1984	1994	2000	2003	2005	2009	2010	2017	2021
农业	57.7	32.8	32.0	20.2	15.1	14.8	12.4	10.4	9.5	7.9	7.26
工业	19.5	49.4	43.4	47.8	45.9	52.2	47.3	46.3	44.6	40.5	39.43
服务业	22.7	17.84	24.7	31.9	39.0	33.2	40.3	43.4	45.9	51.6	53.31

资料来源:根据不同年份《国际统计年鉴》整理得出。

第三,城镇化水平低下。重工业属于资本密集型产业,因此在资本量确定的条件下,重工业所吸纳的就业人数大大低于其他部门。表15-1表明,农业在GNP中所占比例从1952年的57.7%下降到1978年的32.8%,降幅近25%,然而同期农业部门的劳动力从83.5%下降至73.3%,降幅仅为10.2%。1980年中国的城镇化水平只有19.4%,比1952年只提高了6.9%。重工业和国有企业的高就业率阻碍了就业结构的转变,而这种转变应当与经济发展和城镇化进程同时实现。

第四,经济更加封闭和趋于内向型。当资源投向资本密集型产品时,中国需要从国际市场进口的资本货物的比重下降;同时中国应当出口的劳动密集型产品也在下降。进出口双双下降表明经济变得越来越趋于内向型。进出口价值占工农业总产出价值的比重从1952—1954年间的8.16%跌至1976—1978年间的5.89%,下降了2.27%。

第二节　中国经济的改革及与世界经济的融合

早在20世纪60年代,人们就认识到中央计划经济体制的效率低下。然而,政府采取的措施只限于重新划分政府在不同部门的职能,或是增减管理机构的数量,并没有涉及经济体制的基本制度安排。始于1978年的经济改革完全不同于先前的改革,改革伊始企业和农民便获得了更多的灵活性和自主权,改变了以往只是向不同的政府部门下放权力的模式。随后,改革一经启动,便步步深入,从经济、社会的基础部门到政府制度和宏观政策环境领域,从国内部门到诸如外贸及国际资本流动等与世界市场相关的部门。

一、中国的经济改革及其成就

中国的经济改革战略及路径与俄罗斯大相径庭。后者走的是自上而下的激进式道路;中国采用的是渐进式,即从中国社会的最底层开始。中国的改革可以分为4个阶段:第一阶段(1978—1984年)的重点是农村改革;第二阶段(1984—1992年)的改革从农村转向城镇,以国有企业的改革为重点;第三阶段(1992—2000年)是建立社会主义市场经济的试验期;第四阶段(2000年以来)为社会主义市场经济的完善阶段。经济改革实现了中国经济持续稳定增长,推动了中国经济结构优化,加速了中国经济转型。本节内容将从四个领域介绍中国经济改革的发展:农村改革、国有企业改革、体制改革、贸易与投资改革(即与世界经济的融合)。

(一)农村改革

改革浪潮最先在农村掀起。这一举措产生了"双轨"价格体系,即农产品计划内产量上交以完成计划,所有超出计划外的部分按市场价格销售。中央政府还增加了国家在农业方面的投资,放松了农产品跨省贸易的限制。

农村改革的一个创新是"家庭承包责任制"。许多公社尽管没有得到中央政府的允许,还是开始将土地租给单个家庭。作为回报,承包家庭负责生产并且将产出中固定的份额上交公社。这一体系将生产决策的控制权从公社转移到了承包家庭,对农民的生产积极性产生了极大的促进作用。1979年后家庭承包责任制得到快速传播。

21世纪以来,党中央每年下发的"一号文件"连续聚焦"三农"。党的十八大以来,中国农业农村进入了从"补短"到"主动发展"的角色转变,加快农业与其他产业加速融合,休闲农业、乡村旅游、农村电商等新模式、新业态不断涌现,大大激发了农村经济发展活力。为了能拓展农业农村发展新环境和新空间,在承包土地确权登记颁证的基础上发展多种形式农业适度规模经营,城乡融合发展有序推进,建立了城乡统一的居民基本养老保险制度、居民基本医保和大病保险制度;家庭农场的培育和农民合作社的规范引导成为小农户与大市场衔接的重要通道,脱贫攻坚战取得全面胜利,现行标准下农村贫困人口全部脱贫,"三农"工作重心开始转向全面推进乡村振兴、加快农业农村现代化的新阶段。

(二)国有企业改革

20世纪80年代早期,一些地方干部开始尝试一种特殊的"管理责任制",类似于农业部门的家庭承包责任制。企业逐个就所能享有的自主权进行谈判,内容分为三大类,包括:对生产和投资决策的更大自主权、保有一部分利润的权利、以市场价格出售计划外生产的产品。到1984年,利润提留和自主生产权已经广泛落实。从1980年开始,政府放松了对(计划外)最终产品的价格控制,1985年引进了半成品的双轨制价格体系。

所有制改革是振兴国有企业的另一个重要措施。在以后的改革中,大中型国有企业的所有制成为改革的重点。所有制改革形式包括国有独资企业、责任有限公司或股份公司、控股公司、合作股份制公司、企业集团等。

以党的十八大召开为标志,国有企业改革进入了"分类改革"的全新时期。国有企业可分为商业类和公益类。商业类国有企业又分为主业处于充分竞争行业和领域的商业类、主业处于重要行业和关键领域的商业类。对不同类型的国有企业,国家将分类施策,包括分类推进改革、分类促进发展、分类实施监管和分类定责考核。其目的是增强改革的针对性和差异性。与此同时,混合所有制改革也在有序推进。鼓励非国有资本投资主体入股、收购股权、进行股权置换、认购债转股,以及鼓励探索国有企业员工持股。混合模式则包括民营企业与国有企业相互入股、央企与地方企业混合、国企与外企混合,以及政府社会资本合作等。通过混合所有制改革,大股东难以制衡的问题得到彻底扭转,入股企业积极性与权益得到了较好的保障。引入的民营资本、外国资本大多都是非常优秀的资本,其对提升企业效益、拓展企业视野具有明显的好处。但与此同时又出现了不同所有权主体权力、利益如何平衡及如何实现等问题。不同所有权主体之间的权力、利益平衡及实现问题,关系到未来国有企业的走向甚至是生死存亡。

(三)体制改革

除了农村和国有企业改革,中国还实施了一系列体制改革。主要包括:价格改革、税制改革、金融部门改革,以及货币改革。

1. 价格改革

价格改革经历了两个阶段。第一个阶段从 1978—1984 年。政府提高了短缺商品的价格,降低了过剩商品的价格,使计划价格接近均衡价格,但政府仍然在价格形成中起决定性作用。从 1985 年开始,政府逐渐放松了对产品价格的控制,让市场发挥更大作用,但同时也形成了价格双轨制,即:计划内分配的产品和物资的价格由政府制定,而非计划内的产品和物资的价格由市场来决定。从 20 世纪 90 年代开始全面推进价格形成机制市场化改革,绝大部分商品实现了市场定价。

2. 税制改革

1984 年,中央政府在税收和产业发展方面给予了省级政府更多的自主权。通过"税收合同制",地方政府被给予了很大的税收征管权力。按照这个制度,当地政府征税后向中央政府上缴一定数额的税收,并以很高的比例保留一切超出上缴部分的税收。1994 年,中央政府建立起一个国家税收服务机构负责直接征收国家税款,这使中央税收征管在很大程度上独立于地方官员。1994 年的改革还将税种从 32 种减少到 18 种,同时还出台了增值税,2006 年取消农业税,2007 年内外资企业所得税统一调整为 25%,2013 年实行营业税改征增值税试点,2017 年废止了营业税暂行条例,2018 年省级以下国家税务局、地方税务局合并,具体承担辖区税及非税收入征管职责。

3. 金融改革

金融改革在五个领域内进行:建立一个全面的银行体系,放宽银行之间的业务限制,使利率多样化,增加信贷来源,发展金融市场。经济改革以前中国的金融体系是一个单一、统一的体系。中国人民银行是中国唯一的银行,肩负多种职责,包括发行货币、发放工业和商业贷款、承担保险等。金融改革的第一步就是建立一个新的银行体系。从 1979—1985 年,四大国有银行先后成立,并成立了中国保险公司。1993 年,国务院确定的金融改革目标是建立执行货币政策的中央银行宏观调控体系;政策性金融与商业性金融分离,建立统一开放、有序竞争的金融市场体系。21 世纪后,金融改革全面市场化快速推进,人民币区域化、金融混业经营利率市场化、民营银行试行等相继启动。

利率管理体制的改革就是区别对待利率,使利率发挥调节资本的供给与需求的杠杆作用。信贷体系的改革为非银行金融机构的发展及更多的金融工具运作提供了机遇。随着改革的深化,银行间同业拆借市场、大额可转让票据的存款市场、公共债券市场、金融证券市场、企业债券市场、股票市场发挥着越来越重要的作用。

4. 货币改革

制度改革的第四项内容是对货币可兑换性的改革。1986年以前,人民币属于不可兑换货币。通货膨胀率调整后(即"实际")的人民币价值从1980年直到1993年处于稳步下降状态。外币交易直到20世纪80年代中期仍然受到严格管制,所有资本交易均需中央银行批准。企业根据所有权不同在外汇交易时的待遇有很大差异。设在经济特区的有外资成分的企业通常都可以保留外币并自由进口和出口产品。国内厂商则需要监管部门的批准,在得到外币津贴时才能进口,而且必须将所有的出口收入上交国有银行。80年代中期,政府推出了一个复杂的体系,规定国内企业可以保留收入的部分外汇。1986年,政府又推出了汇率双轨制,规定国内公司可以购买和出售有限数量的外币。

1994年,政府取消了汇率双轨制,并以市场汇率统一了官方利率和兑换市场利率,结果导致人民币实际上贬值了约50%。这一举动极大地促进了中国的出口。除1993年外,经常账户自1990年以来都是盈余。贸易盈余及大量的外国直接投资的流入使外汇储备迅速增长。2006年,中国的外汇储备已达到1.07万亿美元,超过日本成为外汇储备最多的国家。2005年,作为进一步开放外汇政策的一个重要步骤,政府宣布放弃人民币钉住美元单一货币政策,而是钉住一篮子货币,并且允许人民币汇率在更大范围内浮动。2021年中国的外汇储备达到3.25万亿美元。中国外汇储备连续多年稳中有升,有利于中国经济长期持续健康发展。

二、中国经济与世界经济的融合

2008年国际金融危机的爆发推动了世界经济格局的变动,原来的格局难以维系,世界经济进入深刻调整期,重建国际经济新秩序的呼声高涨。世界经济治理机制加快变革。科技创新孕育了新的产业突破,世界经济增长方式及结构深入调整。新兴市场国家整体实力提升,世界进入多极化深入发展阶段。当今世界面临百年未有之大变局,变局中危机和机遇同生并存,这给中国经济从融入世界经济走向与世界经济深度融合带来重大机遇。在这样的形势下,中国作为发展中国家最大的经济体不可避免地要受到世界经济调整的影响。

(一)进一步提高对外开放水平

加快发展开放型经济是不断完善开放型经济体系、全面提高开放型经济水平的迫切需要。近年来,中国对外开放的国内外环境和条件发生了深刻变化,对外开放进入由出口为主向进口和出口并重,由吸收外资为主向吸收外资和对外投资并重,由注重数量向注重质量转变的新阶段。目前,经济全球化深入发展,世界经济结构加快调整,全球经济深刻变革。

发展开放型经济要把优化外贸结构作为主攻方向。这就要:第一,优化外贸主体结构,大力扶持具有自主知识产权、自主出口品牌的大型外贸集团,积极培育"专精新特"的中小外贸企业;第二,优化外贸商品结构,实施科技兴贸战略,提高出口产品的技术含量、附加品和品牌竞争力;第三,优化贸易结构,加快发展服务贸易,扩大旅游、国际运输、建筑等传统服务贸易出口,大力支持软件、数据处理、技术服务、文化、中医药等有比较优势的服务出口;第四,优化外贸市场结构,巩固和扩大欧美、日韩等传统市场,大力拓展东盟、中东、南美、非洲等新兴市场。

(二)加快转变经济发展方式

改革开放至今,中国经济得到了持续发展,人民生活水平大幅度提高。但是,我们取得的成绩是初步的,中国经济回升的基础还不牢固,经济运行中的新老矛盾和问题相互交织,发展过程中滋生的一系列新问题值得关注,诸如区域发展不平衡、资源浪费严重、生态环境恶化、收入差距扩大、创新能力不足、可持续发展动力欠缺等,对这些新问题的解决有赖于经济发展方式的转变。

1. 经济结构调整是转变经济发展方式的战略重点

经过几十年的改革,中国国民经济结构发生了积极变化,但依然存在结构不合理的方面,诸如国民经济需求结构过度依赖投资和出口、产业结构中第三产业发展相对滞后、产业内部高科技产业优势不足等问题仍然存在。对于这些问题的解决可以从以下方面着手:第一,调整需求结构。要加速中国经济增长由依靠投资和出口向依靠消费、投资和出口协调发展的转变,要在保持适度投资率和出口的同时,积极推动消费,提高居民收入水平,增强内生发展能力。第二,调整产业结构。中国的经济发展要由依靠第二产业带动向依靠第三产业协同带动转变。第三产业在国内生产总值中的比重同经济发展程度成正比。第三,调整产业内部结构。中国的产业发展要由现在依靠增加物资消耗向依靠科技进步、管理创新和自主创新转变;通过加快科技成果转化,加快科技体制改革,加快新型科技人才队伍建设,为加快经济发展方式转变提供强有力的科技支撑。

2. 社会事业发展和改善民生是转变经济发展方式的根本出发点

发展科技、教育和文化事业,全面提高人的素质,是转变经济发展方式、实现可持续发展的关键。面向时代发展的要求,要谋划教育的发展。第一,推进教育改革。树立先进的教育理念,把教书和育人很好地统一起来,大力推进素质教育,积极探索适应各类学校的办学体制,赋予学校办学自主权。第二,努力促进教育公平。逐步解决义务教育资源配置不均衡问题。公共教育资源配置要向薄弱地区倾斜,推动地区之间的教育均衡发展。第三,办好职业教育,提高高等教育的质量,为经济社会发展培养大批各类人才。

3. 资源节约型和环境友好型社会建设是转变经济发展方式的重要着力点

良好的生态环境是经济社会可持续发展的重要条件,是一个民族生存和发展的根本基础。加快建设资源节约型、环境友好型社会,能够加强应对全球气候变化的能力,有助于大力发展循环经济,加强生态保护和防灾减灾体系的建设,增强可持续发展能力。经济发展方式的转变根本上是发展观念的转变,没有发展观念的转变也就不可能有近年来经济发展方式转变的显著成效,转变经济发展方式应坚持创新、协调、开放、绿色、共享的新发展理念。

4. 改革开放是加快转变经济发展方式的强大动力

改革开放是发展中国特色社会主义和实现中华民族伟大复兴的必由之路,是社会主义制度的自我完善和发展,是中国经济社会发展的强大动力,是新时期中国最鲜明的特点。新时期,我们的发展面临着新的挑战,转变经济发展方式就是中国经济社会领域中的一场深刻变革,而深化改革开放是加快转变经济发展方式的根本途径。

三、重视国家经济安全

国家经济安全是国家利益得以实现的基本保障,无论对于发达国家还是发展中国家而言,国家经济安全都具有十分重要的意义。由于经济条件和其他一些因素的制约,与发达国家相比,发展中国家在参与经济全球化过程中有更多劣势,因此,经济全球化对发展中国家的经济安全提出了更多的挑战。构建和实行开放型经济新体制,扩大开放,不断提高对外开放水平,形成全面开放新格局,有助于调整中国经济结构、产业结构和资源配置结构,缓和经济矛盾与失衡程度,增强经济稳定性、可持续性和安全性,这是因为:

首先,经济全球化给发展中国家带来了更大的压力。经济全球化要求对于商品进口和资本流动所设壁垒的大幅度降低和国内经济的许多改革。由于发展中国家市场经济的不完善、国内产业的相对落后，以及经济和产业政策的不成熟性，对外开放令发展中国家更易受其他国家和世界经济的影响，特别是一些负面影响的显著性增大。对那些经济转型的发展中国家来说更是如此。经济全球化令发展中同家面临更大的压力。

其次，经济全球化对发展中国家的发展战略提出了更多挑战。经济全球化对任何国家的影响都具有两面性。但是，由于发展中国家在经济全球化进程中的地位相对被动，对外开放常令其一方面大力应对廉价而优质的进口工业制成品，使本国产业失去国内市场份额甚至受到来自国外产业的威胁，以致受到毁灭性打击；另一方面由于发达国家的市场需要和自身经济的特点，往往依靠不断对外输出原材料、资源密集型产品和廉价的劳动密集型产品来参与国际交换。因此，发展中国家在参与经济全球化过程中常常陷入两难境界，游离于经济全球化进程之外势必长期损害本国的经济发展，而参与经济全球化和加强对外开放，又是对其长期发展战略的巨大挑战。

最后，经济全球化对发展中国家的经济安全和经济主权提出了新的挑战。在经济全球化条件下，发展中国家特别是经济体制转轨国家的政府全面从经济生活中退出，是经济发达国家的主张和要求，代表了发达国家的利益。大部分发展中国家维护本国经济利益的能力较低，面对不平等、非均衡的经济全球化浪潮，以及一些超国家的经济组织，可能需要让渡更多的经济主权来换取一定的经济利益，从而削弱了其对本国经济的管理能力和对国家经济安全的有效监护。对发展中国家来说，如何在经济全球化的条例下使市场充分发挥其配置资源的基础性作用，并通过建立良好的体制、政策、市场环境来维护本国经济安全，是必须面对的重要课题。

第三节　改革开放以来中国国际经济地位的变迁

经济社会的发展是人类社会最为关注的话题之一。改革开放四十多年来，中国在经济上取得的巨大成果是人所共见的，中国综合国力的显著增强和国际影响力的大幅提升也是有目共睹的。

一、中国成为世界经济增长的新引擎

(一) 中国经济增长速度排在世界前列

改革开放以来,社会主义的中国在经济方面迅速发展,四十多年经济的高速增长并不是虚谈,中国已经成为世界经济增长的主要引擎之一。1978—1996 年,中国国内生产总值平均每年增长 9.9%,位居世界第一位,远远超过世界 3.2% 的平均水平。2001 年中国加入世界贸易组织之后,以更快的速度融入经济全球化;2008 年经济危机席卷全球,没有哪一个国家能置身事外,全球经济增长率不超过 2%;尽管如此,中国经济在全球普遍不景气的情况下仍然以 9% 的速度增长。2020 年和 2021 年是极不平凡的两年,新冠肺炎疫情严重影响了世界经济的正常运行,中国国内外环境严峻而复杂,尽管如此,中国经济仍然保持正增长,是世界唯一实现经济正增长的国家。这些都充分证明了改革开放以来中国经济的强大活力和韧性。与此同时,中国的国际影响力也逐渐增强,国际经济地位也将稳步提升。

(二) 中国 GDP 在世界经济总量中所占份额迅速提高

党的十一届三中全会以来,伴随着中国改革开放的不断推进,中国的综合国力迅速提高,经济也迎来了快速发展的阶段。当前,中国的经济规模空前庞大,已经成为国际经济体中不容忽视的力量。就现在而言,一个国家的整体经济实力已经成为其国际经济地位的重要衡量指标,随着经济总量的不断扩大,中国已经成为世界主要经济体中的一员。1978 年中国国内生产总值仅为 3645 亿元,2010 年中国国内生产总值为 40.1 万亿元,赶超日本成为世界第二大经济体,中国化身为全球经济的主要力量。伴随着中国经济规模的逐步提升,中国的国际经济地位也在稳步提升。2020 年尽管受新冠肺炎疫情的影响,中国经济依旧继续向前发展,国内生产总值达到 101.6 万亿元,占世界经济份额超过 17%。2021 年中国 GDP 更是达到 114.4 万亿元人民币,按照年平均汇率折算达到 17.7 万亿美元,实际 GDP 同比增长 8.1%。

(三) 中国在全球的贸易份额迅速提高

改革开放以来,中国对外贸易迅速发展,与世界各国之间的经济贸易联系也越来越紧密。当前中国已经与世界近二百个国家及地区建立了贸易伙伴关系,中国的进出口贸易呈现出逐年递增的趋势。2012 年,中国进口、出口总额分别为 1.82 万亿美元和 2.05 万亿美元,是世界各国贸易中的第一大出口国和第二大进口国。2020 年,即便国际国内的复杂形势,中国货物进出口总额为 32.16 万亿元,仍比上一年增长了 1.9%。2021 年中国对外贸易总额达到 39.1 万亿元人民币,同比逆势暴涨 21.4%。

进出口贸易额再次创下新高,按平均汇率计算达6.051万亿美元,增长近30%,占全球贸易总额的13.5%。

国际贸易是国际社会资源互补、互通有无的重要方式,也是各国经济增长的主要动力。改革开放以来,国际贸易为中国经济社会发展提供了很多机遇和优越条件。与此同时,进出口贸易均在世界贸易中占据较大的份额,中国作为世界贸易大国的地位日渐突出。在对外贸易快速发展和扩张的时代,中国在全球贸易中已经占据一定的地位。

二、中国逐渐向世界市场及世界创新制造基地转变

(一)中国成为世界现实的和潜在的最大市场

改革开放之初,中国的经济发展进入高速发展期,但由于原有的经济总量不大,人均消费水平有很大的提升空间,这就决定中国经济的发展仍然有漫长的路要走。因此中国国内消费水平低下是无法辩驳的事实。1990年之后,中国人均消费开始快速增长。加入世界贸易组织以求更好的适应经济全球化趋势大大提高了中国消费需求水平。世界各地大批物美价廉的商品、服务陆续涌入中国市场,广大消费者在种类繁多的商品和服务之间有了更多的选择,中国的消费市场逐渐火热起来。在消费观念和消费方式方面,中国人民开始打破传统观念和方式的束缚,逐渐与国际接轨,向个性化、多元化方向发展。

(二)从加工基地逐渐向创新制造基地转变

改革开放之初,"中国制造"艰难起步,国际社会都清楚地看到中国的低成本优势,大量的原材料和劳动力为国际企业所用,在这个过程中中国只是得到了基本的加工费用。这种方式就是改革开放之初"中国制造"的基本情况。1978—1998年,"中国制造"保持了20年的高速增长。1998—2008年,"中国制造"逐渐开启品牌时代。海尔、联想、长虹等大量中国企业开始进入高速发展阶段,"中国制造"与世界优秀制造企业的差距也日渐缩小。2008年以来,中国在研发和创新方面加大了力度,逐渐加速向技术创新时代迈进。华为、格力、比亚迪等优秀企业正在快速发展,中国出现了大批拥有自主知识产权的新产品。创新是发展的强大推手,是一个国家进行经济现代化建设的重要支柱。党的十八大以来,党和国家高度重视科技发展和产业创新,不断制定新政策,创新发展理念和发展模式,加大了科技创新力度和人才培养力度。"天宫""蛟龙""天眼""墨子号""大飞机"等重要科技成果赢得了世界惊叹,创新型国家建设成果丰硕。

三、中国从引资大国向双向投资大国转变

改革开放以来,中国与国际社会的经济往来日益频繁,利用外资的规模也随之扩大。1990年以来,由于中国经济总量持续快速增长,以及中国消费市场的良好发展前景等因素,吸引了大量的国际投资。1991年中国吸引外资居世界第13位,到1993年快速跃升至世界第2位。1996年中国实际利用外资548亿美元,比1991年增长3.7倍;2001年中国加入世界贸易组织,吸收外资创历史新高,达468.4亿美元,比上年增长14.90%;2010年,中国成为世界第二大经济体,当年累计吸收外资1057.4亿美元,同比增长17.4%,首次突破千亿美元。2019年,注入中国的外资总额为1400亿美元,居世界第二位。进入2020年,一场突如其来的新冠肺炎疫情席卷全球,没有任何一个经济体可以独善其身。这一年,全球各经济体吸引外资的总额急剧下降,其中发达经济体吸引外资的降幅更加剧烈,在这种情况下,中国吸引外资总额保持逆势增长,同年中国非金融领域实际使用外资9999.8亿元人民币,同比增长6.2%,引资规模再创历史新高。2021年,中国实际使用外商直接投资金额1.1万亿元,比上年增长14.9%,首次突破1万亿元。

外商直接投资规模持续稳定上升的同时,中国对世界各国的投资也在快速增加。从中国资本流动的现实情况来看,2003年之前中国在国际融资方面主要表现为外商直接投资的迅速增加。2003年之后,中国对外直接投资逐渐崭露头角。时至2011年底,中国累计对外投资3659亿美元,比2003年增长10倍左右;2016年,中国非金融类对外投资1701.1亿美元,相比2015年增长了44.1%;2019年中国对外直接投资1369.1亿美元,流量规模仅次于日本,对外直接投资流量位居全球第二,存量保持全球第三。2020年中国对外直接投资1537.1亿美元,流量规模首次位居全球第一。2021年,中国对外投资合作平稳发展,全行业对外直接投资9366.9亿元人民币,同比增长2.2%。

近年来,中国经济社会发展的内外环境更加良好,在积极吸引国际资本的同时,中国大量的优秀企业走出国门,成为国际经济中的重要力量。双向投资的快速发展为中国的经济发展提供了强大的动力,中国在参与经济全球化的过程中加速了商品和资金的转换,更加有利于中国经济的发展,进一步提升了中国的国际经济地位。

四、中国跨国公司国际化水平大幅提升

改革开放伊始,世界各国的跨国公司开始向中国注入大量资本,它们的经营规模

逐渐扩大,投资水平日益提高,投资地区也由沿海各大城市向内地扩展,在中国改革开放进程中堪称是一道独特的风景。同样,自1978年改革开放以来,在中国政策的引导和政府的大力支持下,中国的众多企业开始在海外建立分支机构进行对外投资,中国企业陆续走向世界。1984年,中信公司在美国的合资企业——"西林公司"成立,标志着中国第一家跨国公司的正式诞生。但最初的经营规模小,经营领域还很单一,中国的跨国公司经营水平亟待提高。此后,中国的跨国公司进入了渐进式发展的时代,中国企业在全球范围的投资数量逐渐增多、投资规模日益扩大;在投资行业方面涉及多个领域,中国的跨国公司开始加速进入国际轨道。

1992年,邓小平在南方谈话中,强调要坚持以经济建设为中心,解放思想,全面推行、深化改革开放。改革开放的不断推进和发展,使中国跨国企业的发展进入了新阶段。2001年中国加入世界贸易组织以来,中国跨国公司迎来了高速发展阶段。"走出去"战略的提出给中国跨国公司的发展注入了强大动力,中国的企业恪守市场经济规则并积累发展经验,积极开展跨国经营。中国的对外直接投资也随着跨国公司的发展迅速增长,在全球范围内的投资规模和领域越来越大。2008年,《财富》世界五百强中有35家中国公司上榜,2014年《财富》世界五百强中中国企业激增到91家,经过连续14年的增长,2017年《财富》世界五百强有115家中国公司上榜,尽管2020年新冠肺炎疫情肆虐,还是有133家中国企业荣登世界五百强名单。2021年更是创造佳绩,143家中国企业进入世界五百强名单。

当前,世界正面临百年未有之大变局,国际经济政治形势变幻莫测,中国内部经济发展形势也在发生深刻的调整。在中国特色社会主义建设的新的历史时期,我们应如何应对国内外出现的新情况和新变化显得愈发重要。十八大报告中明确指出要全面加快开放型经济的发展,加快落实"走出去"的步伐,整体加强企业的跨国经营能力,"培育一批世界水平的跨国公司",党和国家针对跨国公司发展的重大指示是应时代发展的需要,并结合新的历史时期复杂的国内外经济政治形势做出的重要决策。"培育一批世界水平的跨国公司",可以有效地应对世界经济政治新发展形势,同时也源于中国经济社会发展带来的强大动力。改革开放四十多年来,中国的跨国公司迅速发展,国际化水平也逐步提高,尽管在核心竞争力等方面还有待提高,但是改革开放以来中国跨国公司的巨大发展为世界所公认。中国特色社会主义建设进入新时代,中国的跨国公司也将迎来新的历史发展时期,将继续面对新情况,迎接新挑战。

第四节　中国对外开放的发展战略

一、以比较优势为基础的发展战略

(一) 比较优势发展战略的理论解释

古典国际贸易理论利用劳动生产率的相对优势来定义比较优势。大卫·李嘉图在亚当·斯密的绝对优势说的基础上提出了国际贸易的比较优势理论。赫克歇尔和俄林进一步解释说明了比较优势说中各国生产率的差异源自各国生产要素的稀缺程度,而生产要素稀缺程度源于各国资源禀赋和发展阶段的不同。

比较优势原则不仅适用于国际贸易,也是一国经济发展的一项基本原则。即使在一个封闭的经济体中,仍然存在着如何在国内生产中选择适当技术的问题。在生产一种产品时,总是存在着资本和劳动的替代问题。

在生产的三个基本要素——土地、劳动力和资本中,土地要素禀赋大致是固定不变的,无论该经济体是发展中国家还是发达国家。土地资源有丰裕或稀缺的差异,但总体而言,增加某个经济体的土地禀赋的可能性非常小。因此,土地资源在一个经济体中属于既定条件。

一个经济体劳动力的供给随着该经济体人口的增加而增加。但是劳动力的增加取决于自然出生率,并且每年最多可以增长2%—3%。一个经济体的资本增长情况却不同。一般来说,在一个经济体的早期发展阶段,资本的增长速度非常缓慢。要素禀赋的结构和生产要素的相对充裕取决于一个经济体的自然禀赋和所处的经济发展阶段。在较早的发展阶段,资本通常是最稀缺的要素。这样的经济体在土地和劳动密集型产品,即农产品和矿产品上具有比较优势。随着资本的积累和劳动力的增加达到一定水平,土地的相对稀缺性就增加,劳动密集型制造业成为该经济的比较优势。随着资本的进一步积累,劳动力成本逐渐上升,资本成为相对丰裕的生产要素,资本和技术密集型产业成为该经济体的比较优势。

一个经济体比较优势的动态变化取决于该经济体资源禀赋结构的动态变化,而禀赋结构的变化又取决于经济行为主体在选择技术和产业时如何利用现有的比较优势。当一个经济体采取跨越式发展战略时,该经济体的比较优势被扭曲的宏观政策导致的扭曲的要素和产品价格所掩盖。如果现有的比较优势没有得到利用,整个经济将不具有竞争力,这样该经济体禀赋结构和比较优势的动态变化将会放缓。

一个经济体的禀赋结构将随着经济的发展变化而不断变化。因此,一个经济体的比较优势也会发生变化。为了保持竞争力,企业必须考虑比较优势的动态变化,同时以不断创新来应对这一变化。政府在比较优势的动态变化过程中可以扮演两个角色。一方面,企业需要获取由于国家比较优势的变化而产生的新技术和新产业的信息,而信息收集和处理属于大范围的规模经济。另一方面,和其他类型的创新一样,技术和产业创新也存在外部效应。但是,政府也不能介入太多。如果它无视本国的要素禀赋结构,而试图用行政手段去诱使产业或技术结构大跃进,那么它就必须在信贷、外汇及其他要素和产品市场上建立一整套扭曲的政策,并反过来利用行政干预来直接配置这些资源。如此经济将会变得非常低效,最终将会招致生产和技术结构整体升级的努力付之东流。

(二)比较优势发展战略的实际成功

比较优势发展战略和跨越式发展战略的核心差异是宏观政策环境的不同。充分利用比较优势的前提是建立一个价格体系,它能通过市场竞争反映供求关系及产品和生产要素的相对充裕程度。因此,在采取比较优势战略国家的宏观政策环境中,产品和要素的价格由市场决定,技术和制度创新受市场决定的价格信号引导。值得一提的是,决策者们越清楚地了解改变发展策略的重要性和必要性,经济改革或调整就进行得越早。具体说,经济改革的核心是通过开放国内产品和生产要素市场、开放一系列的价格形成机制和贸易自由化来实现经济发展战略的转变。

探索世界经济发展中的比较优势,其逻辑和可能性在于不同国家的工业结构的改善和转移。在发达国家,如欧洲国家、美国和日本,劳动密集型产业正逐步被技术密集型和资本密集型产业所取代,因为在这些国家和地区资本越来越充裕而工资也在不断增长。而韩国、新加坡和中国香港、中国台湾的廉价劳动力供给丰富,因此,当发达国家和地区的比较优势更多地转向资本和技术密集型产业时,这些经济体就可以充分利用这一动态发展机遇。而由于贸易的相互关联,也由于这些国家和地区的经济开放,发达国家和地区的劳动密集型产业被转移到了这些亚洲国家和地区,这些国家和地区的经济因此能够维持 20—30 年的经济快速增长。随着资本和技术的积累,它们的产业结构逐渐向资本密集型和技术密集型产业转移并率先成为新兴工业化经济体,并逐渐达到或接近发达经济体的水平,如此不平凡的成就令世人瞩目。

(三)中国动态比较优势与经济增长

中国经济在过去的40多年里创造了巨大的奇迹,就是得益于比较优势作用的发挥。1978年,中国是世界上最贫穷的国家之一。而今它已经成为世界第二大经济体,仅次于美国。在过去的40多年里,平均经济增长速度超过了9%。这样一个增长速度,在人类经济发展史上罕见,而且几乎超出所有人的预期,这一切得益于中国对于自身比较优势的精准把握。在缺乏资本、技术的条件下,我们利用劳动力低廉和自然资源总量充沛的特点融入全球制造。2010年中国制造业增加值首次超过美国,占全球总额的19.8%,此后一直稳居世界第一。自19世纪中叶以来,经历了一个半世纪的历程,中国又重新回到世界第一制造业大国的地位。2021年,中国制造业增加值达31.4万亿元,占国内生产总值的27.4%。中国制造业增加值占全球制造业增加值比重达32%,连续12年保持世界第一制造大国地位,是国民经济的重要支柱产业。但是,比较优势是在动态变化之中的。曾经具备的优势,可能由于内外部环境的各种变化,而丧失甚至变成劣势。随着人力成本的快速上涨,中国的人口红利优势远不如从前。随着全球化的深刻影响,资源价格逐步放开,加大了中国制造的成本。过度依赖自然资源及廉价劳动成本的比较优势实现经济增长,短期是可以的,长期却很艰难。中国的比较优势逐渐淡化,中国制造面临巨大的威胁。

为应对全球经济格局的深刻变革,推动中国制造业的高质量发展,在新一轮国际竞争格局中赢取主动权,中国于2015年5月发布"中国制造2025"战略。"中国制造2025"战略聚焦"创新、融合、品牌、绿色、服务、国际化"六个关键,重点在于提高创新能力和推动制造业高质量发展。强调必须加快适应以技术和服务为主要拉动力的新一轮国际产业结构变革,把创新摆在全局的核心位置,深入推进制造业结构调整,突破重点领域发展,强化制造业多领域深度融合,不断从技术升级、品牌培育、生产方式转型等多方面提升核心实力与国际竞争力,以破解全球价值链重构下中国制造业"低端锁定"和"高端封锁"的双重困境,抢占新一轮全球制造业比较优势竞争的制高点。

发达国家花了超过一百年的时间来确定自己的产业结构,制定完善的制度体系,这就是因为它们利用了自身的比较优势。中国用了短短40年就实现了经济飞跃性的增长,虽然曾经的比较优势已经不符合新经济环境的需要,但中国其实还有巨大的发展潜力,我们要实事求是地培育好自己的比较优势,实现持续的健康的发展。

二、以金融全球化为基础的发展战略

如果说融入经济全球化进程是中国加入全球化进程的第一个阶段,那么融入金融全球化进程将是中国加入全球化进程的第二个阶段。改革开放40多年来,尤其是在2001年加入世界贸易组织之后,中国经济已经顺利、全面地融入经济全球化进程中。中国的经常项目完全开放,部分资本项目也已经开放,中国业已成为世界第一大对外贸易国。可以预期,在未来30年中国改革开放的战略中,其重点将不可避免地是金融的改革开放,即通过逐步放松短期资本项目管制,推动人民币的国际化,以融入金融全球化进程中。

(一)以资本输出为主要特征的第二个全球化阶段迫在眉睫

在改革开放以来40多年的以融入全球贸易体系为主要内容的经济全球化进程中,中国取得了巨大的成就。从数量规模上看,1978年改革开放伊始,中国国内生产总值仅有3679亿元人民币;而到2021年,中国国内生产总值(名义)已经高达114.4万亿元人民币(相当于17.7万亿美元),中国经济总量占世界经济的比重由1978年的1.8%上升到2021年的17%,仅次于美国。从经济结构的角度看,中国工业化进程加快,第一产业、第二产业、第三产业的结构日趋合理化,第三产业逐渐占据主导地位。2021年,中国三产结构的比例分别为7.3%、39.4%和53.3%。第三产业的发展增幅超过第一、第二产业,成为拉动中国经济增长的主要力量。

40多年来,中国始终坚持对外开放的基本政策,积极融入经济全球化的发展进程。在经济全球化日益面临重大阻力的背景下,中国始终积极推动双边及多边贸易、投资发展。1978年,中国进出口贸易额为355亿元;2021年,根据海关总署的统计,中国外贸进出口总额已经达到39.1万亿元,是1978年的1100多倍。其中,进口额由1978年的187.4亿元上升至2021年的17.37万亿元;出口额由1978年的167.6亿元上升至2021年的21.73万亿元。相关数据统计显示,2011—2021年,中国进出口货物和服务总额占全球的份额由8.4%上升至13.51%。显然,中国对外贸易的迅速发展为国际市场和国际贸易的繁荣做出了巨大的贡献。特别是在2008年全球金融危机爆发之后,受到全球经济不景气的影响,全球贸易额增长率长期处于低位。中国进出口贸易相对稳定的增长态势为全球贸易的稳定增长做出了不小贡献。2020年,在新冠肺炎疫情的肆虐下,全球经济深受影响,各主要经济体均出现了严重的经济衰退。得益于对疫情大规模蔓延的控制、强有力的宏观政策措施与生产消费的快速恢复,中国经济逆势增长,成为全球屈指可数保持经济正增长的经济体之一。2020年全年,以美元记,中国对外贸易总额达 46462.57 亿美元,较 2019 年增长 1.5%,其中出口 25906.46 亿美元,增长 3.6%;进口 20556.12 亿美元,较 2019 年下降 1.07%;全年贸易顺差高达 5350.34 亿美元,较 2019 年增长 26.9%。中国在全球贸易领域的份额较 2019 年平均提升了 1%,中国不仅成为全球唯一实现货物贸易正增长的主要经济体,而且货物贸易大国的地位进一步巩固。在全球疫情持续蔓延的情况下,2021 年中国货物贸易进出口总值达 39.1 万亿元人民币,同比增长 21.4%,贸易顺差更是达到了创记录的 6764.3 亿美元,取得令全球震惊的优秀成绩。此外,自 2016 年 10 月 1 日起,人民币正式被纳入国际货币基金组织特别提款权(SDR)新的货币篮子,从而获得国际主要货币的地位。随着中国经济实力的逐步增强,以及中国在全球市场中话语权的不断提高,中国的进出口贸易、对外投资将对全球贸易的增长产生越来越大的影响,日益成为全球经济再平衡的重要力量。

(二)资本项目逐步开放和人民币国际化相辅相成

近年来,人民币支付货币功能不断增强,投融资货币功能持续深化,储备货币功能逐渐显现,计价货币功能进一步实现突破,人民币继续保持在全球货币体系中的稳定地位。

在融入金融全球化的进程中,资本项目的逐步开放和人民币的国际化是相辅相成的两个关键环节。前者着力于缓解国内流动性过剩的压力,保持内部的金融稳定;后者则着眼于建立合理的国际货币金融体系,维护中国外部的金融安全。

首先,推动人民币国际化的资本项目开放意味着中国的对外金融安全得不到保障——居民、企业和金融部门将不得不承受巨大的汇率风险、信用风险和通货膨胀风险。中国的外汇储备主要投资于以美元和欧元定值的金融资产中,这不仅使得中国的外汇储备承受着美元、欧元相对于人民币贬值的汇率风险,而且,在当前欧元债务危机和美元滥发的背景下,这些外汇储备也面临着主权国家的信用风险和货币发行过多带来的通货膨胀风险。此外,不积极推动人民币的国际化还意味着当前以美元为主导的国际货币金融体系格局格得到维持甚至强化,而这种格局是美国能够用美元对付贸易逆差、维持低储蓄率乃至全球经济失衡的根源。

其次,只有推动资本项目有序、有效地开放才能疏导国内的巨额储蓄,防止资产价格泡沫,维护国内的金融安全与经济稳定。近些年以房地产为代表的资产价格市场正在迅速膨胀,尤其是 2009 年巨量的经济刺激计划实施之后,主要大中城市房价涨幅惊人。显然,对于国内过剩的流动性仅仅依靠"堵"是难以解决问题的,必须拓宽资本输出渠道,加以疏导。

(三) 建立人民币离岸市场,香港可沟通境内外金融联系

为了顺利实施人民币的国际化和资本项目的有序开放,以迎接第二个全球化阶段,当前在放松管制、积极推动国内资本市场发展和建设上海国际金融中心的同时,应该充分发挥香港国际金融中心的功能和香港中资金融机构的重要作用,建立人民币离岸市场。

与当年的日本相比,中国在进入第二个全球化阶段的相对优势就是,我们已经拥有了法律环境优良、金融管理制度合理有效、金融人才聚集的国际金融中心——香港。如果说在过去30年中国融入经济全球化的进程中,香港发挥了沟通境内外经济联系的重要作用,那么,在如今中国融入金融全球化的进程中,作为中国的国际金融中心,香港应该成为沟通境内外金融联系的通道。

为此,应该培育香港的人民币离岸金融中心地位。同时,立足香港中资金融机构,发挥QDH和QFH的战略作用。

第一,培育香港的人民币离岸中心地位。自2003年6月中央政府与香港特别行政区政府签订CEPA协议及中国人民银行与香港金融管理局签订合作备忘录以来,香港的人民币离岸市场建设得到较快发展,但目前的人民币业务还主要集中在汇兑业务和存款业务方面。可以说,作为人民币离岸市场中心,香港的人民币资本市场和衍生品市场的建设还没有得到实质性的启动。

第二,在继续推动企业"走出去"战略的同时,以QDH和QFH为手段,以香港的中资金融机构为依托,稳妥、有效地推动资本项目开放。在中国资本项目完全开放和人民币国际化基本完成前,QDH和QFH既是有效、稳妥的资本项目开放通道,也是培育人民币价值储藏职能进而实现人民币国际化的重要手段;通过QDH可以推动人民币离岸资本市场和衍生品市场的建设,通过QFH则可以成为境外人民币持有者投资国内市场的通道。在此过程中,培育香港中资金融机构经营国际业务的经验和人才基础,使之在未来全球经济和金融资源的配置中发挥重要作用。

三、"一带一路"国际合作倡议

"一带一路"(The Belt and Road Initiative,全称:"丝绸之路经济带"和"21世纪海上丝绸之路")是中国国家主席习近平于2013年9月和10月分别提出的合作倡议。它充分依靠中国与有关国家既有的双多边机制,借助既有的、行之有效的区域合作平台,积极发展与沿线国家的经济合作伙伴关系,共同打造政治互信、经济融合、文化包容的利益共同体、命运共同体和责任共同体。其贯穿亚欧非大陆,陆上依托国际大通

道,海上以重点港口为节点。

(一)"一带一路"国际合作倡议出台的背景

中国提出"一带一路"国际合作倡议,不仅是国际大环境使然,而且深受国内环境的影响。换言之,中国的"一带一路"国际合作倡议,既有促进世界经济发展、完善全球治理结构等考虑,也是解决自身问题的需要。

第一,促进世界经济发展。众所周知,2008年金融危机是继20世纪30年代"大萧条"以来对世界经济冲击最严重的一次全球性金融灾难。虽然时间已经过去了十余年,但时至今日,这次危机给世界经济复苏所带来的消极影响仍不容忽视。2012年国际货币基金组织的一份报告指出,从20世纪80年代到危机爆发以前,世界经济一直处于上下波动状态,没有出现经济急剧下落之后对后续的经济恢复和发展具有长期负面影响的情况。甚至在某个时期,经济复苏增长的幅度要远远大于之前衰退的幅度。然而,2008年金融危机导致的后果,不仅仅是经济前所未有的衰退,更表现为无论是发达国家还是发展中国家,在通过各种刺激计划得到短暂恢复之后又都进入复苏乏力的状态。

第二,完善全球治理结构。全球治理体系是由西方发达国家构建的。目前,以美国为首的西方发达国家把持着世界经济治理的绝对主导权,世界权力结构处于一种失衡的、缺乏客观的状态;而中国和其他新兴经济体,在西方国家主导的国际机构中所具有的话语权和决定权与自身实力不相匹配。尤其对中国而言,改革开放以来,中国通过参与经济全球化进程获益颇丰,已经发展为世界第二大经济体、最大贸易国和最大的能源消费国。世界银行和国际货币基金组织的最新数据显示,美国在这两个关键的世界经济和金融机构中分别占有超过16%的投票权份额,并对任何提案具有独一无二的否决权。而中国在世界银行中的投票权份额只有4.85%,排在日本之后位列第三;在国际货币基金组织更是只有3.81%,排在英法之后位列第六。

第三,推动区域经济合作和区域治理。近年来,在共同探讨全球治理体系改革的过程中,如"多哈回合"这样被人们寄予厚望的多边贸易谈判机制,往往由于利益纠葛过于复杂而陷入僵局,因此区域性贸易协定成为区域合作的新手段。"区域性贸易协定通过成员国之间的相互协商谈判,能以更加优惠的贸易和投资条件,将成员国的经济利益紧密地连接在一起,并增强成员国之间在政治、外交和文化等方面的联系。"为促进亚欧地区的经济合作和区域治理,亚欧国家已经成立了国际组织、论坛和展会,如上海合作组织(SCO)、中国—东盟"10+1"、亚太经合组织、亚欧会议(ASEM)、亚洲合作对话(ACD)、亚信会议(CICA)、中阿合作论坛、中国—海合会战略对话、大湄公河次区域(GMS)经济合作、中亚区域经济合作(CAREC),以及中国—东盟博览会、中国—亚欧博览会、欧亚经济论坛、中国—南亚博览会、中国—阿拉伯博览会、中国—俄罗斯博览会等。同时,中国作为亚洲地区近30年来发展最快的经济体,已与周边许多国家建立了自贸区等区域经济合作机制。与亚欧国家良好的合作基础和丰富的合作经验,是中国提出"一带一路"国际合作倡议的坚实基础。正如孟加拉国驻中国大使哈克所分析的那样,"一带一路"国际合作倡议不仅可以促进中国与周边国家的经济融合和区域合作,也可以更好地实现中国与"一带一路"沿线的亚洲、欧洲和非洲东部等国家的互助互惠。

第四,应对美国的"亚太再平衡"战略。从"9·11"之后的阿富汗战争开始,到2012年香格里拉对话会上美国防长帕内塔宣布美国"亚太再平衡"战略,整整11年的时间里,美国一直将中东地区作为其战略重心。当美国再次回望亚洲的时候,发现亚洲的力量格局已经出现了翻天覆地的变化,中国已经逐渐替代日本成为该地区新的经济发展领导者。因此,为了尽力维持在亚洲地区的影响力,美国高调宣布要"重返亚太",并制定了周密的"亚太再平衡"战略。该战略在军事上,对中国与周边国家的东海争端和南海争端等问题不断强调《日美安保条约》的时效性及与东南亚等国家军事同盟关系,强化其在亚洲的军事存在;经济上,推出"跨太平洋伙伴关系协议"(TPP),用以囊括除中国以外的亚太地区各经济大国,以期对中国形成实质性的孤立局面;外交上,针对中国,在中国周边国家展开积极的外交攻势。同济大学周敏凯教授认为,美国"亚太再平衡"战略的宗旨是牵制中国崛起,维护美国霸权。在这种情况下,中国提出"一带一路"国际合作倡议,自然有应对美国"亚太再平衡"战略的考虑,即一方面在亚太地区推进与邻国的双边和多边经济合作,以抗衡美在该地区对中国长期具有的军事和安全优势;另一方面推进"西进战略",扩大自身的战略空间,避免在过于拥挤的中国东部沿海地区与美国进行针锋相对的对抗。

(二)"一带一路"国际合作倡议面临的挑战

中国提出的"一带一路"国际合作倡议不仅在地区层面致力于实现互联互通,即构建起世界跨度最长、最具发展潜力的经济走廊,以惠及沿线国家实现共同富裕,而且在全球层面谋求改革当前不合理的国际政治经济秩序和全球治理模式。因此,无论从地缘政治视角还是从权力结构视角看,"一带一路"国际合作倡议将涉及多方面的利益,这其中既包括美国必然力争在全球层面护持自身霸权、沿线国家与中国的战略利益会有不同程度的冲突,也包括区域合作机制不甚完善,以及中国国内各地区之间存在过度竞争的可能,这些因素将是中国"一带一路"国际合作倡议在制定与执行过程中不容忽视的潜在挑战。

首先,美国维护全球霸权的决心。作为二战最大的战胜国,美国通过其强大的政治、经济、军事和科技实力,已经占据世界霸主地位长达半个多世纪,而且无论是其决策层还是普通民众已经习惯于按照"美国是世界第一"的逻辑思考问题。然而,随着中国等新兴经济体的崛起,美国的霸权地位受到极大挑战,根据国际货币基金组织的统计,2014年中国的GDP按照购买力平价(PPP)就已经达到17.632万亿美元,超过美国的17.416万亿美元,成为世界第一大经济体。因此,美国为维护自身世界霸权的既定政策,必然会挑战中国的"一带一路"战略。

其次,沿线国家与中国的利益冲突。"一带一路"国际合作倡议具有途经国家多、地理覆盖范围广的特点,无论是"丝绸之路经济带"还是"21世纪海上丝绸之路",其经过的地区都有各自的地区大国及其传统势力范围。而且沿线国家对"一带一路"国际合作倡议有着各自的战略考量,不可避免地会与中国的海外利益存在一定的差异,甚至发生摩擦,从而对"一带一路"国际合作倡议产生消极抵触的情绪。

最后,区域合作机制不甚完善。虽然"一带一路"国际合作倡议的长远目标意在促进世界经济增长及改善全球治理结构,但是其现阶段目标更多侧重于促进中国所在地区国家之间的合作,实现中国与区域内国家的互联互通,从而在经济上力争实现亚洲区域一体化的目标。要实现上述目标,仅仅通过资金、技术和人力的投入是远远不够的,更需要合作机制的建设和发展。

(三)"一带一路"国际合作倡议的意义

"一带一路"顺应世界多极化、经济全球化、文化多样化、社会信息化的潮流,秉持开放的区域合作精神,致力于维护全球自由贸易体系和开放型世界经济。这一战略旨在推动沿线各国实现经济政策协调,开展更大范围、更高水平、更深层次的区域合作,共同打造开放、包容、均衡、普惠的区域经济合作架构。"一带一路"国际合作倡议符合国际社会的根本利益,是国际合作及全球治理新模式的积极探索,将为世界和平发展增添新的正能量。

"一带一路"是中国与丝路沿线国家分享优质产能、共商项目投资、共建基础设施、共享合作成果的战略方针,其内容包括道路联通、贸易畅通、货币流通、政策沟通、人心相通等,具有重大意义,具体体现在:

一是探寻经济增长之道。通过"一带一路"建设共同分享中国改革发展红利及发展的经验和教训,是中国将自身的产能优势、技术与资金优势、经验与模式优势转化为市场与合作优势,实行全方位开放的一大创新。中国将着力推动沿线国家间实现合作与对话,建立更加平等均衡的新型全球发展伙伴关系,夯实世界经济长期稳定发展的基础。

二是实现全球化再平衡。传统全球化由海而起,沿海地区、海洋国家先发展起来,陆上国家、内地则较落后,形成了巨大的贫富差距。传统全球化由欧洲开辟,由美国发扬光大,形成国际秩序的"西方中心论",导致东方从属于西方,农村从属于城市,陆地从属于海洋等一系列不平衡不合理效应。"一带一路"正在推动全球再平衡,鼓励向西开放,带动西部开发及蒙古、中亚等内陆国家和地区的开发,在国际社会推行全球化的包容性发展理念。同时,"一带一路"由中国主动向西推广中国优质产能和比较优势产业,将使沿途、沿岸国家首先获益,也改变了历史上中亚等丝绸之路沿途地带只是作为东西方贸易、文化交流的过道而成为发展"洼地"的面貌。这就超越了欧洲人所开创的全球化造成的贫富差距悬殊、地区发展不平衡,推动了建立持久和平、普遍安全、共同繁荣的和谐世界。

三是开创地区新型合作。"一带一路"作为全方位对外开放的合作倡议,强调共商、共建、共享原则,超越了对外援助及"走出去"战略,给21世纪的国际合作带来了新的理念。

四、以国内大循环为主体的国内国际双循环战略

党的十九届五中全会提出"构建以国内大循环为主体,国内国际双循环相互促进的新发展格局"。这一格局是在中国新发展阶段、国际大环境发生剧变的条件下提出来的,有着特殊的时代背景:一是外贸拉动的机遇期已不复存在;二是在中美贸易摩擦期后,西方国家贸易保护主义蔓延,逆全球化思潮盛行;三是新冠肺炎疫情的扩散,更加剧了国际贸易的不确定性、外需的萎缩及全球产业链的不稳定。传统的"两头在外"的国际大循环模式的弊端逐渐暴露出来,单纯依靠外贸的增长模式变得不可持续。在此背景下,党的十九届五中全会提出双循环制,推动中国经济发展从国际大循环模式转向以国内大循环为主体、国内国际双循环相互促进的模式,指明了经济发展战略转型的方向。构建应对国内经济形势发展和国际大环境百年未有之大变局的主动性战略,具有划时代的意义。

(一)双循环的内涵

产业链上循环的是要素或产品,生产要素或中间产品沿着产业链条,从上游环节向下游环节循环输送。原材料生产、中间产品生产、制成品组装、物流运输、批发与零售、消费等多个环节形成一段一段的复杂链条相互链接。国内循环(Domestic Circulation)指产业链的各个环节的链条都处在国内,产业链上循环的要素与产品都是在国

内生产的。国际外循环(International Circulation)则指产业链上下游的各个环节的链条完全处在国外,要素与产品都是在国外生产的。

国内国际双循环(Domestic and International Dual Circulation)是指国内循环的链条与国际外循环的链条实现有效对接,但以国内循环为主体。国内循环产业链条上的要素与产品可以进入国际外循环的产业链,国际外循环产业链条上的要素与产品也能够进入国内循环的产业链。所以说国内国际双循环是内循环产业链向国外的延伸,一是部分要素(原料)或者产品从国外进口;二是部分产品出口国外。华为智能手机产业链堪称国内国际双循环的典型。华为拥有一整套5G技术标准和较为成熟的产品,是中国5G通信的行业龙头企业。华为智能手机由华为公司研发,绝大部分零部件是在国内生产的,但有一些重要零部件还是要依赖进口,如采用高通研发并由台积电代工生产的芯片,三星的OLED屏幕,索尼的摄像头和摄像传感器。华为手机凭借其优异的质量成为苹果手机的有力竞争对手,在海外拥有广阔的市场。

国内国际双循环的关系表现为:以国内大循环为主体,适度利用国际贸易来调剂要素与产品的余缺,包括品种调剂、季节性进出口调剂,以及不同质量档次产品的进出口调剂。在国内国际双循环运作模式中,国内大循环为国内国际双循环提供坚实基础,打造中国新的国际合作模式和竞争优势。

国内大循环与国内国际双循环是相互促进、相辅相成的关系。一方面,发展国内大循环需要依托国内国际双循环。一是中国企业在开发新产品时,不可避免地需要采用一些国外的要素与产品;二是当国内的产能大幅度提升后,需要通过国内国际双循环来拓展海外市场。另一方面,国内国际双循环也会促进国内大循环的发展。一是国内国际双循环带来的产品进口会引入新技术,这将产生技术溢出效应,这种技术溢出是非常有益的,在一定程度上可以推动国内的技术变革;二是外国产品进入国内市场,会加剧产品竞争,倒逼国内企业提升产品质量和竞争力;三是国内国际双循环会促进中国产业结构调整,推动产业升级。

(二)构建以国内大循环为主体、国内国际双循环相互促进新格局的战略途径

构建以国内大循环为主体、国内国际双循环相互促进的新格局,就是要摆脱过度依赖西方国家的国际大循环模式,减少对西方国家的依赖性。其战略目标是:从过去的以外贸为导向、以国际大循环为主体的产业链运作模式向以国内大循环为主体的产业链运作模式转变,实现重要产业链的自主可控。以国内大循环为主体的产业链运作模式指循环主体以中国企业(国有、民营)为主,产业链上循环的要素和产品以国产为主。通过需求侧管理的措施鼓励企业采用国产的要素与产品作为加工原材料,促进要素市场的充分发育,充分发掘国内市场潜力。

复习思考题

1. 结合比较优势发展战略谈谈中国改革取得的成就。
2. 简述中国经济发展面临的形势和任务。
3. 简述中国金融国际化的重点。